新时代公共治理教学案例分析

肖湘雄　周　超　著

科学出版社
北　京

内 容 简 介

本书在汲取国内外公共治理研究成果的基础上，从公共经济、政治、公共文化、公共精神、社会、生态、党建、国防、法律、外交等十个方面，对公共治理的概念、内涵、目标、原则、方法进行系统的分析和论证，并对具有典型性、代表性、可借鉴性的一些案例进行深入透彻的分析，实现了理论与实践的有机结合。本书体系新颖，结构完整，内容力求体现新时代的鲜明特色。

本书既可作为大专院校政治学、公共管理（行政管理、劳动与社会保障、社会医学与卫生事业管理、教育经济与管理、公共事业管理、文化产业管理、国防教育与管理、公共安全管理、食品经济管理、应急管理）专业研究生、本科生和专科生的专业教材，又可作为公共管理硕士的基本教材，还可作为领导干部的培训教材。

图书在版编目（CIP）数据

新时代公共治理教学案例分析 / 肖湘雄，周超著. —北京：科学出版社，2021.3

ISBN 978-7-03-066085-5

Ⅰ. ①新…　Ⅱ. ①肖…　②周…　Ⅲ. ①公共管理－案例－教材　Ⅳ. ①D035

中国版本图书馆 CIP 数据核字（2020）第 172945 号

责任编辑：郝　静 / 责任校对：何艳萍
责任印制：赵　博 / 封面设计：蓝正设计

科学出版社 出版
北京东黄城根北街 16 号
邮政编码：100717
http://www.sciencep.com
北京厚诚则铭印刷科技有限公司印刷
科学出版社发行　各地新华书店经销
*
2021 年 3 月第　一　版　开本：720×1000　1/16
2025 年 1 月第三次印刷　印张：16
字数：235 000

定价：86.00 元

（如有印装质量问题，我社负责调换）

目　　录

导　论

第一节　新时代公共治理教学案例的意义

习近平总书记在党的十九大报告中指出："经过长期努力，中国特色社会主义进入了新时代，这是我国发展新的历史方位。"①新时代大力推进公共治理案例教学的改革和创新具有重要的意义。

（一）有利于推动习近平新时代中国特色社会主义思想进教材、进课堂、进头脑

习近平总书记在党的十九大报告中强调："青年兴则国家兴，青年强则国家强。青年一代有理想、有本领、有担当，国家就有前途，民族就有希望。"①可见，青年群体是新时代中国前进发展不可或缺的力量源泉。公共治理案例教学可以将习近平新时代中国特色社会主义思想融进案例中，以方便学生在课堂上通过案例学习，既能够掌握公共治理理论，又能够学习新时代中国特色社会主义的新思想、新方向，还可以将在案例分析课上学习到的习近平新时代中国特色社会主义思想贯彻落实到实际工作当中，从而在公共治理案例教学中实现习近平新时代中国特色社会主义思想进教材、进课堂、进头脑。

（二）有利于提高新时代公共治理教学的质量

新时代，建设中国特色社会主义的要求越来越紧迫，这就要求学生不仅要掌握公共治理理论，还要将公共治理理论转化为现实经验，以解决现实问题。根据

---

① 习近平. 决胜全面建成小康社会 夺取新时代中国特色社会主义伟大胜利——在中国共产党第十九次全国代表大会上的报告[N]. 人民日报，2017-10-27.

教学目标和期待所达到的教学效果，授课教师可以制定自己的公共治理案例教学方式，选择精准的、目的性强的、代表性强的公共治理案例，针对相对应的公共治理理论提出问题，学生们则根据案例中的问题、当事人的处理方式和行为手段来进行公共治理案例分析，提高分析问题和解决问题的能力。公共治理案例教学除了是一种教学方法外，同时也是一种学生进行自主学习的学习方法，使学生在学习过程中不再是被动地接受理论，而是独立自主地思考，充分发挥自己的主观能动性，增强理论转化为能力的精准性和可能性，开发思维能力和行动能力，从而提高新时代公共治理教学的质量。

（三）有利于促进新时代公共治理案例教学的改革

哈佛大学自 20 世纪 20 年代起便将案例教学作为其常规教学形式，到 20 世纪 70 年代，案例教学就影响了整个行政管理的教学改革。案例可以证实理论假设的正确性，同时也可以发现理论假设的错误之处。所以，教师在制定案例教学方式之前，需要从现实出发，在收集案例和选择案例的时候，要进行分析和整理，在案例中找到行政理论的支撑点，使学生能够通过案例分析，消化、理解相关行政理论。案例分析过程，也是学生对相关理论深化认识的过程。

这种教学模式，更能激发学生的兴趣，通过分析和评价案例，让学生摆脱书本，从理论中提炼现实问题的关键因素，在理论中找出解决对策，从而提高学生解决问题的能力。所以，大力推进公共治理案例教学，有利于促进新时代公共治理案例教学的改革。

（四）有利于促进新时代公共治理理论与实践的结合

习近平总书记在党的十九大报告中指出："时代是思想之母，实践是理论之源。"[①]这就体现了理论联系实际是我们一直坚持的马克思主义学风，而选择公共治理案例教学的模式则有效地完成了行政理论和行政实际的结合，理论联系实际，让学生更加深刻地学习理论、体会理论。同时，让学生在实践中更加牢固地掌握理论、认同理论。

学生在教学中获得的实践经验，对于日后的行政理论研究、行政理论理解，都有着至关重要的作用，同时，又能高效率地达成教师的教学目的，让公共治理的理论得到证实和应用。公共治理案例教学在理论联系实际的践行上证明了新时

---

① 习近平. 决胜全面建成小康社会 夺取新时代中国特色社会主义伟大胜利——在中国共产党第十九次全国代表大会上的报告[N]. 人民日报，2017-10-27.

代坚持马克思主义的正确性。

（五）有利于掌握新时代公共治理科学研究的方法

习近平总书记在党的十九大报告中指出："中国特色社会主义进入新时代，我国社会主要矛盾已经转化为人民日益增长的美好生活需要和不平衡不充分的发展之间的矛盾。"[①]新时代社会矛盾系统的变化要求我们对社会环境、面临的任务、应对的问题做出新的认识，采用新的思路方法，其中就包括对公共治理案例教学方法的新要求。新时代社会主要矛盾是全局性、根本性、阶段性的矛盾，在公共治理案例分析中需要坚持马克思主义立场、观点和方法，运用历史唯物主义方法和矛盾分析方法，推进新时代社会主要矛盾向好的方面转化，大力提升发展质量和效益，提升创新能力，解决好发展不平衡不充分的问题。公共治理案例教学能够推动新时代公共治理理论的发展，提出解决新问题的方法，得出新的符合新时代发展的公共治理理论。由此可见，公共治理案例教学，对于掌握新时代公共治理科学研究方法具有重要作用。

（六）有利于新时代公共治理教学手段与传统教学手段的有效结合

对于公共治理教学来说，极强的实践性与应用性决定了其不能选择较为传统的讲授式教学方式，而公共治理案例教学更加贴近实践，更加注重理论的应用性，更加适合公共治理的课堂教学。公共治理案例教学能够通过老师和学生的互动交流，让学生对理论知识更加感兴趣，而丰富的案例故事和现实问题可以激发学生主动投入学习的积极性，让老师和学生都进入案例分析的氛围里，让理论得以消化和理解。同时，结合传统的教学模式，让学生在案例中领悟理论。可见，大力推进公共治理案例教学，有利于新时代公共治理教学手段与传统教学手段的有效结合。

第二节　新时代公共治理案例教学的步骤

新时代公共治理案例教学以"学员为中心"的教学理念为指导，以调动学生

---

① 习近平. 决胜全面建成小康社会 夺取新时代中国特色社会主义伟大胜利——在中国共产党第十九次全国代表大会上的报告[N]. 人民日报，2017-10-27.

的学习兴趣为重点，以提高学生的思辨能力为目标，充分发挥学生在案例学习中的主体作用。认知学习理论的构建主义理论认为，学习不是知识由教师向学生的传递，而是学生构建自己知识的过程。学生不是被动的信息吸收者，而是意义的主动构建者，这种构建不可能由其他人替代①。站在新时代的历史节点上，面对新形势、新任务、新要求，在深刻把握习近平新时代中国特色社会主义思想内涵的基础上，在充分发挥公共治理案例分析课程主渠道和主阵地作用的前提下，激发学生的创新思维能力，锻造学生的自主学习能力，提升学生的辩证思维能力，最终提高学生利用理论知识来解决实际问题的能力。所以，新时代公共治理案例教学中应该按照“学员为中心”的教学理念来设计教学实施方案，具体而言，可以分为三个步骤来组织实施新时代公共治理案例教学。

（一）课前准备：锻造自主学习能力

1. 教师课前准备：选择与分析案例，编写教学大纲

（1）选择案例。选用的案例要符合教学目标，即充分考虑案例与理论知识的契合度与相关性，使学生能站在理论的高度解决实际问题；充分符合新时代对人才培养的要求，努力提高学生的创新思维能力、辩证思维能力和自主学习能力；充分考虑案例的典型性、针对性和热点性，使学生对时事问题有自己的理解与思考，同时也能积累经验，引起共鸣。

（2）分析案例，编写教学大纲。教师要先对案例进行分析，编写大纲时应该包括以下几部分内容：教学目的、案例与相关背景信息、案例分析的逻辑路径、理论依据与分析、启发思考题、课时计划等。在设计启发思考题时，教师应当设身处地地站在学生的角度来设置问题，对个人回答和小组讨论的问题也要有所区分。

2. 学生课前准备：阅读并熟悉案例，思考相关问题

（1）阅读案例。学生在课前阅读老师事先下发的案例材料，对案例本身及本案例要学习和讨论的相关理论有大致的了解。

（2）熟悉案例，思考相关问题。学生进一步分析案例，对案例进行深入细致的思考，并查阅相关文献与资料，做好笔记。

（3）成立案例讨论监察委员会，自由分组。案例讨论监察委员会由民主选出的多位监察员组成，再由监察员民主选出 1 位案例讨论监察委员会监察长，负

---

① 冯忠良，伍新春，姚梅林，等. 教育心理学[M]. 北京：人民教育出版社，2000.

责本次案例讨论的组织、监督、考察和评比等工作。学生自由分组，每组由 6~8 名学生组成，确定小组长，每位案例讨论监察委员会委员负责一组的记录与监督工作。

（二）课堂学习：提升创新能力与思辨能力

1. 教学案例的回顾：整理思路、理清逻辑

教师将案例的基本情况用 PPT 展示出来，带领学生再一次熟悉案例，使整个案例更加清晰和明确。新时代公共治理教学案例在基本情况部分不仅需要将案例故事发生的时间、地点、主要人物、事情经过、关键问题等交代清楚，还要将故事发生的政治、经济、文化和社会等时代背景介绍清楚。

2. 教学案例的讨论：明哲思辨，格物致知

心理学指出教学中有两种学习类型：代理型和亲验型①。新时代公共治理案例教学则更加强调师生之间、学生之间的互动，其教学效果更加看重学生的自身体验。正如雅斯贝尔斯所说，教育的过程是让受教育者在实践中自我练习、自我学习和成长②。案例要由学生来讨论，教师对此应抱着超然的态度。“在教学中，学生提出的任何问题都是可以接受的，最不能接受的是学生什么问题也不提。”③所以说，案例讨论过程中不同思想的碰撞对提高学生思辨能力至关重要，同时也在一定程度上培养了学生分析和处理问题的能力及表达和沟通的能力。

（1）成果汇报。各小组派出代表上台进行案例分析成果汇报，在代表发言人汇报完毕后，其他各组的同学可以根据自己对案例的理解与思考，对该组的观点提出异议或质疑，或就某一方面提出自己的问题，而发言组的同学用自己的理解与分析进行辩护或反驳，或对疑问进行解答。

（2）全班讨论。教师根据案例分析成果汇报的情况，对汇报中没有谈及的方面，通过提问的方式，引导学生主动思考、深入分析，进而对不同于自己的观点做出有理有据的反驳，在全班形成一个主动思考、敢于辩论、踊跃发言、气氛高涨的案例讨论氛围。

（3）知识梳理。经过热烈的讨论，学生对整个案例有了全面深刻的了解。

---

① 宁骚. 公共管理类学科的案例研究、案例教学与案例写作[J]. 新视野，2006，（1）.

② 〔德〕雅斯贝尔斯. 什么是教育[M]. 邹进译. 北京：生活·读书·新知三联书店，1991.

③ 国家行政学院教务办公室. 案例教学法资料汇编[Z]. 北京：国家行政学院，1994.

案例讨论的最后一步是由教师对整个案例的讨论进行知识汇总，讲授本案例所涉及的理论知识点与实际应用要求，进而达到提高学生利用理论知识解决实际问题的能力的目标。

（三）点评考核：提高解决实际问题的能力

1. 教师点评考核：以正面激励为主，强化教育引导

教师对整个案例教学过程的评价，要以正面激励为主，对在案例学习中表现积极的学生予以表扬，对在案例讨论中主动思考、勇于探索的学生给予赞赏，同时也要指出案例讨论中的不足之处。教师点评不是为了给学生一个“正确”的答案，而是引导学生从各个角度、用不同的方法去思考问题存在的可能性。在完成案例分析成果汇报和全班讨论的基础上，教师对整个案例教学情况进行点评，点评的内容应包括以下三个方面。

（1）态度评价。教师对学生参与案例预习、分析、汇报和讨论的情况进行评价，包括投入程度、认真状态、成果展示、合作态度和组织情况。

（2）观点评价。教师对学生在案例分析成果汇报与讨论中提出的观点进行评析，指出各观点的合理之处，并对该观点存在争议的地方给出自己的分析与解释。

（3）综合打分。根据态度评价和观点评价，教师对每个小组进行综合打分。对前三名的小组给予等级加分，每个组员在自己得分的基础上再额外加分。

2. 委员会点评考核：以公平、公正、公开为原则，注重实践养成

委员会负责案例讨论的组织、监督和考察工作。委员会对小组成员的考核是贯穿全程的，该考核比较看重成员的群体协调能力和综合管理能力，注重成员的实践养成。委员会的考核包括以下两个方面。

（1）准备工作。各委员记录各自负责小组的成员在组织商讨会上的发言，根据小组成员的课前准备表现打分。

（2）成果汇报。委员会根据各小组案例成果汇报的情况，以公平、公正、公开为原则，各自打分，综合分数时，去掉一个最高分，去掉一个最低分，最后取平均分。

3. 小组点评考核：以自查为主，取长补短

小组点评考核主要以自查为主，通过听取其他小组的成果汇报及案例讨论，查漏补缺，取长补短，其考核内容主要包括以下三个方面。

（1）对其他小组的点评。在听取各小组的成果汇报时，各小组成员不仅要

认真听，还要仔细记，在小组汇报结束后，要对各小组进行综合评价。

（2）小组内的点评。各小组成员要对小组内的工作，如合作情况、成员投入情况、完成情况等进行点评。

（3）自我评价。通过本次案例的学习，对自己的表现进行综合打分，对这次案例学习中的收获和提高予以肯定，对不足之处加以改进并期待下一次做得更好。

习近平总书记说过："青年兴则国家兴，青年强则国家强。青年一代有理想、有本领、有担当，国家就有前途，民族就有希望。"[①]新时代公共治理案例教学站在新时代的历史节点上，要充分把握新时代案例教学的时代性、创造性、开放性、共享性、典型性、启发性和全球性的特点，重视案例教学过程，坚持"学员为中心"的教学理念，激发学生的创新活力，提高学生的辩证思维能力，倾力培养社会主义事业的接班人，培养担当民族复兴大业的时代新人！

第三节　新时代公共治理教学案例的选择

案例选择属于整个案例教学过程的前期准备阶段。它不仅是案例教学的起始环节，也是影响案例教学成效的重要性环节。优质的教学案例作为一个有力的教学工具，能够深入浅出地引导学生思考问题并提出解决策略，活跃课堂学习氛围，有效提高课程教学质量。如果案例选择不当，便难以激发学生的学习兴趣，教学质量也会适得其反，由此可见，案例选择十分重要。公共治理教学案例的选取主要来源于以下三个渠道：国内外学者为公共治理教学编撰的典型案例选编；教师群体通过互联网、新闻媒体等工具收集整理与公共治理学科相关的重要典型事件，后期归纳整理为教学案例；教师群体为获取原始资料，去往事件发生地进行实地调研，亲自收集所需资料，整理加工为教学案例[②]。

在公共治理案例教学实践中，教师进行案例教学的难点往往在于如何选择合适、优质的教学案例。公共治理是一门兼具政治性、应用性的学科，在新时代公共治理案例教学中，案例的选取应当遵循以下原则。

---

① 习近平. 决胜全面建成小康社会 夺取新时代中国特色社会主义伟大胜利——在中国共产党第十九次全国代表大会上的报告[N]. 人民日报，2017-10-27.

② 颜海娜，聂勇浩. 案例教学中的案例选择与编写——以"行政案例分析"教学为例[J]. 行政论坛，2012，（2）.

（一）时代性与创造性相结合的原则

新时代公共治理教学案例强调时代性与创造性相结合的原则。一方面，所选择的案例要具备创新性。受社会快速运转的影响，不少教学案例与鲜活百变的现实生活相比显得较为老旧，难以吸引学生的注意力。新颖的案例则深受学生的欢迎，比较容易激起学生的学习兴趣，对学生的影响是创造性的。另一方面，教师选择的案例应当与时俱进，具有一定的现实指导意义。习近平总书记在党的十九大报告中明确指出："中国特色社会主义进入了新时代，这是我国发展新的历史方位。"[①]面对新形势、新任务、新要求，公共治理作为一门政治性、应用性较强的学科，案例教学要突显"教育的新时代性"。要牢牢把握住我国发展新的历史方位，紧紧围绕党中央的决策部署和中央领导同志的系列讲话精神，贯彻习近平新时代中国特色社会主义思想，重点关注政府部门在社会管理领域的实践创新，培养满足新时代需求的合格建设者，推动我国公共治理案例教学以适应新时代的发展需求[②]。

（二）开放性与共享性相结合的原则

新时代公共治理教学案例强调开放性与共享性相结合的原则。正如习近平总书记所强调的："自主创新是开放环境下的创新，绝不能关起门来搞，而是要聚四海之气、借八方之力。"[③]我们应当选择更具开放性的公共治理教学案例。案例选择不能局限于陈旧已久的历史案例，也不能关起门来只研究国内行政事件。公共治理教学案例的选择必须具有全球视野，要以开放包容的心态收集、挑选国外的公共治理案例素材。另外，全球化浪潮之下，新时代的公共治理教学案例应该突显信息共享、优势互补的特点。好的教学案例应当含有足够丰富的信息量供学生进行深入探讨。不同于传统授课方式，案例教学能为学生打造一个可以交流、讨论的"空间站"。学生在互相切磋的过程中，彼此贡献智慧，交流意见心得，取长补短，相互学习，深入分析案件的前因后果，更好地掌握理论知识。

---

① 习近平. 决胜全面建成小康社会 夺取新时代中国特色社会主义伟大胜利——在中国共产党第十九次全国代表大会上的报告[N]. 人民日报，2017-10-27.

② 魏礼群. 社会管理创新案例选编[M]. 北京：人民出版社，2011.

③ 习近平. 中国要努力成为世界主要科学中心和创新高地[N]. 解放日报，2018-05-29.

（三）典型性与普遍性相结合的原则

新时代公共治理教学案例强调典型性与普遍性相结合的原则。要挑选能代表某一类社会现象、契合某一个理论知识、体现某一种社会特征，能为学生读者提供参考价值的典型性案例。第一，教师需要考虑该案例能否反映出与教学主题相符的社会现象，是否符合公共治理学中的某一原理或结论。所选取的公共治理案例要符合教师自身研究的教学内容和教学主题。围绕教学内容来收集、挑选典型的案例素材。第二，所选取的公共治理案例要具有普遍性，能普遍地运用于所有的教育实践中。学生在学习的过程中，可以根据单个案例归纳出具有一般性质的理论原理来获得书本上的知识，再结合书本知识来分析案例。这种过程有利于培养学生的分析能力与归纳能力，充分发挥学生的主观能动性。

（四）真实性与仿真性相结合的原则

新时代公共治理教学案例强调真实性与仿真性相结合的原则。案例内容要基本忠于事实。案例就是事例，是对现实生活中某个真实事件的特定情景的客观记叙①。公共治理教学案例的内容必须是客观的。一方面，教学案例不同于散文小说，它是现实生活中真实发生过的公共治理事例，而不是捏造、虚构、主观臆想的结果。虚构的公共治理案例脱离了行政管理的基本现实，失去了案例的基本意义和价值，更违背了理论应联系实际的教学规律。因此，不能选取虚假造谣的行政案例，要为学生提供一个“真实”的公共治理情景。另一方面，公共治理案例是对客观事实的再现，通常不带有教师的主观感情色彩，中立的态度更能客观地引导学生进行案例分析。因此，教师在加工教学案例时，要在基于客观事实的基础上进行语言、文字的润色处理。

（五）分析性与启发性相结合的原则

新时代公共治理教学案例强调分析性与启发性相结合的原则。一则优质的行政教学案例兼具分析性与启发性的特征。案例有充足的信息量可供教师和学生进行分析、讨论。教师应选取具备启发性的案例，这样的案例往往是引人深思的，它能够引发学生的讨论，激活课堂气氛，有助于培养学生的思辨能力和分析能力。这种能力的培养，恰巧是教育教学的意义所在。习近平总书记指出：“要全

① 陈瑞莲. 行政案例分析[M]. 广州：中山大学出版社，2001.

面贯彻党的教育方针，落实立德树人根本任务，发展素质教育，推进教育公平，培养德智体美全面发展的社会主义建设者和接班人。”[①]教师通过启发性的案例教学让学生的思维获得解放，也为新时代中国特色社会主义事业建设培养了合格的建设者和接班人。

第四节 新时代公共治理教学案例的编写

公共治理教学案例的编写在整个公共治理教学过程中占据着重要地位，高质量的案例能够带领学生或研究者深入地探讨问题，推动课堂教学的顺利开展。公共治理教学案例编写的标准、格式及步骤具体如下。

（一）公共治理案例的编写标准

小劳伦斯·E. 列恩提出，一个“星级质量”案例应该具备以下标准：①提出一个没有明显正确答案的问题；②明确必须解决的问题、做出决策的主角；③需要读者运用案例中的信息去思考问题；④需要读者进行批判性、分析性的思考；⑤具有足够的赖以进行深入分析的信息[②]。张成福认为一个优秀的案例应该具有以下基本特征：①要有教学适用性；②要能引起争论；③对决策分析起重要作用；④要有概括性；⑤要简洁[①]。根据公共治理的教学经验来看，案例还应具有真实性、典型性、故事性、引申性。针对我们日常的教学来说，高质量的案例还应具备明确的教学适用对象、覆盖的知识点、教学的目的、解决的重点问题[③]。案例教学有助于培养适应社会发展要求的行政人员，罗伯特·P. 沃森认为：“公共行政方面的案例为学生提供了一个考察政府现行或真实实践的机会，使他们可以了解政府和非营利部门的运作过程。”[④]“青年兴则国家兴，青年强则国家强。青年一代有理想、有本领、有担当，国家就有前途，民族就有希望。”[⑤]优秀的新时代公共治理案例编写有助于培养高素质专业化的行政人才，有助于提升行政专业学生的专业能力、

---

① 习近平. 决胜全面建成小康社会 夺取新时代中国特色社会主义伟大胜利——在中国共产党第十九次全国代表大会上的报告[N]. 人民日报，2017-10-27.

② 列恩 L E. 案例教学指南[M]. 郄少健，岳修龙，张健川，等译. 北京：中国人民大学出版社，2016.

③ 张良. 国家治理现代化进程中公共管理教学案例研究[M]. 上海：华东理工大学出版社，2016.

④ 沃森 R P. 公共行政：管理中的角色模拟与案例分析[M]. 竺乾威，等译. 上海：上海财经大学出版社，2003.

⑤ 习近平. 决胜全面建成小康社会 夺取新时代中国特色社会主义伟大胜利——在中国共产党第十九次全国代表大会上的报告[N]. 人民日报，2017-10-27.

专业精神，增强行政队伍适应新时代中国特色社会主义发展要求的能力。新时代公共治理教学案例编写应与时代发展要求和潮流相适应，针对决胜全面建成小康社会，夺取新时代中国特色社会主义伟大胜利，实现中华民族伟大复兴的中国梦的初心，编写有助于推进新时代社会发展的案例。

（二）公共治理案例的编写格式

高质量的案例必定具有好的形式，优秀的形式可以增强案例的表达效果。公共治理案例的结构要完整，一个完整的教学案例应由两部分组成：案例主体和案例说明。

1. 案例主体的基本结构及相关要求

案例主体一般应包括标题及标属、引言、案例摘要和关键词、正文、结束语、思考题、附录、脚注和图表等。案例主体约 10 000 字，其中案例主体的附录不超过 5 000 字。

（1）标题及标属。标题是案例的题目，标属标明了案例的适用主题。公共治理案例的标题与文学作品的标题有所区别。案例是正式的、书面的文件，其标题应言简意赅，避免出现暗示性的内容。现阶段标题的主要表达方式分为两种：一种是以与案例有关的单位的真实名称为名，表明案例发生的背景；另一种是以案例的关键问题为名，揭示案例的主题。案例标题要新颖独特，如“‘十面霾伏’挑战中国政府——经济发展与生态文明建设中的困境与出路”“何处安放的课桌：农民工随迁子女教育政策分析”“‘寒山闻钟’：网络问政的苏州探索”“‘堵城’突围——问诊中国城市交通拥堵现象”“失落的苗寨：旅游开发中的合作与对抗”“小数点变成大问号——对非营利组织公信力的反思”“走向社区自治还是背离：一个居委会主任的困惑”“民间孤儿收养机构，未来何去何从？”“转基因食品：是高科技福音还是人类健康的洪水猛兽”“虚拟养老院的‘虚’与‘实’”“‘鲶鱼’下岗：政府雇员制路在何方”“‘垃圾围城’下的城市困局”“开弓没有回头箭——汤局长的改革难题”“‘以房养老’是馅饼，还是陷阱？”等都是比较好的案例标题。

（2）引言。引言即案例事件的引子。

（3）案例摘要和关键词。案例摘要简要介绍案例事件的主旨大意或梗概，便于使用者快速了解和把握案例的主题，一般在 300 字以内。关键词 3~5 个。

（4）正文。正文决定着案例的高度。一个完整的案例正文应包括六个基本要素：主体、时间、地点、事件、原因、过程①。正文内容要明确公共治理案例事件涉及的主体及各自扮演的角色、事件发生的时间、所属的行政区域、具体内容、影响因素、发展演变，对问题的分析要透彻、严谨，提出具有可行性、合理性的解决方案。案例陈述要客观公正，避免出现带有作者主观色彩的评论及观点，正文写作要明确概念、文笔流畅，单位、人物、事件描述内容及相关数据应具备完整性和精确性，重点突出，结尾精炼。

案例一定要有比较完整的事件，有核心人物或决策者，有起承转合，要能够把事件延伸下去。起是事件的开始，推出由时间、地点、起因等要素构成的场景，介绍核心人物或决策者、主要角色和其他角色；承是推出关键事件，引出争端、问题和兴奋点；转是事件的进一步展开，罗列存在的种种困惑，描述进退两难的抉择困境，要不断深入拓展令核心人物或决策者感到迷惑或难以决断的事情，或展开当事人也无法把握和预料事件结局的事件；合是事件的高潮，突出机会与制约因素，表明核心人物或决策者到了不得不进行选择的时刻。

（5）结束语。可以是对正文的精辟总结，也可以是提出决策问题引发读者思考。

（6）思考题。思考题为案例的分析提供指导思路。思考题一般会从公共治理原理、案例中的角色、当事人动机或行为、案例对改革的借鉴等方面进行提问，确定案例的主旨，找到案例中的问题，提出应对措施。结合教学目标，一般安排 3~5 个思考题供读者在阅读时进行同步思考。

（7）附录。附录为正文内容提供理论或数据支撑。附录一般单独编写在案例后面，主要包括表格、插图、数据、法律法规等。附录可以根据案例具体情况添加到正文，增强正文的说服性。附录的内容要经过精心筛选，根据案例需要录用，不能随意选取。附录提供进行案例分析所需要的额外信息，主要包括一些不宜放在案例正文，但又有助于读者全面了解或理解正文的资料、信息。

（8）脚注和图表。脚注以小号字附于有关内容同页的下端，以横线与正文断开；图表可插入正文相关位置，也可以放在专页或篇尾，所有的图表都应编号，设标题，并附上必要的说明。

2. 案例说明的写作

案例说明一般包括课前准备、适用对象、教学目标、要点分析、课堂安排、其他教学支持等。案例说明以 5 000 字左右为宜。

（1）课前准备。程序性地提醒课前需安排的事项。

（2）适用对象。说明案例读者的定位或作者希望的读者群体。

---

① 陈世香，王志华. 行政案例分析[M]. 武汉：武汉大学出版社，2007.

（3）教学目标。详细介绍案例教学目的，一般一个案例要含有3个明确的教学目标，提出本案例需要解决的关键问题。

（4）要点分析。该部分是案例说明的核心部分，也是案例说明的难点，需要耗费编者大量的时间和精力去精心构思和安排。该部分是将编者精心设计并埋藏在案例中的问题一一挖出并进行深入分析，案例是否有理论深度、是否有思考分析的空间、是否能引起争论，全在于该部分的创作水平。

（5）课堂安排。该部分同样是案例说明的核心内容，与要点分析共同构成案例说明的难点。该部分需要对案例课堂教学的内容和每部分所用的时间及教学节奏进行详细安排，课堂安排是否合理得当、是否具有可操作性决定了案例课堂讨论的效果和质量。

（6）其他教学支持。主要包括计算机支持和视听辅助手段支持等。

（三）公共治理案例的编写步骤

小劳伦斯·E. 列恩认为案例写作程序应包括八个步骤：撰写案例说明书、案例研究、起草案例、关键评估、编辑和修改、编写教案、初步使用案例进一步修改、出版/投稿①。通常情况下，公共治理案例的编写分为三个步骤：确立案例主题、搜集相关资料、撰写案例内容②。

案例的主题要能够代表现实发展的需要并具有典型的社会价值。自改革开放以来，我国经济、政治、文化各个方面都发生了翻天覆地的变化，在此过程中，行政理论及实践也随之发展。公共治理案例主题应为公共治理领域最近几年内发生的对社会影响较大的事件。当前，中国特色社会主义进入了新时代，这是我国发展新的历史方位，新时代社会主要矛盾已经转化为人民日益增长的美好生活需要和不平衡不充分的发展之间的矛盾，主要矛盾的变化是关系到全局的历史性变化。因此，新时代公共治理案例编写的选题更要贴近党的十九大报告中提出的乡村振兴问题、社会保障问题、脱贫攻坚问题、生态环境问题、机构和行政体制改革问题等，这些问题都体现了时代发展的现实意义③。

案例主题明确之后，接着就是搜集和整理案例相关资料，为案例的编写提供素材。按照资料搜集的渠道可将资料分为直接资料和间接资料，直接资料一般为编写者自身的经历或出版的文字，包括期刊、书籍、新闻报道等有据可循的材

① 列恩 L E. 案例教学指南[M]. 郄少健，岳修龙，张健川，等译. 北京：中国人民大学出版社，2016.

② 陈瑞莲. 行政案例分析[M]. 广州：中山大学出版社，2001.

③ 习近平. 决胜全面建成小康社会 夺取新时代中国特色社会主义伟大胜利——在中国共产党第十九次全国代表大会上的报告[N]. 人民日报，2017-10-27.

料；间接资料来自社会调查、实地访问，是经过与受访者口头交谈后对访问内容进行整理得出的一手资料。在间接资料的搜集过程中，访问者要注意与人沟通，掌握沟通的基本技巧，从而提高资料的真实性。直接资料比间接资料更容易获取，但需要确保直接资料内容的真实性和来源的合法性问题。

案例撰写是将搜集整理的资料转化为系统性的文字案例。案例的编写没有固定的模式，教学目的、方式不同，案例的编写也会不同。通常，案例应提供完整真实的信息，包括公共治理问题的产生发展过程及主体、时间、地点、影响等充分体现案例完整的要素。案例内容要有起承转合，具有可读性。一个好的案例应文笔流畅、条理思路清晰、故事情节真实而有趣。同时，案例撰写要确保信息的合法性，涉及有关部门需保密的信息时，其信息的搜集和引用都要经过合法渠道。案例的编写还要注意几个问题：不要分析评论，公共治理案例编写者的任务仅在于搜集资料、整理素材、形成文字，不能注入私人情感；不要猜想夸大，公共治理案例的编写以客观事实为基础，意在揭示现实问题，不能主观臆想当事人的行为；要忠于客观事实，公共治理案例是对现实行政管理活动的真实描述和经验总结，案例编写者要花时间精力去调查，凭空虚构的案例脱离了行政管理的社会现实；要具有逻辑性，根据案例的事实走向进行描述，注意区分案例内容的重点，案例的描述要按先后顺序，避免随心编写。

案例内容应基于真实事件，有关数据等信息应翔实。案例一般分为两种类型：

（1）描述型案例。要求完整介绍、描述某一事件或问题的决策及发展全过程，有现成的方案，旨在实现对公共治理实际情景的再现以及在此基础上进行深入分析和评价。

（2）决策型案例。要求在案例中提出有待解决的问题、决策的基本要素和情境，由案例使用者去分析，尤其是在模拟的现实情境中做出政策选择。

第一章　公共经济治理

第一节　公共经济治理的概念及内涵

（一）公共经济的概念

由于各个学者对公共经济学研究的内容及理论侧重点不一致，目前学术界对公共经济还没有一个明确的定义。笔者通过对相关文献和资料的整理分析，归纳出以下两类定义：一种是由美国印第安纳大学政治理论与政策分析研究所的埃莉诺·奥斯特罗姆（Elinor Ostrom）与文森特·奥斯特罗姆（Vincent Ostrom）夫妇共同提出的堪与市场经济相类比的概念，他们认为在多中心框架之下，公共经济并不仅仅指的是政府垄断的经济，这种经济应该是混合的，是私人也可参与的，但公共经济又不同于市场经济，有着自身的运行规律；另一种是将公共经济看作政府的、国家的经济，是一个与私人经济相对立的概念。两者在主体划分上有明显的区别，但就其最终目的而言，两者都是要解决公共物品与公共服务的生产与提供的问题，追求社会效用和公共福利的最大化。在了解公共经济的定义时，我们格外注意到了它与公共财政的区别与联系。在这之前我们一直将这两者画上等号，但经过相关资料的了解，笔者认为，公共经济其实是公共财政的发展和延伸。

（二）治理的概念

在公共管理领域，治理的概念是 20 世纪 90 年代在全球范围逐步兴起的。在各种定义中，最具权威性和代表性的定义是由全球治理委员会（Commission on Global Governance）给出的，该委员会在 1915 年对治理做出以下定义：治理是或公或私的个人和机构经营管理相同事务的诸多方式的总和。它是使相互冲突或不同的利益得以调和并且采取联合行动的持续的过程。它包括有权迫使人们服从的正式机构和规章制度，以及种种非正式安排。而凡此种种均由人民和机构或同意或认为符合他们的利益而授予其权力。治理有四个特征：①治理不是一套规则条例，也不是一种活动，而是一个过程；②治理的建立不以支配为基础，而以调和为基础；③治理同时涉及公、私部门；④治理并不意味着一种正式制度，但确实有赖于持续的相互作用[①]。治理强调治理主体的多样性、治理方式的多样性及治理客体的多样性。其中，奥斯特罗姆夫妇的多中心治理理论受到较多的关注，他们认为在国有化和私有化的两个极端之间，存在着其他多种可能的治理方式，这种治理方式跳出了传统的非此即彼的思维局限，并且能够有效运行。

（三）公共经济治理

公共经济治理的本质就是从经济学的角度研究国家治理。综上所述，我们可以将其视为公共部门在提供公共物品和公共服务的过程中，通过多主体、多方式、多途径实现资源配置的最优状态以回应经济利益主体多元化带来的挑战。其内涵具体来看有以下几点。

第一，公共经济治理强调公共物品和服务的生产与提供主体的分离。对于以公共产品和服务的生产与提供为主要内容的公共经济，许多学者运用协同理念来剖析治理，他们选择将公共物品和服务的生产与提供区别开来，认为政府不一定要具有生产职能，对于公共服务的生产者来说，除政府本身之外，还可以有其他主体来承担这一职能。早在1959年，就有学者指出："公共需要的供应……并不要求它必须要有公共生产的管理，正如公共生产的管理并不需要它必须有公共需要的供应。在决定各自的适当范围时应根据各自的不同标准。"[②]文森特·奥斯特罗姆等一批公共治理学者也认同将两者区分开来。在这种情况下，公共物品或服务的提供者通常是指政府公共部门，公共物品和服务的生产者直接组织生产，它可能是政府公共部门、非政府组织、个体企业，甚至可能是消费者自己。目前，在经济领域方面，我国已经进行了优化政府职能的相关改革，如政府和社会资本合作（public-private partnership，PPP）模式。这种模式主要运用在纯公共领域及准公共领域，它支持私营企业、民营资本与政府合作。在这种模式下公共物品的生产者不仅仅是政府，还有民营企业等一些市场力量的参与。可以说，这种模式引入了市场竞争，并为社会资本注入了新的活力。

---

① 俞可平. 治理与善治[M]. 北京：社会科学文献出版社，2000.

② Musgrave R A. The Theory of Public Finance：A Study of Public Economy[M]. New York：McGraw Hill Book Company，1959.

第二，公共经济治理注重多主体的合作协同作用。公共经济治理的过程是一个开放的系统，它并不封闭，它与市场、政府及社会都有着密不可分的联系。当前政府正在将它在公共经济治理中独自承担的责任转移给其他主体，由此可知，国家与社会、公共部门与私人部门之间的界限日益变得模糊不清，这也更加强调了国家、社会和市场之间的依赖关系（图1-1）。除上述提到的PPP模式外，BOT（build-operate-transfer，建设–经营–转让）模式是公共经济治理方式的另一种体现。BOT是指在公共物品和服务（这里尤其指公共设施）的提供中，政府对该机构提供的数量和质量进行一定的限制和规定，保证私人机构的盈利，是一种风险共担的模式，这里的政府只扮演“监督者”的角色。多主体在公共经济中的合作协同能更好地优化社会资源配置。

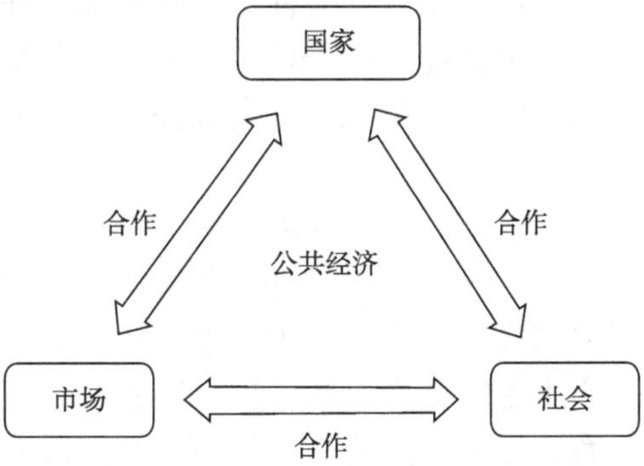

图1-1　国家、社会和市场之间的依赖关系

第三，公共经济治理将政府官员视为公共企业家。公共经济治理理论认为政府官员应该是公共企业家并具有首创精神（一种敢于突破陈旧的理念，是一种创造性的思想）。在治理中，由于市民的需求和偏好的改变、人口的增长等会对公共服务产生巨大的影响，政府官员需要成为企业家，发挥首创精神，根据这些变化灵活地安排公共经济组织结构，灵活地满足人民的需求。与私人经济不同，地方公共经济依靠公民的呼声，而公共经济治理最终的目标就是要满足公民的呼声。

第二节　公共经济治理的目标

开展公共经济治理活动的根本目的是通过公共物品再生产，以最大化节约资源的方式满足社会经济各主体的公共需求，为社会公众服务，满足他们的公共利益，为全体人民谋福祉，确保科学合理、公平公正地最优化交换与分配公共物品。

其中，改善民生关系更是重中之重，经济的发展离不开人民。随着国家社会经济水平的不断提高，其中必定会存在一些不平等现象，如果放任这些不平等现象的发生与扩大，不仅有损社会经济水平的进一步发展，也不利于社会公共利益的实现，所以公共经济治理必须以改善民生关系为主要目标①。

该目标具体包括以下几个层面。

第一，缩小贫富差距。通过宏观调控，实施营改增等减免税收优惠政策，减轻社会中低收入群体的负担，并通过财政支出的比重调节，缩小不同地域之间的发展差距，全力减少因贫富差距过大而产生的民生问题。

第二，增加就业岗位，提高社会就业率。减免税收治标不治本，要达到满足社会公众公共利益需求的目的，就必须让社会公众都有稳定的收入来源，因此公共经济治理还必须通过鼓励创新创业，为社会不断创造工作岗位，并且通过财政拨款等方式为失业人员提供再就业技能培训，只有尽可能降低失业率才能最大限度地实现社会公众个人收入的平均增长，提高人民的生活质量与推动社会经济水平的不断发展②。

第三，加强医疗与住房保障，减少人地矛盾。住房与医疗问题是困扰世界各国的普遍性问题，医疗与住房等基本保障都未曾解决的社会何谈社会公众利益的实现？因此，公共经济治理必须着眼于减少人地矛盾，让人民住得起房、看得起病、读得起书，依法保障社会公众的基本权益，改善民生关系。

第四，推动教育发展，促进教育公平。目前，我国教育资源呈现投入规模虽大但尚未满足各地区多级别多层次的多样性要求的局面。我国绝大部分地区教育事业发展长期依赖地方财政，而部分地方财政的捉襟见肘使得人民优质高效的教育需求难以得到满足。公共经济治理是一门研究以政府为首要主体的资源分配与宏观调控管理的人文社会科学，而政府财政资源配置及提供社会服务在政府经济事务中处于首要地位，因此，公共经济治理就必须通过转型，促进我国教育资源多元供给模式的发展，推动我国教育事业的长足发展，满足社会公众对优质公平的教育资源的需求。

第五，有效推动公共经济生产力。在公共经济治理过程中，由于治理具备多主体、多层次、多领域的特征，其生产过程在没有统一规划的情况下呈现一盘散沙的整体格局，为实现公共经济治理的根本目的，必须优化各生产要素诸如劳动力、生产资料、科技创新发展、专利转化的合理利用，有效调整劳动力与工作岗位的关系，优化资源配置方式，进而推动公共经济生产力发展，实现社会公众的利益需求。

---

① 沈剑光. 中国公共经济管理转型对民办教育影响研究[D]. 武汉大学博士学位论文，2011.

② 黄伟如. 跨区划公共经济管理的理论与体制构建思考[J]. 理论月刊，2010，（7）.

第六，正确调整公共经济生产关系。生产关系是劳动者在生产过程中形成的相互关系，包括生产资料的所有关系、生产过程的组织与分工关系，以及产品的分配关系等，其对生产力具有重要的反作用力，它会起到解放或束缚生产力、发展或阻碍生产力的作用，因此，欲达到有效推动公共经济生产力的目标，就必须正确调整公共经济生产关系，其主要体现在公共经济生产关系的和谐稳定上，通过积极调动公共经济治理主体与对象的社会责任感、生产积极性，在公共经济治理体制与政策的影响下，正确处理公共经济生产关系。

第三节　公共经济治理的原则

（一）法治原则

依法治国是实现我国治理现代化的重要内容和基本途径。法治原则主要包含以下几个方面的内容：第一，法律应具有至高无上性，作为与人治相对立的概念，法治意味着绝对的权威，是所有人、所有组织必须遵循的规则和条例；第二，法律应具有普遍性与一致性，法律普遍适用于所有人；第三，法律面前人人平等，“任何组织或者个人都不得有超越宪法和法律的特权”；第四，遵守正当法律程序，就正确适用法律及法律指引行为的能力而言，正当法律程序的遵守是必不可少的；第五，司法机关依法独立行使职权，法律要稳定、可靠地指引人们的生活，司法机关依法独立地行使职权便是应有之义。

高度的法治化是规范公共经济治理的前提和要求，这要求一切公共经济治理活动必须要有法可依、有法必依。法治性原则不仅要求明确政府职责，约束政府行为，防止政府对私人经济活动的干预，同时也要求政府必须履行为人民提供优质公共物品和服务的职责。坚持法治原则的原因体现在以下两个方面：第一，坚持法治原则是解决公共治理中矛盾和纠纷的唯一有效途径。面对利益主体多元化的挑战，只有坚持法治原则才能协调多方利益。第二，法律可以规定各主体的职责和权限，避免权责不清的问题出现，不同治理主体的权利、责任应是清晰明确的。随着我国行政管理体制改革的不断深入，政府在公共经济管理中的角色发生了很大的变化，但是由于受传统的无限型、全能型政府理念的影响，一些政府的职能还没有完全转变过来，在公共物品和服务的供给中存在着职能“错位”“缺位”“越位”的现象。要想解决这一问题，完善相关法律是第一步。

（二）多主体参与原则

多主体的平等参与包括政府、市场和社会三者作用的发挥。目前，我国政府在公共经济治理中一直处于主导地位，社会与市场的参与作用不明显。这表明，地方公共经济治理应该为公众和市场参与提供渠道。对于社会来说，在公共产品和服务的生产和提供过程中，使用者可以通过各种听证会广泛地参与到行政过程中去，他们可以直接对行政决策建言献策，并与公共部门展开合作，这样的方式不但满足了社会对公共产品的需求，还提高了公共部门的行政绩效。

对于市场来说，那些私营机构可以通过参与竞标、直接提供公共物品和服务等途径影响公共物品和服务的成本。在公共物品和服务的提供中，市场的作用也同样重要。在经济快速发展的今天，公民对教育、科技、卫生、文化、体育等基本公共服务有了新需求，相对于政府这双“看得见的手”，市场对公众的需求更加敏感，更具有创造力与活力，如英国、加拿大等发达国家已经形成了成熟的社会资本参与公共物品生产的体系。除此之外，市场资本的参与还可以在一定程度上缓解政府的财政压力。随着经济的不断发展，人民群众对各类基本公共物品和服务的需求急速增加，政府需要承担的责任也越来越多，引入市场资本，可以缓解政府财政支出压力，保证国民经济健康持续发展。

（三）有效监督原则

健全的监督机制是公共经济治理有效性的前提和保障。对地方公共产品和服务供给与生产的监督，主要集中于对公共产品供给决策、市场化、资金使用及绩效监督等几个方面。监督的方式主要分为内部监督和外部监督两种。内部监督主要表现为法律监督、地方上下级之间的内部监督、审计部门的监督、法制部门的监督、监察部门的监督等，外部监督则包含公民、新闻媒体和舆论等的监督（图 1-2）。

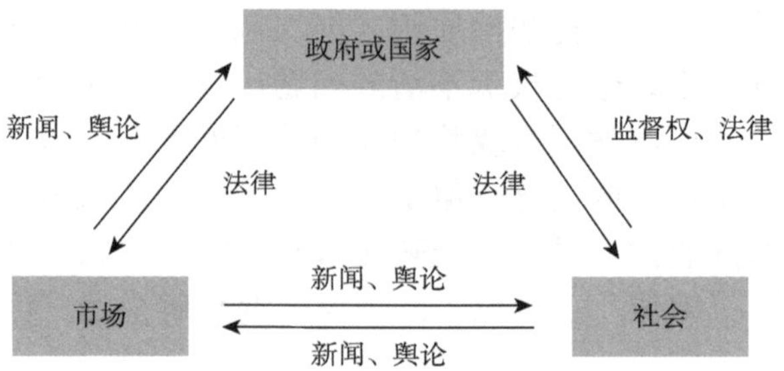

图 1-2　内外部监督

政府和社会必须对市场进行有效的监督，因为当私人部门参与到某一（准）公共物品或服务的生产后，会形成某种垄断优势，这样导致的损失可能会大于由政府直接提供这些公共物品造成的效率损失。例如，公共物品的价格提高，这意味着同样的成本，人们只能享受更少或质量更低的物品和服务；市场参与不可避免地会产生外部性，尤其是负的外部性，如环境污染；除此之外，还有逆向选择的风险。只有对公共经济治理中市场的活动进行监督才能提高经济治理的效率，最大限度地实现社会利益。

政府失灵的存在使得政府不可避免地要接受市场和社会的监督。对于社会来说，监督权是每个公民合法的也是最基本的权利，政府是契约的履行者和执行者，它应该为公民谋福利，一旦政府做出损害社会公共利益的事，法律就是社会的武器。在公共经济领域，每个主体都可以看作“经济人”，它们随时在进行着利益的博弈，对于市场这个主体来说更是如此。政府制定的任何政策或措施都会影响他们在资本市场上的行动，所以他们会监督政府的行为。

社会组织在公共经济治理领域普遍存在专业性不强、独立性不够、提供的公共物品比较随意的问题，志愿失灵的现象也时常发生，这就需要政府和市场适当地监督和引导。

（四）以人为本原则

习近平新时代中国特色社会主义经济思想强调，要坚持以人民为中心的发展思想，贯穿到“五位一体”总体布局和协调推进“四个全面”战略布局中。公共经济治理的根本目的是为人民谋福利，所以，以人为本原则应该贯彻到公共经济治理过程的始终。这具体体现在政府在公共经济治理的政策制定、政策执行、政策评估中，要时时刻刻保护人民当家做主的地位；在公共经济的治理过程中也要注意人民的参与，保护公民的质询权、监督权等合法权益。

（五）成本效益原则

在市场经济条件下，各经济主体的最大目标都在于追求经济效益的最大化。在公共经济治理中，政府、社会和市场也必须坚持成本效益原则，当然，各利益主体也不能仅将经济效益作为追求目标。具体来说，公共经济治理的成本要素主要包括生产成本、协商成本、监督成本、违约成本、过失成本等；其效益函数主要包括经济效益、社会效益、管理效益及政治效益等[①]。

---

① 谢启秦，徐家良. 政府购买公共服务的成本效益分析[J]. 经济社会体制比较，2017，（4）.

第四节　公共经济治理的方法

（一）规范治理：以健全法制为基石

公共经济治理作为与财政经济政策密切度高且深度联系的典型法治经济，必须极为注意规范化治理，并且应当将其诉诸法律法规层面的制度，务必做到绝大部分的公共经济治理活动有法可依、有法必依。即使在特定情况下行使的自主裁量行为，也必须有健全的法律法规制度体系对其方向进行约束。依法治理是公共经济治理的主要手段之一，也是稳步推动社会主义法治建设和全方位改进公共经济治理的必然要求。

之所以如此强调法律体制，主要是因为公共经济治理活动大部分是由委托-代理公共机构进行的，这些公共机构在进行公共经济治理活动时，其根本原则理应是为公众利益最大化服务，但通过“经济人”假设等人性假设不难得知，在公共经济治理过程中极易出现贪污腐败等现象。此时，就必须以健全法律制度体系为基石，建立健全执法主体资格，不断完善工作机制，贯彻落实法律法规，全面完善工作网络，培养高素质执法队伍，全面而有力地将权力关进法制的铁笼，确保公共权力的正常实施与公民合法权益的保障。

（二）目标治理：以完善计划为依据

公共经济治理是我们为满足社会发展需要与保障公民权利而做出的一种自觉性行为，非常适合通过以完善计划为依托的目标治理方法来实现根本目标，所有承担公共经济治理活动的公共机构、公共部门与组织都必须按时向社会公众公示其预算决算报表，该报表内必须包含其承担的公共经济服务活动与实现其治理目标的方式方法及相关计划。

完善计划的关键在于，这些计划必须建立在科学合理的基础上，做到正确预测，并实现机构组织筹款能力与社会公共事业发展需求之间的相对平衡，只有如此完善的计划才能既保证预期目标的实现，又确保公共经济治理的可持续性。

（三）绩效治理：以实际结果为导向

由前文可知，公共经济治理的根本目标应当是在节约资源最大化的前提下满足社会经济主体公共需求，实现预定的公共利益目标，所以从公共经济的本质功能与目标出发，必须实施以实际结果为导向的绩效考核治理方法。明确承担公共经济治理活动的公共机构与组织整体及各岗位的绩效任务，并设立量化考核标准。以此作为掌控公共经济治理实时进程与实现预期目标的有力武器，以及期末对相关公共服务机构与个人进行考核的奖惩依据。

（四）人本治理：以鼓励激励为辅助

公共经济治理对象是公共服务与公共物品及它们所代表的社会公共利益，但公共经济作为典型的委托–代理型经济，这些公共服务与物品最终是由公共机构中的个人提供或生产的。因此，要做到最大化节省公共资源与最大化实现公共利益，就必须在以法律法规制度规范公务人员的基础上，遵循以人为本的原则，鼓励激励为辅助，满足供职于相关公共机构的个人的基本生活需求与发展层面的要求。民主的核心是具有一定高程度的选择权，所以赋予他们一定的选择权才是管理过程中民主化的集中体现。只有满足这些条件才能更好地激发他们全面创新改革的工作动力，形成良好的工作氛围，并在确保公共性的前提下，更深层次地探索公共经济治理的治理方式与整体框架的重新架构。

（五）系统治理：以协调整体为根本

马克思主义哲学指出整体与局部相互依赖与发展，互为存在与发展的前提。其系统优化的方法要求我们用综合的思维方式来认识世界，着眼于事物的整体，立足于整体，注重系统内部结构有序性与其优化趋势。而公共经济治理作为一种多主体、多层面的复杂系统，其治理效率与目标实现就受到整体与局部以及短板效应这两大系统原理的制约。所以，为确保公共经济治理活动的顺利实施和社会公众利益的实现，在公共经济治理中就必须实施以协调整体为根本的系统治理方法，强化统筹全局、立足整体的指导方针，确保各公共部门整体与局部、系统与子系统之间以实现整体利益目标为根本核心，协调有序且不断优化内部结构，做好各自的本职工作。

（六）跨区划治理：以优化组织结构为目标

在当前新时代背景下，传统的科层制面对公共事务治理已经显得力不从心，行政区划前提下的地方政府管理极大程度上会导致公共物品供给和治理失灵，出现程度不一的“公地悲剧”。因此，为加强政府协调经济进一步发展及加强公共经济治理的能力，在当前行政区划分割现状情境中，应当坚持平等互惠、市场主导、优势互补的原则。通过制定相关法律法规，建设跨区划的政府合作体，共同承担合作体内的公共经济治理职能，使得合作体内生产要素可以得到重新优化组合，进一步提升政府公共经济治理的综合能力。

案例　“阴阳合同”的税收困局

一、案例主体

摘要：税收是国家财政收入的主要来源，国家要强大要发展必须依靠税收。但在市场经济条件下，偷税漏税现象屡禁不止，国家税收流失现象严重。在偷税漏税现象中，由于明星的较大影响力及其高收入，娱乐圈偷税漏税现象备受关注。本案例以 A 明星“阴阳合同”及偷税漏税行为为切入点，探讨其背后展现出的娱乐圈偷税漏税问题以及娱乐圈偷税漏税现象屡禁不止的原因，并有针对性地提出相应的治理建议及预防措施。

关键词：娱乐圈；偷税漏税；治理

（一）引言

财政税收于国家发展的重要性不言而喻。随着社会经济的发展，我国税收稳定增长，税收体制不断改革，这是极好的发展势态。然而近年来，娱乐圈偷税漏税现象不断暴露，A 明星签订“阴阳合同”偷税漏税再次引起社会对娱乐圈缴纳税款的关注。从现实因素考虑，明星由于片酬颇高、社会关系广泛、收入来源颇多，因此产生了各种逃税方法和逃税手段，“阴阳合同”早已成为公开的秘密。我们不禁产生疑问，在税收法制的严格规定下，娱乐圈偷税漏税的现象为何屡禁不止呢？纵观美国，逃税罪是联邦犯罪，是美国传统税收犯罪体系的“基石”。一旦嫌疑人被认定为逃税罪，那么他就有可能受到最严重的惩罚，可能会被判处五年以下有期徒刑，也可能会被处以巨额罚款，严重者可能既被判刑又被罚款。除了直接刑事处罚外，逃税行为还会被记载至嫌疑人的信用系统报告中，严重影响其信用分数及日常生活行为。对于娱乐圈偷税漏税违法行为，我国不仅需要加快税收制度改革，加强税收的监管体系构建，还要增强全民税收法律意识，提高全民道德修养。打击偷税漏税现象并非易事，仅靠政府一己之力绝无可能，这需要全社会的共同努力。

（二）事件概述

1. 事件回顾

2018 年 5 月 29 日，B 名人通过个人认证微博发文：“一个人演一出戏，为什么要签两份合同？行话，这叫一小一大双合同。小的不怕曝光，因本人号称值千万，而大合同是五千万元。”这条微博信息一发，互联网上立刻炸开了锅，网民怀疑这是曝光 A 明星签订的“大小”合同。紧接着，A 明星工作室发声明回应称，B 名人发布的内容涉及秘密合约，破坏了商业规则，已经涉嫌对 A 明星进行诽谤，工作室将保留追究法律责任的权利。

2018 年 6 月 2 日，B 名人再次公布了一份“阴阳合同”。6 月 3 日，央视新闻报道影视人员涉嫌签订“阴阳合同”，当局立即加强对部分高收入影视人员的税收征管。当日晚，A 明星工作室回应新浪娱乐，表示依法纳税是每位演员应尽的法定义务，本工作室及 A 明星从未通过“阴阳合同”的方式进行签约，并表明会全力配合相关部门审查，希望相关部门尽快调查出结果，并公正地宣布，以此解答公众的疑惑，也证实自己的清白。但从 6 月 27 日起，由 A 明星主演的《爵迹 2》《空天猎》《大轰炸》陆续宣布改档或在主演名单中删掉 A 明星。9 月 3 日，北京师范大学新媒体传播研究中心和责任云科技共同编制发布《中国影视明星社会责任研究报告（2017—2018）》，徐某某得分最高，为 78 分，A 明星为 0 分。9 月 7 日，A 明星工作室大门紧锁，办公室的文件已经被全部清走。10 月 3 日，官方首度证实，目前已查清 A 明星“阴阳合同”案件的事实，A 明星存在偷税漏税行为，必须在期限内缴清近 8.84 亿元的罚款。A 明星随即在微博发声并贴出致歉信。

至此，A 明星事件暂时告一段落。但是，在这个事件中暴露出来的问题依旧需要我们深思。

2. 事件处理

1）高度重视

2018 年 6 月 3 日，国家税务总局官网发布通报称，针对近日网上广泛讨论的影视人员偷税漏税问题，已下发通知要求江苏相关部门加紧调查核实，如证实“阴阳合同”的问题，确认影视人员存在违反税收法律法规的行为，将严格依法处理。同日，江苏省地方税务局和无锡市地方税务局回应表示，已经按照国家税务总局的要求对此展开调查并进行核实。当日晚，人民日报发微博称，不能让“阴阳合同”沦为潜规则。有关影视从业人员有无签订“阴阳合同”，有无逃税。应公正调查，用事实说话。一旦逃税，少数人占了便宜，挑战的却是税法，危害的是国家利益。法律面前人人平等，不管名气再大、粉丝再多、人脉再广，谁都不能享受法外特权。

2）调查核实

2018年10月3日，国家税务总局及江苏省税务局发布调查进程，案件事实已经查清。从调查核实结果看，A明星在《大轰炸》电影剧组拍摄过程中实际取得片酬3 000万元，其中1 000万元申报了纳税，其余2 000万元以拆分合同方式偷逃个人所得税达到618万元，少缴营业税及其他附加税112万元，合计共730万元。此外，还查出A明星担任法定代表人的企业少缴税款2.48亿元，其中偷逃税款1.34亿元。对A明星的各项处罚合计8.84亿元。依据《中华人民共和国刑法》第二百零一条的规定，由于A明星属于首次被税务机关按偷税予以行政处罚且此前未因逃避缴纳税款受过刑事处罚，上述定性为偷税的税款、滞纳金、罚款在税务机关下达追缴通知后在规定期限内缴纳，依法不予追究刑事责任。

3）相关问责

根据《中华人民共和国税收征收管理法》规定，江苏省税务局将对A明星及其担任法人的企业追缴税款2.55亿元和滞纳金0.33亿元，对A明星拆分合同隐瞒真实收入和工作室账户隐匿个人报酬的情况以偷逃税分别处以4倍和3倍的罚款。A明星于2018年10月3日中午在微博刊登致歉信，表示完全接受处罚，会尽全力克服困难筹措资金补缴罚款，以后也会监督公司合法、守法经营。在对A明星进行处罚的同时，国家税务总局对在A明星偷逃税案件中，因管理不力、负有领导责任的相关单位和人员，依规依纪进行了问责。

4）事件拓展

到底什么叫“大小合同”和“阴阳合同”呢？它们是指在交易过程中，双方签订两份不同的合同。在主管机关备案登记纳税的是一份涉及金额较小的“阳合同”，而另一份金额较高的“阴合同”逃过了纳税环节，为隐性收入，直接由签订合同的人暗自签订，不经过主管机关备案登记，以此达到偷漏税的目的。

事情发展到这一步，我们不应该仅仅只追究某一明星的错误，我们更应该关注这个行业的缴税情况，是否“阴阳合同”已成为娱乐圈心照不宣的普遍行为，以及如何制定风险防控措施、加大税收征管力度等。由于A明星“阴阳合同”事件，娱乐圈发生了税务大地震。其中，个人工作室纳税制度第一个被整改，其最低税率从6.7%提高到42%，并且关闭了个人工作室的注销通道。

2018年10月2日，国家税务总局下发通知，开始部署影视行业的税收整改工作，国家税务总局在已经开展对部分高收入影视人员进行缴纳税评估的基础上，进行进一步调查核实，以及开展进一步强化风险防控分析，加大征管力度，依法查处违法违规行为。

从 2018 年 10 月 10 日起，各地税务机关通知本地区影视制作公司、经纪公司、演艺公司、明星工作室等影视行业企业和高收入影视从业人员，根据《中华人民共和国税收征收管理法》及其实施细则的相关规定，对 2016 年以来的申报纳税情况进行自查自纠。对在 2018 年 12 月底前，对自己偷漏税行为主动承认并主动缴纳税款的人员免予处罚。从 2019 年 1 月至 2 月底，税务机关根据纳税人自查自纠等情况，会进一步通知提醒相关人员进行自纠。对经提醒做到自我纠正的纳税人，可以依法从轻、减轻行政处罚；对违法情节轻微的，可免予行政处罚。

从 2019 年 3 月至 6 月底，税务机关会根据限定时间内进行自纠自查的情况，对拒不自纠自查的人员进行处罚。2019 年 7 月底前，对在规范影视行业税收秩序工作中发现的突出问题要举一反三，建立健全影视行业税收管理长效机制。在规范影视行业税收秩序工作中，不仅是对偷漏税行为者进行处罚，而且对帮助偷漏税人员违纪的相关部门人员，也会给予严重处罚。

3. 类似事件（“阴阳合同”足球圈早已盛行）

A 明星“阴阳合同”事件引发广泛关注，但在汽车圈、房地产圈、体育圈，“阴阳合同”早已不是什么秘密。

例如，前些年闹得沸沸扬扬的刘某某转会案，刘某某想转到恒大，而老东家青岛中能却不同意，坚称刘某某和中能的合同并未到期，恒大如果签下他就违反了中国足协转会相关规定。随后，刘某某公布自己所持的两份与中能的合同：一份是在中国足协备案的，2013 年 12 月 31 日到期；另一份是俱乐部实际执行的，2014 年 1 月 1 日到期，即“阴阳合同”。但中能手中却持有一份与刘某某续约至 2017 年 1 月 1 日的合同。

我们不禁要问，这种市场乱象缘何会出现？公共部门究竟该如何监管？

（三）事件讨论

1. 原因分析

1）商业市场运作所产生的结果

市场是激发社会活力、推动社会进步的强大动力，但由于市场的自由化，如果不加以约束，极易产生问题。在市场的导向下，我国的文化娱乐产业发展不平衡，甚至出现了畸形发展的形势。在文化产业链条缺失的情况下，生产要素价格受人为因素影响明显，极易出现生产要素价格大幅度高出实际价格的情况；再者，即使不是此次案例中的“阴阳合同”，从业者一样有很多规避手段去应对管理部门限制片酬的要求。明星的片酬高，A 明星高达 8.84 亿元的赔偿与其有密切关系。

2）社会风气形成“行业规则”，纳税环境差

社会上很多情况下的行动是集体行动，这种活动由于人数众多，会产生个人对集体活动的后果影响不大的想法。一个人时可能会因为怕担责而不敢去做，但在从众心理和集体行动的支持下，则会变得无所畏惧。这使得大家达成一种共识：允许一个不合理甚至不合法的小集体存在，从而形成这种社会道德甚至与法律相悖的行业规则。在 A 明星事件中，娱乐圈“阴阳合同”现象反映出违法的行业规则。娱乐圈偷税漏税不良风气盛行，这种恶劣的纳税环境给娱乐圈的纳税行为带来了极大的消极影响。

3）“经济人”的思想及法律意识淡薄

人是理性的“经济人”，其理性行为的最终目的是追求个人利益最大化。少缴税甚至不缴税是大多数企业、大多数个人的天性追求。如果客观上存在这样的机会，使其不支付任何成本或经济代价就能有所收益，且不影响其他人利益，那他一定不会错失良机。当社会人经历过一次两次的主动逃避缴税的行为后，他会产生这样的想法：不缴税仍能享受社会所提供的所有公共物品或服务，这对“经济人”来说，无疑是占了大便宜。这主要是因为税收法制宣传教育工作不够广泛深入，使得公众对偷税漏税违法行为的法律后果不清楚或者知法犯法。

4）税收征管手段落后且部门间协调性差

目前我国税收征管手段比较落后，主要表现在：信息化水平低，基础性资料征管不完全，信息传递及时性差、准确性低、共享性差；行业间、部门间不完全衔接，部门间配合不到位，监控不到位。目前，我国个人信用体系不健全，许多情况下的交易方式仍是现金交易，加大了征收资料收集的难度。我国的公民纳税自觉性仍有待提高，因为要获得基础性资料，全面了解公民的收入情况，诸多部门的配合至关重要。例如，本案例中的 A 明星事件，要了解其收入情况必须依靠文化管理部门的相关信息资料。但由于部门之间配合不到位，加上娱乐圈中的交际圈复杂，收入渠道多样，同一纳税人在不同区域、不同时间取得的多项收入，在纳税人不真实、不主动申报时，税务部门无法统计汇总，无法准确判断其收入的来龙去脉，更无法有效组织征管，所以娱乐圈的偷

税漏税现象尤为突出。

5）监管部门执行力度不足

监管部门执行力度不足、打击控制力度不够是出现偷税漏税行为的直接原因之一。在A明星偷漏税案的监督与处理上，不能排除前期由于部分执法人员出于个人利益的考虑、迫于被调查者强大关系网的压力以及出于“保护能人”的考虑选择对其放任不管。同时，在执行初犯免责条款背后，也难免存在税收执法力度偏软、震慑力不足等潜在消极因素。

6）税收制度不健全

我国的现行税收制度存在漏洞，如征收方式、税负结构、初罪免责使用条件等不完善，导致偷税漏税行为有机可乘。

第一，征收方式的不完善。首先，我国个人所得税征收方式实行源泉扣缴与自行申报并用的方法，注重源泉扣缴。源泉扣缴无须申报，由支付方代为扣缴，这也为偷税漏税提供可乘之机。其次，利用不同征收方式的盲区偷税漏税。明星开工作室以经纪公司或者个人工作室名义收取片酬便是利用征收方式漏洞偷税漏税的方法之一。由明星工作室收钱，按照个体工商户申报所要缴纳的税款，比明星个人收款按照核定的征收方式进行定率征收或者定额征收所要缴纳的个税低得多。明星工作室的年营业额有几千万元，但只要缴纳低于3%（通常在0.5%~3%）的税款即可。除开工作室的方法之外，明星在税收政策更为优惠的地区注册影视公司也是偷税漏税的“有效”办法，如在国内的霍尔果斯注册影视公司，完全可以合法地不缴公司所得税，只需要在公司分配利润时缴纳个人所得税，缴税的同时，还会获得返税优惠政策。

第二，税负结构不太合理。我国现行的税负结构不太合理，政府收入欠规范，部分人群税负过重，不能考虑纳税人的实际情况，使纳税人“税费”负担很重，导致纳税人为逃避过重税负而偷税漏税。

第三，初罪免责条款的使用条件过于宽泛。初罪免责条款的本意应是提供激励机制，令其主动补缴税款、滞纳金及罚款，从而免于刑事追责，然而，在“有心人”及部分群众眼中，其目的被扭曲化，他们认为该条款的无条件适用是为逃税行为开脱。由于法律的修正，相似的刘某某偷税漏税案中，刘某某承担了刑事责任，被捕入狱422天。而A明星“税收门”事件中，金额明显大于当年刘某某事件，A明星却免于刑责。公众认为该条款成为明星、富人偷税、逃税不负刑责的法定理由，形成“有钱人花钱免罪”的认知，公民、公平、正义的法感认知受到严重伤害，容易引致社会不安。

2. 管理策略

1）坚持政府主导与市场运作整合

政府主导为主，市场运作为辅，政府与市场之间应该有效配合。市场需要发挥资源配置的决定性作用，政府充分履行市场监管职能，从而使经济发展符合社会规律，符合经济发展的正确过程。明星逃税行为不符合市场运作规律，不利于建设良好的市场环境。面对娱乐圈的明星逃税漏税现象，政府应主动协调、促进文化产业正常发展，弥补文化产业链条的缺失状况，在源头上杜绝娱乐圈偷税漏税行为。

2）整顿社会风气，营造良好的纳税环境

建立科学合理的激励机制。对依法纳税的公民来说，依法缴税本是每个人应尽的义务，但根据“经济人”假设，有的公民即便不交税，通过“搭便车”的行为也能够享受到一定的公共服务，从而使得那些依法缴纳税款的公民产生不公平的感觉。因此，应让依法纳税人得到切实的益处，调动其积极性。针对不同的纳税人，可以采用不一样的激励方式。因此，应该让纳税的益处落到每一个人的头上，明确纳税的益处，建立不同的激励机制，促进纳税。对于积极纳税的单位，可以给予一定的精神奖励，给予一定的荣誉，扩大其知名度；对于积极纳税的个人，可以将纳税同养老保险金及其他公共服务结合在一起，达到激励的作用。除了正面强化，还需要采取负面震慑的方式，对偷税漏税的行为加大惩罚力度，从而起到规范纳税行为的作用。

3）提高公民纳税意识，加强税收法律意识培养

A 明星“阴阳合同”事件反映出我国公民纳税意识淡薄等许多问题。纳税的重要性不言而喻，但我国许多公民对其理解都不够深刻，一方面，源于公民自身的理解不够，纳税意识淡薄；另一方面，也反映出政府的宣传力度不大，对公民纳税意识的培养不够。建立健全诚信机构，对于有诚信、依法纳税的公民给予奖励，落实诚信纳税褒奖机制，增强纳税带给公民的自豪感与归属感尤为重要。纳税意识的培养有许多的途径，首先，可以从教育入手，从教育抓起，把依法纳税归入道德教学教育活动中去；其次，可以通过多样化的宣传途径，如电视、广播等贴近公民生活的途径，扎扎实实、深入细致地将依法纳税的思想传播至千家万户。使依法纳税这一公民义务为公众理解，真正做到自觉纳税，将纳税当作自然而然的事情，从而杜绝偷税漏税的行为。

4）增强税收执行力度，规范税收执法行为

税收制度对于个人的财产都有相关的规定，税收程序也做出了明确的规定。

但是娱乐圈中，“阴阳合同”早已成为大多数人的逃税方式。通过“阴阳合同”，便可免于税收的追查。税收制度即便制定完善，不能有效执行也是空白。

首先，完善岗责体系。每个岗位的职责应当明确，权责对应，不能出现交叉管理等行为，明确权责统一的重要性。其次，严格执行法定程序。严格执行《中华人民共和国税收征收管理法》《全国税收征管规范》《全国纳税服务规范》。细化税收征管流程，强化税收执法程序规范，严格按照程序走，不可简化步骤。再次，建立专业化的监察机制。对于执行力度及执行过程进行有效的监督，可以打破地区领域，联结多元的监督主体，从而使监察行为规范化、合理化。最后，加强税收执法队伍人员的建设。对税务干部开展思想教育，增强其税收意识、法制意识，使其建立正确的人生观、思想观、价值观，培养职业信念，加强法律修养。加大执法力度的培训，提高税收人员的执法业务技能，提高其专业能力，同时也要兼顾其综合素质。

5）加快健全税收监督体系

在 A 明星事件中，无人监管、责任不到位的现象十分严重。企业欺骗政府，而政府对其放纵，促进了逃税的产生。在此情况下，执法部门应公开执法结果，将个人的纳税行为进行有效统计，对纳税人进行信用等级评估并分类，对于一些逃税的案件进行有效曝光，达到威慑的作用。对于逃税的惩处结果做到全社会公开，让公众清楚并明确意识到逃税漏税的后果。此外，应建立健全多元的监督体系。在 A 明星事件中，舆论监督起到了很大的作用，政府应有效结合其他社会主体，将纳税监督行为扩展至社会全体，从而增进监督的力度与广度，实现有效监督。

6）加快改革税收征管体制，改善制度落后性

偷税漏税现象横行，无疑反映了一个问题，即当今我国的税收体制仍存在很大的问题。在现行税收征管体制下，国内实体企业和普通工薪阶层税负沉重，而明星在拥有高收入的同时，又能有多种方式逃避税收。如何改革现行税收征管体制，让普通的老百姓享受税收的益处，是税务部门应当面对和解决的重要问题。

要堵塞偷税漏税行为，首先，要抓好源头的改革，查明税收制度的漏洞。税收过程十分复杂、烦琐，无疑增加了征收难度与监管难度。因此，税法的制定应该详略得当，不能过于烦琐。其次，要完善税收的征收方式，规避偷税漏税行为，让逃税漏税行为“无路可走”。最后，要完善税收结构，减轻税收负担。对于偷税漏税处罚的相关条例，也应该多听取民众的声音。在逃税罪的刑事责任中，以管理为主，增加处罚金的数额，加大惩罚强度，灵活运用不同的

处罚方式，使惩罚惩处张弛有度，规避逃税漏税行为。

（四）结束语

A 明星逃税事件，其实只是娱乐圈逃税现象中被曝光的冰山一角，高收入影视人员通过“阴阳合同”的方式逃交税款是普遍存在的现象。江苏省税务局对 A 明星处以 8.84 亿元的罚款，一方面是在处罚与警戒 A 明星，另一方面也是让影视行业从业者引以为戒。通过此次对 A 明星的处罚，整顿影视圈的不良风气。在此事件中，国家税务总局对无锡市地方税务局相关政府人员的监管不力进行了处罚。在今后，针对“阴阳合同”现象的管理，需要建立科学的激励机制；增强税收执行力度，规范税收执法行为；健全税收监督体系；加快改革税收征管体制，增强纳税人税收法律意识。这样才能更深入地整顿影视行业的逃税风气，维护人民群众的利益，维护社会公平公正。

思考题：

1. A 明星逃税为什么不判刑？
2. 如此大的逃税漏洞，为何当地税务局没有发现？
3. 为什么会出现这种现象？
4. 解决该问题所面临的困境有哪些？
5. 怎样才能控制“阴阳合同偷税漏税”问题？

二、案例说明

（一）课前准备

（1）案例准备：提前 1~2 周将案例发给学生，要求学生在上课前熟悉案例正文，独立完成案例后的思考题，为课堂讨论案例做准备。

（2）资料准备：独立或分组搜集与本案例相关的政策、文件等资料，针对课后思考题，提出解答，并为自己的解答提供理论依据，针对自己有疑问的问题，进行标记。方便同学们在课堂上交流，找出问题原因及对应的解决路径。

（3）分组：学生课前进行分组，6~8 人为一组。每组选出组长和秘书长，组长负责组织小组讨论，秘书长负责记录。讨论结束后，由组长安排小组成员汇报讨论结果。

（二）适用对象

本案例主要适用于公共管理学、行政管理学、经济学等相关课程。教学对象为行政管理高年级本科生。

本案例既可以用于理论教学在课堂讨论，也可以作为实践活动课题由学生在课下分组讨论完成。

（三）教学目标

本案例以 A 明星“阴阳合同”事件为主线，分析了当前税收领域存在的问题，希望通过对案例的认真分析，达到以下几个教学目标。

（1）结合“经济人”理论、市场经济相关理论分析偷税漏税的影视演职人员的行为动机。

（2）明确政府责任，深入理解政府责任理论。进一步掌握治理理论，透彻理解政府治理理论的核心内容和深刻内涵。对于公共管理者来说，要深刻认识到当前税收领域存在的问题与乱象。政府要对人民负责，要积极地对人民的需求做出回应，更要积极地解决人们在生活中遇到的问题。通过对案例的分析，明确政府在“阴阳合同”中负有的责任，并为政府加强监管提出建议。

（3）开阔学生视野，学会脱离课本，从不同的角度分析问题。本案例可以分别从政府、企业、明星、公众等不同角度进行分析。

（4）提高学生全面分析问题的能力及解决实际问题的能力。通过案例学习，分析事件中各主体存在的不足之处，并对原因加以总结，提出有效的应对措施，为今后解决此类问题提供借鉴。

（四）要点分析

1. 利用“经济人”理论分析违法行为背后的利益驱动

不论是本案例中的 A 明星，还是足球圈、房地产圈众多签订“阴阳合同”的人，本质都是受到了巨额经济利益的驱动。为了获取经济利益，不顾国家法律的约束，不顾社会公平正义，铤而走险。因此，我们在分析此类案例的时候，除了法律约束、政府监管之外，更要对这些现象背后的行为动机，即经济利益进行分析。

“经济人”假设理论最早由英国经济学家亚当·斯密提出。亚当·斯密通过“经济人”理论假设强调个人利己的合法性，以此来调动人们实现自身利益的最大化。具体而言，“经济人”就是会计算、有创造性、能寻求自身利益最大化的人。“经济人”是以完全追求物质利益为目的而进行经济活动的主体。人人都希望以尽可能少的付出，获得最大限度的收获。“经济人”理论假设认为：当一个人在经济活动中面临若干不同的选择机会时，他总是倾向选择能给自己带来更大经济利益的那种机会，即总是追求最大的利益。而他在追求效用最大化的过程中，要受到交易成本和意识形态两方面的约束作用。

正是由于硬性（交易成本）与软性（意识形态）两方面的约束都未起到作用，才导致了“阴阳合同”事件的发生。为了能够找到涉案人员的根本行为动机，我们应借助“经济人”假设来分析。首先，交易成本受到信息不对称与不完全、机会主义行为、制度条件、环境的复杂性等因素的影响。在案例中，A明星等就是看到了“阴阳合同”背后的巨大经济利益，因此罔顾制度和法律约束，进行偷税漏税。涉案人员认为“阴阳合同”的利益具有明确性，而成本具有不确定性，由此进行成本-收益分析来最大化个人效用。其次，意识形态表现在人们的价值观和社会风俗与影响方面。这是后天的教育形成的，并且常常对人的行为具有决定性作用。“阴阳合同”事件集中体现了涉案人员道德意识与价值观念的缺失，在经济利益面前容易迷失自我。对于本案例来说，借助“经济人”假设可以找到涉案人员的行为动机，由此才有可能提出具有针对性的意见和建议。

2. 运用激励理论的相关知识，构建多元主体共治机制

公众普遍认为逃税问题是税务部门的事情，与自己无关。这是因为我国长期以来对税收的征收和监管过度依赖于政府部门的力量。要改变这种认知，首先需要明确政府监管也存在着现实力量的不足。同时，我们每个人都是市场活动中的一分子，每个人都要对自身的行为负责。要正确认识到税收问题不能单一地依靠政府监管，我们每个人都拥有监督权和举报权，都要勇于对所知的“阴阳合同”等违法行为说“不”。

激励理论是行为科学中用于处理需要、动机、目标和行为四者之间关系的核心理论。激励机制是指通过特定的方法与管理体系，将员工对组织及工作的承诺最大化的过程。激励机制包括精神激励、物质激励、荣誉激励和工作激励。激励机制中正向激励会增进工作效率，产生积极作用，负向激励会产生约束作用。也就是说，在合适的激励机制作用下，员工会努力做出达到组织目标的行为，努力使自己的行为符合组织的期望。

在本案例中，除了税收部门这个治理主体之外，还存在着纳税者、举报者、普通公众这些多元的主体。税收问题与每个主体都息息相关。我们应该更多地联

合多元力量，共同构建一个由政府来主导，多元主体共同参与的共同治理机制。构建这个机制的核心问题便是如何调动这些主体的积极性。政府应采取相应措施，不仅要建立物质、精神激励，更要在社会上形成一种激励参与的氛围。只有调动了各个主体参与的积极性，多元共治的模式才有现实意义。

3. 偷税漏税的“难言之隐”

在公众的普遍认知里，明星属于高收入群体。尤其是近年来社交媒体的兴起，明星有了一个经营自己粉丝与影响力的平台，随着粉丝数的增加，明星的身价极大地提高。同时其作为公众人物，一直以积极正面的形象示人。因此，明星逃税漏税让公众在感情上很难接受。既然如此，明星为何还要铤而走险？

有人算了一笔账，假如一位明星的片酬为 1 000 万元，最终计算出的个税将近 300 万元。所以明星收入高，相对来说，要缴纳的税款也高。于是许多明星开始用各种方式钻空子，常见的方法有成立自己的工作室或者选择税收优惠的霍尔果斯等地注册公司。

那要如何解决当前明星税收过高以致违法逃税的困境？我们认为要从以下两个方面来解决。

1）改变公众对明星的“偏见”，促使明星职业化

当前，不少青少年对明星盲目追捧，明星的天价片酬成为一种“常态”，公众对明星这一群体慢慢产生了“偏见”。因此，要改变公众对明星的“偏见”，不仅需要外部制约，更需要内部制约。外部制约指的是建立并完善艺人的从业机制，加强对艺人的审核和监管。内部制约具体指的是社会要树立正确的价值导向，引导青少年的健康成长。通过内部和外部的双重规范，促使公众正确认识并理智对待明星这一职业。当前影视行业从艺人员的门槛偏低已成社会现状，应提高明星的道德准入门槛，提高部分明星的法律意识和道德意识，让其以积极向上的面貌引导青少年的成长，促进良好社会道德的建立。

2）多个主体协作，抵制天价片酬

天价片酬的出现是影视公司与公众在市场环境下共同影响的结果。因此，抵制天价片酬同样需要大家的共同努力。一方面，政府应当从制度层面加强对个人工作室的监管，促进社会的公平正义。另一方面，影视公司也应采取措施共同抵制艺人的天价片酬现象、共同抵制偷税逃税、“阴阳合同”等违法行为。同时，公众需要保持理智，正确看待明星职业，避免过度追捧抬高片酬。通过多个主体的协作来共同抵制天价片酬，缓解税收困境。

（五）课堂安排

本案例计划安排课堂时间为100分钟。建议课程安排和教学活动顺序如下：

<table>
<tr><td>课前计划</td><td colspan="2">学生提前1~2周阅读案例并初步思考。针对启发思考题，要求学生通过公开途径收集本案例涉及的信息，以便课堂讨论</td></tr>
<tr><td rowspan="4">课中计划</td><td>案例回顾（20分钟）</td><td>由教师邀请1~2名学生描述案例，之后教师运用课件、视频、文档、图片等资料对案例进行简要梳理</td></tr>
<tr><td>小组讨论（30分钟）</td><td>按照就近原则每6~8人分为一组。各个小组对主题进行充分的讨论，鼓励每名学生都要参与讨论，表达自己的观点。教师巡回督导并了解一些小组的大致观点</td></tr>
<tr><td>观点陈述（30分钟）</td><td>每个小组由组长推荐一名代表进行观点陈述，并进行观点总结，其他成员可以补充。教师应该根据学生的主要观点，帮助学生进行理论提升；每个小组发言时间约为5分钟</td></tr>
<tr><td>教师总结（20分钟）</td><td>教师对整个课堂的知识点进行梳理、总结、点评、提升</td></tr>
<tr><td>课后计划</td><td colspan="2">课堂结束之后，学生根据课前阅读、课堂讨论、教师引导和归纳总结，撰写完整的案例研究报告</td></tr>
</table>

（六）其他教学支持

（1）设备支持。供学生展示讨论结果的纸笔、投影仪、话筒、可供板书的黑板和粉笔。在案例教学过程中可配合播放的与案例相关的视频、照片和其他材料。

（2）场地支持。可移动的桌椅。

第二章 政治治理

第一节 政治治理的概念及内涵

（一）政治治理的概念

研究政治治理首先要明确一个问题，即什么是“治理”。在西方，不同学者对治理提出了许多不同的概念界定，其中著名的有两种理论。

第一种理论是治理理论的主要提出者之一罗西瑙所提出的，他将治理一词定义为“一系列活动领域里的管理机制，它们虽未得到正式授权，却能有效发挥作用；与统治不同，治理指的是一种由共同的目标支持的活动，这些管理活动的主体未必是政府，也无须依靠国家的强制力量来实现”①。

另一位研究治理理论的权威学者格里·斯托克则将“治理”概念归纳为以下五点：①治理意味着一系列来自政府但又不限于政府的社会公共机构和行为者。②治理意味着在为社会和经济问题寻求解决方案的过程中存在着界限和责任方面的模糊性。③治理明确肯定了在涉及集体行为的各个社会公共机构之间存在着权力依赖。④治理意味着参与者最终将形成一个自主的网络。⑤治理意味着办好事情的能力并不仅限于政府的权力，不限于政府的发号施令或运用权威②。

然而，在对治理各种各样的概念界定中，最具权威性和代表性的是全球治理委员会所做的定义。其对治理的定义如下：治理是各种公共的或私人的个人和机构管理其共同事务的诸多方式的总和。它是使相互冲突的或不同的利益得以调和并且采取联合行动的持续的过程。这既包括有权迫使人们服从的正式制度和规则，也包括各种人们同意或以为符合其利益的非正式的制度安排。它有四个特征：治理不是一整套规则，也不是一种活动，而是一个过程；治理过程的基础不

---

① 罗西瑙 J N. 没有政府的治理[M]. 张胜军，刘小林，等译. 南昌：江西人民出版社，2001.

② 斯托克 G. 作为理论的治理：五个论点[J]. 国际社会科学（中文版），1999（2）.

是控制，而是协调；治理既涉及公共部门，也包括私人部门；治理不是一种正式的制度，而是持续的互动[①]。

简而言之，治理就是政府和政府之外的公共的或私人的个体与机构，以调和各种社会冲突、促使公共利益最大化为目的，运用一定的权力引导和规范公民的各种行为，维持良好的社会秩序的一种过程。

研究政治治理也要明确另一个问题，即什么是政治。西方政治理论家汉娜·阿伦特指出，政治是指自由平等的公民以言行就重大议题进行协商讨论的活动，其目的一方面在于表达一己真性，展示真我风采，另一方面在于和他人进行交往沟通，寻求某种尽可能兼顾每个人意见的共识。因此，政治实质上是一种规范化的社会管理过程，它是指各种团体进行集体决策，以实现社会公共利益，维护国家统治的一种社会治理行为。

所以，政治治理可以看作在政治角度下对治理概念的进一步认识。也就是说，政治治理是指在政治活动过程中，主要以政府为主体的公共部门与私人机构协作，运用一定的政治权力，针对社会矛盾与冲突，采取相应的手段，有意识地引导和规范公民行为，维护社会秩序与国家统治，以不断实现公共利益的一种过程。

（二）政治治理的内涵

政治治理内涵非常广泛，涵盖了整个社会领域的绝大多数内容。随着时代的发展，不同时期、不同学者在不同的角度都给政治治理做了不尽相同的解释，所以，政治治理的内涵实际上是在不断发展变化的。但总体来讲，政治治理大致可以分为两大部分内容，即政治实体的外部治理与政治实体的内部治理。这是以政治实体的行为活动作为出发点来进行分类的。

政治实体的外部治理首先要做的是扫除外来威胁，保证自身的生存状态。政治实体只有扫除了外部的生存威胁，才能够牢牢地掌握政治统治的权力，稳坐治理的主导者的地位。在保证了自身的生存状态后，政治实体将会重点关注社会秩序的构建，通过协调社会资源分配、引导社会主体活动等进行规范化的社会管理。政治实体在构建社会秩序的过程中不仅要依靠自身的力量，还要依靠社会个体的力量，满足社会个体的利益需求，两者加强合作与互动，深化政治治理效果。

政治实体的内部治理还应该注重促进政治实体的自我发展和不断完善。政治实体只有不断提高自身各方面的能力，才能保证自己得以长期生存，从而满足自

---

① 全球治理委员会. 我们的全球伙伴关系[R]. 牛津：牛津大学出版社，1995.

身的利益需要。要做到这一点，还需要在政治实体内部构建有序的管理活动，确保政治实体在进行政治治理的过程中，自身力量能够得到有效的运用。

第二节 政治治理的目标

伴随着社会的发展，国家治理领域已经不仅仅限于政治治理，也逐渐渗透到经济、文化、生态等其他方面，各方面治理相结合才能共同促进国家治理向前发展。政治治理作为国家整体治理中的一个核心环节，目标的确立为治理提供了方向性指导和政策性建议，治理过程也围绕这个大目标进行。推动国家统一性、降低或规避国家风险、提高国家发展实力、增强并维护公共利益、推动社会自治化，均可以使政治治理趋于民主化、高效化和权威化，由此不难总结出，营造并维护稳定的政治治理环境和有效的政治治理手段是政治治理在国家建设层面上的主要目标。

（一）维护统治阶级的权力集中统一

从根本上维护国家统一性。我们都知道，国家的政权统一与稳定是一个国家长治久安的保障，要想完成国家治理现代化的任务，实现政治治理的高效有序，就必须逐一破解制约国家统一性发展的障碍。一方面，国家治理需要当政者的道德自觉与道德担当；另一方面，改革发展需要道德价值引领，依法治国需要道德的滋养。政治治理的目标是建设一个更加完整、更加统一的政权，为其他治理的实现提供保障。

（二）降低或控制国家成本

从整体上降低或规避国家风险。一个国家的治理水平在一定程度上受法治治理能力和法治维护能力的影响，只有降低不符合整体路线和布局的因素的影响，国家治理的任务量才会更小。因而，从整体来看，国家政治治理的任务之一就是整体上降低或控制国家成本。成本的降低能够为国家建设减轻负担，也能够在一定程度上提高政治治理的效率，一个国家的政治治理不仅体现在对内的稳定与和谐方面，还包括对外在国际社会中的地位和作用，现行政治秩序下，降低或控制国家成本，为政治治理保驾护航，才能为维护统治秩序的稳定提供良好的环境。

（三）促进国家创新性

从长远看，提高国家发展的综合实力。在当今这个经济高速发展、全球贸易不断扩大的时代，很多发展中国家面临着贫富差距逐渐扩大，城乡与区域之间的发展不平衡，“头部效应”更加明显的社会矛盾和利益冲突。要推进国家的全面发展，实现国家现代化，就必须要有清醒的意识和足够的协调能力，以促进国家创新性为突破口。创新性的提高能够为社会提供充足的发展动力，也就能促进经济、文化、社会各方面的发展，如果以此为参照，政治治理在此方面就能充分发挥主观能动性，使国家在国际竞争中赢得主动权。

（四）增强并维护公共利益

无论是社会主义国家还是资本主义国家，政治治理都是一个不可避免的问题，即国家面临选举或举行公共活动时，需要公共物品和公共服务的辅助。分开来看，社会主义国家的根本目标是维护无产阶级的根本利益，最终实现共产主义，而无产阶级作为社会中最广大的人民群体，共同的利益诉求会形成统治阶级对公共利益的诉求，但现行经济运行模式下，仅靠市场自由竞争和自主分配是远远不够的，极易出现资源分配的不均衡化，公共物品无法满足公众的即时需求，因此需要政府从中调节分配，其中，政治治理是最具有合法性和约束力的方式，因此，增加并维护公共利益也成为政治治理的一大目标。

（五）推动社会自治化

从社会发展来看，国家治理水平受到法律制度的供给力和执行力的影响，因此可以说其依赖于制度供给能力，但现代国家的经验表明，政府并不是制度和规则的唯一供给者。除了中央的大政方针外，社区组织、社会平台、社会企业等各类不同的社会参与主体的制度供给和管理规则也是十分必要的。因此，与政治管理不同，政治治理在承认政府作为传统权威的同时，也对政府的单一权威提出了挑战，私人机构、社会组织甚至公民也可以成为治理的权威，建立在互信基础上、多中心的自主治理网络方可以适应政治实践的发展需要。由此可见，配合中央和地方的政策方案，实现参与政治治理的社会主体多元化，有利于为政治治理奠定坚实的执行与监督基础，形成国家与社会良性互动、协同治理的新格局，这也是国家治理现代化的重要目标。

第三节 政治治理的原则

规则体系是行为主体进行社会活动的行动依据，在国家治理中，原则为政治治理提供基础性保障和规范性指导。“没有规矩，不成方圆。”政治治理作为整个国家治理体系中最核心的部分，需要一套较为完善先进的原则体系，这些原则实际上是历史发展过程中，各个国家政权为实现各自治理的大目标，而在长期实践过程中形成的长久奉行的一套普遍规律理论的精辟概括，也是对人类漫长的政治发展历史和政治文明建设经验与教训的深刻总结，具有高度认同性和普遍适用性。现有国际政治体系中，奉行不同社会制度的国家具有不同的政治治理模式，其中最具有代表性的资本主义国家和社会主义国家，尽管在政治治理的具体方式方面具有鲜明的区别，但从长远目标来看，二者政治治理的原则仍然具有共性。结合现有国家治理的特点及适用范围，可以总结出政治治理的以下原则。

（一）结合各民族特点，建立统一政权

政治治理方式和手段的实施需要建立在一个统一政权之下，纵观历史，没有建立统一政权的不能称为国家，也就无法实施政治治理，更无法实现政治治理的目标。统一的政权是强有力的政治手腕，是有效实行各项政策决议的组织基础，西方政治学家卢梭认为，政体设计“要遵循的第一条规则就是民族性格的原理，因为每个民族都有，或者说应该有一种民族性格”①，一个能够拥有持续文明的民族想要在社会发展的潮流中继续生存下去，长久沉淀下来的语言工具、喜好习惯等不仅能够验证外来制度文化是否具有侵入性或直接占领性，也能够显示出本民族共同体兼容并收的特点，影响着民族国家治理的方式和手段。但是，结合各民族特点不代表抹杀或遏制不同的特征，而是在探索建设中，尽力寻找一个中庸的方式，海纳百川，减少冲突和摩擦，寻求更广的适用范围。因此，不同国家需要结合不同民族的特点，建立统一政权，这是实施政治治理的基础条件。

---

① 卢梭 J J. 政治制度论[M]. 刘小枫编. 崇明，胡兴建，戴光明，等译. 北京：华夏出版社，2013.

（二）结合社会治理现状，完善法治体系

《社会契约论》中将国家的建立归于人民在自愿的基础上相互之间或者与统治者之间共同达成的社会契约，国家的治理基于此基础，除了规范体系与原则之外，法律成为最有强制力与约束力的统治工具。《论法的精神》中再一次强调了法的重要性，孟德斯鸠将国家政体的权力归结为立法权、行政权和司法权三种，无论是法与国家权力，还是与地域气候、贸易货币、宗教人口等，法都起着不可替代的作用。每个国家的诞生伴随着相应的国家法律，治理体系和整体结构都以法律为约束，但也依靠法律保障政权的合法性和不可侵犯性，使政权的诞生和运行依赖客观世界和具体的法律法规，符合马克思主义的世界物质观。费孝通指出，在乡土社会，信用的确立并不依赖国家权威与契约，社会公共秩序也不依赖国家法律，而是凭借“对传统规则的服膺”①。21 世纪的世界体系，各国除了具有自己国家独立的法律之外，国际社会也在共同制定符合人类未来共同发展的国家法律条款，也为国际社会的政治治理保驾护航。

（三）结合传统文明精髓与马克思主义，建立规范制度

不同民族的历史发展产生了不同民族的传统文化，但是不同历史时期对民众意识形态的要求不同，适应于本阶段的文明会被保留并沿用，不适应的将会被舍弃或者遗忘，因此，现阶段政治治理要汲取传统文明的精髓。每一种文明都应该被尊重，它们都是前人在实践的过程中总结概括出来的理论文化，能够塑造治理对象，体现在道德塑造、智力塑造、品质塑造等方面，尤其是道德塑造，它区别于法律约束，道德是在长期的人类社会中自发形成的，以人性善为出发点，渗透在社会生活中的方方面面。文明的覆盖范围很广，但政治治理中需要的框架是制度文明，其能够很好地体现出这个国家的治理水平和治理能力，能够确保国家治理的稳定性和连续性。其次，制度具有长期性、稳定性、根本性和全局性的特点，国家治理只有依赖制度文明，才能获得结构上的根本保证②。因此，政治治理需要从传统文明中取其精华，去其糟粕，建立规范的制度体系，保证权力在框架中运行。

① 李武装. 国家治理及其现代化的哲学视野——兼论福山的“政治秩序论”和法曼的“脆弱性理论”[J]. 内蒙古社会科学（汉文版），2017，（6）.

② 卢梭 J J. 政治制度论[M]. 刘小枫编. 崇明，胡兴建，戴晓光，等译. 北京：华夏出版社，2013.

（四）结合民众参与程度，增强政治认同

政治治理不仅仅是指统治者对被统治者的管理和约束过程，还包括社会参与主体参与政治的活动，统治者由少数贵族或氏族逐渐演变为范围更广的阶级群体，民主化制度也逐渐被越来越多的国家接受和采用，专制统治已逐渐在接受挑战与改变，因此，具有政治高参与度的民众社会是政治治理很重要的一部分。政治认同是“人们在社会政治生活中形成的一种对国家、政党、政治思想在感情和意识上的归属感”[①]，一方面能够形成一个利益阶层，聚集起来表达合理的利益诉求，另一方面能够为统治者提供参考和选择。换言之，顺应公民参与政治治理的诉求，民众只有真正参与进来，才能对整个国家的治理内涵更加了解，成为连接个体与国家之间的无形纽带，从而增强自身的政治认同，激发公民的自主治理激情，提高社会参与主体的配合度，为维护社会稳定、国家统一奠定更加坚实的群众基础。

综合来看，政治治理是经济治理、社会治理甚至是国家治理的核心环节，从整体布局和大政方针上影响着其他治理的方式和风格，但同时也受到经济发展水平、社会性质和其他方面的制约，并不是完全架空或者专权的，需要人来实施执行，但也需要人来监督和维护。政治治理要以法治为底线、以制度为根本、以程序为经、以责任为纬，坚持法治、制度、程序、责任相统一的原则，以保障政治尊严为目的。因此，建立在法制和人治相结合的基础上，让权力在阳光下运行，在制度的笼子里正确行使，保障政治秩序的稳定和有序是政治治理的追求和要求。

第四节　政治治理的方法

政治治理是国家治理体系的重要组成部分，实现政治治理能力现代化是建设社会主义现代化强国的重要途径，对完善和发展中国特色社会主义制度意义非凡。提高政治治理能力的方法主要有以下几种。

（一）推进政治制度现代化进程

中国共产党领导的多党合作和政治协商制度、民族区域自治制度及基层群众

① 王邦佐. 政治学辞典[M]. 上海：上海辞书出版社，2009.

自治制度三项制度共同构成了目前中国的基本政治制度。再加上人民代表大会制度，以及各项具体制度，共同构成了中国政治制度的内容和框架，集中体现了社会主义民主政治。这些政治制度实质上就是政治治理能力的载体，政治制度的实现程度体现的是政治治理能力的水平大力推动政治制度的现代化进程，使政治制度随着具体实践的发展与时俱进，在政治领域，简政放权、完善民主监督制度；在经济领域，深化企业改革，推动城镇化建设；在文化领域，发展文化事业，促进社会主义核心价值；在社会领域，增加就业机会，实现收入分配公平；在生态领域，加强生态文明，建设美丽中国。在实施各个领域的政治制度的过程中，政治治理的能力也将提高显著。“政治现代化是全方位现代化的一个领域。从过程的角度看，政治现代化是从传统政治向现代政治的转变。从结果的角度看，政治现代化是对传统政治制度和文化的扬弃”[①]。所以，只有不断解放思想，才能推进我国的政治体制改革，逐渐完善我国的政治制度，使我国民主政治制度化、规范化、程序化。

（二）加强政治治理法治化与民主化

现代政治的使命就是对国家权力施加制约，把国家的活动引向它所服务的人民认为是合法的这一终极目标上，并把权力行使置于法治的原则之下[②]。并且，中国共产党领导人民治理国家的基本方略中明确要求“依法治国”。在法治政策下，政治实体所拥有的权力受到一系列法律、法规的规范与约束，使得政治治理的实践活动可以以法律为准绳推进。如此，也保证了可以在法律约束下形成稳定的社会秩序，能够保证国家的长治久安。

一个国家政治治理的现状，在一定程度上反映了它的现代民主政治的实现程度。政治治理的民主化与人们的切身利益紧密相关，这些利益主要集中于基层民主建设当中。加强基层民主政治建设，在很大程度上能够调动人们参政议政的积极性，使人们能够直接投身于国家的政治治理中，得以有效解决人们切身的实际问题。如此，也有利于推动社会的自主化管理进程。

（三）加强政治治理信息化建设

随着信息化技术的快速发展与广泛应用，政治治理的具体实施过程在很大程

---

① 张明军，孙力. 政治科学导论[M]. 北京：北京大学出版社，2007.

② 福山 F. 国家构建——21 世纪的国家治理与世界秩序[M]. 黄胜强，许铭原译. 北京：中国社会科学出版社，2007.

度上依赖于互联网进行。新时代下，信息化社会给政治治理带来了许多新的机遇与挑战。基于互联网的庞大的信息体系给政治治理提供了大量真实数据，与现代化接轨的同时，也带来了政治公信力不断降低、社会舆论对政治格局过度影响等问题。例如，当下新推出的5G技术，有报告预测，到2025年，5G将带动我国直接和间接总经济产出35.4万亿元，拉动300万个新增就业。5G技术的应用，不仅会给我国乃至全球经济持续发展带来强劲动力，还将成为拉动数以百万计新就业、提高民众生活质量的巨大引擎①。5G 技术的应用无疑可以为中国的综合国力增添软实力，提高中国在国际政治格局中的影响力和地位。所以，要用好信息化社会这一把双刃剑，理性分析实际情况所反映的政治治理问题，针对具体问题采取具体行动，以提高政治治理能力，促进国家治理体系的现代化进程。

① 王丹娜. 5G之争：军备竞赛、经济博弈亦或政治操纵[J]. 中国信息安全，2019，（2）.

案例 坚守新时代政治生态的“绿水青山”

一、案例主体

摘要：党的建设质量不仅关系到党的生死存亡，而且关系到中国特色社会主义经济、政治、文化、社会和生态文明建设的质量，关系到人民美好生活的含金量和中华民族伟大复兴的成色。治国必先治党，强国必先强党。进入推动高质量发展的新时代，必须以党的政治建设为统领，全面推进党的政治建设、思想建设、组织建设、作风建设、纪律建设、制度建设和反腐败斗争，不断提高党的建设质量，把党建设得更加坚强有力，以此来为推动新时代的高质量发展、为实现“两个一百年”奋斗目标和中华民族伟大复兴的中国梦提供可靠的政治保证，守好政治生态的“绿水青山”。

关键词：党的政治建设；政治生态；政治文化；纪律建设

（一）引言

新时代党的建设总要求是坚持和加强党的全面领导，坚持党要管党、全面从严治党，以加强党的长期执政能力建设、先进性和纯洁性建设为主线，以党的政治建设为统领，以坚定理想信念宗旨为根基，以调动全党积极性、主动性、创造性为着力点，全面推进党的政治建设、思想建设、组织建设、作风建设、纪律建设，把制度建设贯穿其中，深入推进反腐败斗争，不断提高党的建设质量，把党建设成为始终走在时代前列、人民衷心拥护、勇于自我革命、经得起各种风浪考验、朝气蓬勃的马克思主义执政党。“以党的政治建设为统领”“全面推进党的建设”“不断提高党的建设质量”这些重要论述，是对马克思主义党建理论的重大创新，其体现了我们党对自身建设规律的深刻把握，进一步丰富和发展了马克思主义党建理论，为新时代全面加强党的建设指明了方向。我们一定要以党的政治建设为统领，坚持把党的政治建设摆在首位，充分发挥党的政治建设对党的思想建设、组织建设、作风建设、纪律建设、制度建设和反腐败斗争的统领作用，全面加强党的建设，不断提高党的建设质量，把党建设得更加坚强有力，为推动新时代的高质量发展、为实现“两个一百年”奋斗目标和中华民族伟大复兴的中国梦提供可靠的政治保证。

党的十八大以来，党的建设全面推进，其中政治文化建设作为政治建设的基础性建设，受到越来越多的关注。习近平总书记强调，要弘扬社会主义核心价值观，弘扬和践行忠诚老实、公道正派、实事求是、清正廉洁等价值观，以良好政治文化涵养风清气正的政治生态。积极培育和弘扬良好的政治文化，实现以文化人为目的，对严肃党内政治生活、涵养政治生态乃至加强党的政治建设意义重大。

（二）党的建设的历史演进与地位变迁研究

面对人类现代化发展的大潮流，中国迈向现代国家是历史必然，符合人类政治文明发展的基本规律。中华人民共和国成立后，中国共产党成为推进国家现代化发展的根本力量，坚持和加强中国共产党的领导，既是党的政治建设的核心旨归，也是近代以来中国由传统国家向现代国家转型的逻辑必然。从历史和现实的结合来看，中国共产党在推进党的建设过程中，既遵循党的建设的整体性要求，全面推进党的各项建设，同时又体现出对党的建设的不同历史时期的重心把握，即从思想建党、制度治党到政治固党，将三个方面有机结合起来，这是党建史的一条重要经验[①]。为此，学者们从党章文本、党代会的报告及领导人的讲话三个不同的角度阐释了党政建设的历史演进及现实方位。

从党章文本考察党的政治建设历程，指出党在成立之初就很重视党的政治建设，随着革命斗争形势及改革建设的需要，中国共产党不断修正与完善党的章程。虽然从中共一大通过的《中国共产党纲领》到十八大党章都没有直接提出“党的政治建设”，但都包含了党的政治建设思想，为之后“党的政治建设”的提出和发展奠定了基础。

在党的历史上，党的建设总体布局是一个战略性、全局性、导向性的问题，尤其十一届三中全会后，历次党代会的报告对此都做出了高屋建瓴的表述。通过研究党代会的文本，探讨政治建设在党的建设总体布局中演进的过程，认为十三大正式把党的思想建设、组织建设、作风建设并列表述，并特别强调制度建设。十四大党建布局呈现政治建设、思想建设、组织建设、作风建设和制度建设的“五位一体”结构状态。十八大则确立了思想建设、组织建设、作风建设、反腐倡廉建设、制度建设的“五位一体”党建布局。党的十九大报告提出“以党的政治建设”为统领，全面推进党的政治建设、思想建设、组织建设、作风建设、纪律建设，把制度建设贯穿其中，不仅改变了在党的建设史上“思想政治建设”经常连用的提法，改变了长期把“思想建设”放在首位的提法，而且构建了新时代

① 熊秋良. 十九大以来党的政治建设研究述评[J]. 理论视野，2018，（12）.

"5+2"党的建设总布局。

虽然党的领导人独立地谈党政治建设的情形并不多见，一般是结合加强党的领导、巩固党的执政地位来谈党政治建设的相关问题，但是他们始终将政治建设作为党建设的基本原则和重要内容却是不容置疑的。学者们大多从古田会议毛泽东初步提出从政治上建党开始叙述，然后考察邓小平、江泽民和胡锦涛等领导人有关党政治建设的重要内容，指出党的十八大以来，以习近平同志为核心的党中央在推进全面从严治党的进程中，提出并强调"政治纲领、路线、思想、方向、立场、定力、意识、勇气、责任、任务、品质、能力、纪律、规矩、底线"等一系列关于党的政治建设的观点和理论。

加强党的政治建设不仅要讲，更要建设和实践。大多学者不仅从理论上对党政治建设的内涵、科学体系和时代意义进行解读，而且强烈意识到必须以问题为导向，有针对性地提出加强党政治建设的实践路径，他们的主张集中于：全党服从中央，坚持党中央权威和集中统一领导；用习近平新时代中国特色社会主义思想武装全党；坚定政治信念、增强政治意识；严守政治规矩，严明政治纪律；尊崇党章，严肃党内政治生活；培育积极健康的党内政治文化，营造风清气正的党内政治生态；优化政治文化，提高政治能力；自觉加强党性锻炼，不断提高政治觉悟和政治能力，把人民对美好生活的向往作为政治建设的根本动力；等等。

此外，以政治建设统领党的建设，要落实到党员干部身上，因此要加强实习实践，提升政治本领。既要从战略性、全局性层面加强管党治党顶层设计，也要创新实践路径切实提高党的建设质量，要把党的政治建设与其他几大建设和反腐败斗争有机联动起来，以解决党内深层次矛盾和问题。通过有效的路径推进党的政治建设，重点是增强政治思想意识提供内在动力，全面构建党建布局加强合力，坚持为民服务提高素养，抓住关键发挥倍增效应。

（三）着力提高党的建设的原因

1. 推进党的政治建设的内在要求

严格遵守政治纪律和政治规矩，在政治立场、政治方向、政治原则、政治道路上同党中央保持高度一致，是党的政治建设的重要任务。党的政治建设包含多方面内容，如把准政治方向、站稳政治立场、坚持政治领导、严肃政治生活、涵养政治生态、建设政治文化、防范政治风险、提高政治能力、永葆政治本色等。要把这些方面的要求落到实处，离不开党的纪律特别是政治纪律的硬约束。从这个角度说，提高党的纪律建设的政治性，严明政治纪律和政治规矩，是提高党的政治建设水平的内在要求和有力保证。

在政治建设中，严明政治纪律和政治规矩具有标本兼治的作用。从治标方面说，只要违反了政治纪律和政治规矩，不管是谁，不管职位有多高，都要受到相应的纪律处分，这就会产生强大的惩戒和震慑作用。从治本方面说，抓政治纪律同整个纪律建设一样，都坚持“惩前毖后、治病救人”，着重抓早抓小，运用监督执纪“四种形态”，防止小毛病演变成大问题[①]。综合治标和治本两方面看，严明党的政治纪律和政治规矩，不仅着眼于“拔烂树”，坚决铲除党内存在的严重政治隐患；而且着眼于“护森林”，挽救可以挽救的人，推动党内政治生活气象更新、政治生态山清水秀。党的十八大以来，以习近平同志为核心的党中央高度重视从政治上抓全面从严治党。除了注重进行思想教育、增强“四个意识”外，党中央推进党政治建设的一个鲜明特色是，更加注重将政治纪律和政治规矩挺在前面。习近平总书记提出严防“七个有之”，做到“五个必须”，党中央先后两次修订《中国共产党纪律处分条例》，为党员干部划出了不可触碰的政治红线和底线。党的十八大后至党的十九大召开前夕，全国共立案审查违反政治纪律案件 1.5 万件，处分 1.5 万人，其中中管干部 112 人[②]。

2. 加强党的纪律建设的首要和根本

从党的纪律建设本身看，提高党的纪律建设的政治性，是加强党的纪律建设的首要和根本。

党的纪律是党的各级组织和全体党员必须遵守的行为准则。党的纪律包括多方面内容，党的十八大后，我们党将党的纪律整合为六项纪律，即政治纪律、组织纪律、廉洁纪律、群众纪律、工作纪律、生活纪律。这六项纪律都很重要，但其中政治纪律是最重要、最根本、最关键的纪律。遵守党的政治纪律是遵守党的全部纪律的重要基础。

政治纪律之所以是最重要、最根本、最关键的纪律，从根本上，这是由党的性质所决定的。中国共产党作为马克思主义政党，必须旗帜鲜明讲政治。这决定了我们必须将党的政治纪律建设，摆在党的纪律建设的首要位置，通过抓政治纪律的严格执行，带动各方面纪律的严格执行。

从重要性上看，政治纪律规范的是各级党组织和全体党员的政治方向、政治立场和政治言行，这是维护党的团结统一的根本保证。一个党如果允许党员在政治上各行其是，那么它在组织上必然涣散，行动上必然无力。

从危害性上看，党员干部违反政治纪律对党的损害最大，它使党离心离德，

---

① 戚义明. 着力提高党的纪律建设的政治性[J]. 党建研究，2018，（12）.

② 魏娟辉. 从《中国共产党纪律处分条例》的修订看从严管党治党[J]. 法制博览，2018，（35）.

实际上是从政治上瓦解党。针对一些人认为政治问题无所谓、不如腐败问题危害大的错误论调，习近平总书记强调："政治纪律和政治规矩这根弦不能松，腐败问题是腐败问题，政治问题是政治问题，不能只讲腐败问题、不讲政治问题。干部在政治上出问题，对党的危害不亚于腐败问题，有的甚至比腐败问题更严重。"①一些不遵守政治纪律和政治规矩的行为，如"七个有之"的行为，已经严重危害了党和国家的政治安全，形成严重的政治隐患。

从具体内容上看，政治纪律的执行涉及政治路线、政治制度、意识形态等方面，这些都是党和国家极其重要的大事，关系党和国家政治安全和工作大局。党员干部把政治纪律这根弦把住了，才能保证其他方面不出大问题；如果政治纪律把握不住，根本的政治方向、政治立场出了问题，那其他 5 个方面的纪律也很快就会被突破。反过来说，不管违反哪方面纪律，任其发展，最终都会侵蚀党的执政基础，破坏党的政治纪律。

3. 将政治性要求贯彻到纪律建设全过程

在纪律建设全过程提高政治性，要求我们必须坚持和加强党的全面领导；必须牢固树立"四个意识"，严明政治纪律和政治规矩；必须将"两个坚决维护"作为纪律建设的出发点和落脚点；必须提高政治站位，将政治性要求贯彻到纪律建设的诸方面、各环节、全过程，贯彻到监督执纪问责的日常工作中去。

在党内监督中贯彻政治性要求。党内监督，不管是自上而下的组织监督、自下而上的民主监督，还是同级之间的相互监督，都要突出政治性要求，着眼坚持党的领导、加强党的建设、全面从严治党，保持党的先进性和纯洁性，解决管党治党宽松软问题。要强化日常管理和监督，抓早抓小、防微杜渐。巡视监督要坚守政治巡视职能定位，进一步提高政治站位、深化政治巡视，把"两个坚决维护"作为巡视工作的根本政治任务。

在执行纪律中贯彻政治性要求。要坚持纪严于法、纪在法前、纪法协同，突出执行纪律的政治性、严肃性。要提高政治鉴别力和敏锐性，突出政治纪律的首要和根本地位，把政治纪律和政治规矩挺在前面。要坚持"惩前毖后、治病救人"，使执行纪律的过程，成为进行政治教育的过程，成为党员干部受教育、受警醒的过程。

在党内问责中贯彻政治性要求。党内问责不同于行政问责，问责事项不是一般的行政性、事务性的失职失责。要突出政治性要求，着眼于坚持党的领导、加强党的建设、全面从严治党，追究在党的建设和党的事业中失职失责的党组织和

---

① 中共中央纪律检查委员会，中共中央文献研究室. 习近平关于严明党的纪律和规矩论述摘编[M]. 北京：中央文献出版社，中国方正出版社，2016.

领导干部的主体责任、监督责任和领导责任，推动各级党组织和党员领导干部“把抓好党建作为最大的政绩”，切实担负起管党治党的政治责任。

在党内法规制定修订时贯彻政治性要求。把党的纪律建设的理论、实践和制度创新成果以党规党纪形式固定下来，对有关党内法规进行修订，也要贯彻提高党的纪律建设政治性的要求。新修订的《中国共产党纪律处分条例》着力突出了这一要求。条例坚持严明政治纪律和政治规矩，把“两个坚决维护”作为出发点和落脚点，将党章和《关于新形势下党内政治生活的若干准则》等党内法规的要求细化具体化①。《中国共产党纪律处分条例》在分则“政治纪律”部分新增了 5 条、修改了 12 条，新增和修改条款数在 6 项纪律中居于首位。这些规定，体现了思想建党、纪律强党、制度治党要求，为从政治上全面从严治党、严肃党的纪律，特别是政治纪律，为提高党的纪律建设的政治性，提供了党内法规依据和重要遵循。

4. 以党的政治建设统领党的建设

党的纪律是多方面的，但政治纪律是最重要、最根本、最关键的纪律，遵守党的政治纪律是遵守党的全部纪律的重要基础。政治纪律是各级党组织和全体党员在政治方向、政治立场、政治言论、政治行为方面必须遵守的规矩，是维护党的团结统一的根本保证。所以，严明党的纪律，首要的就是严明政治纪律，把遵守政治纪律和政治规矩始终放在第一位。要通过政治纪律建设，“推动各级党组织和党员干部始终自觉地在政治立场、政治方向、政治原则、政治道路上同党中央保持高度一致，确保党中央权威和集中统一领导”②。新修订的《中国共产党纪律处分条例》就进一步严明了政治纪律和政治规矩，突出了党的纪律建设的政治性，把纪律建设的政治性提到了一个新的高度。例如，在“政治纪律”部分，增加了对在重大原则问题上不同党中央保持一致，搞山头主义、拒不执行党中央确定的大政方针，落实党中央决策部署打折扣、搞变通等行为的处分规定，把坚决维护习近平总书记核心地位、维护党中央权威和集中统一领导，作为出发点和落脚点，作为根本政治纪律和政治规矩。

党的十九大报告指出，要重点强化政治纪律和组织纪律，带动廉洁纪律、群众纪律、工作纪律、生活纪律严起来。党的六项纪律是一个有机整体，不可偏废。以党的政治建设统领党的纪律建设，就要抓住严明政治纪律和政治规矩这个纲，把严肃其他纪律带起来，促进纪律建设整体水平不断提高，实现党的政治性与纪律性的有机统一和高度融合。

---

① 刘舒. 新时代党的纪律建设的内在逻辑与功能定位[J]. 学习与实践，2018，（12）.

② 潘玉娟. 以党的政治建设统领党的建设不断提高党的建设质量[J]. 西藏发展论坛，2018，（6）.

现实中，有的党组织觉得政治纪律是“软”的、“虚”的，对违反政治纪律的错误言行不在意、不报告、不抵制、不斗争，更谈不上查处。这种做法是非常危险的。纪律的生命在于落实。以党的政治建设统领和加强党的纪律建设，就要以高度的政治自觉和责任担当，运用好监督执纪“四种形态”，把政治要求贯穿于监督执纪问责的全过程，严格执行党的纪律。要以零容忍态度抓早抓小、防微杜渐，该红脸的红脸，该批评的批评，该严惩的严惩，不搞好人主义，不徇私舞弊，不丧失政治原则。要通过执纪必严，违纪必纠，让纪律“带电”，使党的纪律真正转化为全体党员干部的自觉行动和日常习惯。

（四）党的建设的主要内容和特点

1. 主要内容

“四个意识”集中体现了党的根本政治方向、政治立场和政治要求，是净化党内政治生态的根本遵循。要把牢固树立“四个意识”作为构建政治生态的“压舱石”，内化于心、外化于行，要时时处处事事坚持以习近平同志为核心的党中央权威和集中统一领导，做到思想上充分信赖、政治上坚决维护、组织上自觉服从、感情上深刻认同、行动上始终跟随。要自觉把习近平新时代中国特色社会主义思想作为根本指导思想和行动指南，深刻领会和把握这一思想的丰富内涵和实践要求，坚定对马克思主义的信仰和对中国特色社会主义的信念，切实做到真学、真懂、真信、真用。要不折不扣贯彻落实党中央决策部署，坚定不移向党中央看齐，向党的理论和路线方针政策看齐，向党中央决策部署看齐，做到党中央提倡的坚决响应、党中央决定的坚决执行、党中央禁止的坚决不做，自觉把地方工作放到党和国家工作全局中去思考、谋划和推动。

吏治腐败是最大的腐败，圈子文化之所以盛行，与选人用人上的不正之风密切相关。选人用人是否公道正派、让人信服，能否调动最大多数干部的积极性、能动性，是一个地方或单位政治生态可量化的重要方面。习近平总书记指出，营造良好的政治生态，要把树立正确选人用人导向作为重要着力点，突出政治标准，用一贤人则群贤毕至，见贤思齐就蔚然成风。树立正确的选人用人导向，要建立日常考核、分类考核、近距离考核的知事识人体系，强化分类考核，近距离接触干部，使选出来的干部组织放心、群众满意、干部服气。要建立以德为先、任人唯贤、人事相宜的选拔任用体系，坚持好干部标准，把政治标准放在第一位，坚持五湖四海、任人唯贤，广开进贤之路，坚持事业为上，以事择人、人岗相适，确保选人用人标准不空悬、程序不空转。要建立崇尚实干、带动担当、加油鼓劲的正向激励体系，树立体现讲担当、重担当的鲜明导向，对基层干部特别是困难艰苦地区和奋战在脱贫攻坚第一线的干部要给予更多理解和支持。

党的历史经验告诉我们，严肃党内政治生活是我们党增强自我净化、自我完善、自我革新、自我提高能力的重要途径。习近平总书记指出，营造良好的政治生态，要贯彻落实新形势下党内政治生活的若干准则，让党员、干部在党内政治生活中经常接受政治体检，增强政治免疫力。严肃党内政治生活，关键是贯彻落实新形势下党内政治生活的若干准则，把坚定理想信念作为开展党内政治生活的首要任务，坚持和发扬实事求是、理论联系实际、密切联系群众、批评和自我批评、民主集中制、严明党的纪律等我们党在长期实践中形成的优良传统，下大力气发现和解决政治生活中存在的假大空、随意化、平淡化、娱乐化、庸俗化等问题，切实增强党内政治生活的政治性、时代性、原则性、战斗性，使党内政治生活真正起到教育改造提高党员、干部的作用，促使党内上下关系、工作氛围团结和谐、纯洁健康。严肃党内政治生活，还要结合新的形势和任务，在内容范畴、方向目标、原则要求、方法途径等方面与时俱进，要立明规则、铁规则，让潜规则在党内以及社会上失去土壤、失去通道、失去市场，推动党内政治生活和党内监督制度化、规范化、程序化，努力使每个党组织都成为激浊扬清的战斗堡垒，使每个党员都成为扶正祛邪的战斗员。

党内政治生活、政治生态、政治文化是相辅相成的，党内政治文化是在一定的党内政治生活中形成和发展的，对党内政治生活和政治生态发挥着规范、引领和导向的作用。有什么样的党内政治文化，就会有什么样的党内政治生活，就会形成什么样的党内政治生态。因此，加强党内政治文化建设，可以培厚良好政治生态的土壤。习近平总书记指出，“要加强党内政治文化建设，让党所倡导的理想信念、价值理念、优良传统深入党员、干部思想和心灵”①。政治文化的核心是价值观，要牢牢把握政治文化建设这一核心与灵魂，大力培育以马克思主义为指导、以中华优秀传统文化为基础、以革命文化为源头、以社会主义先进文化为主体、充分体现中国共产党党性的党内政治文化，把共产党员共有的精神家园建设好，使全党同志有共同的精神信仰、价值追求、行为规范，从而真正筑牢理性信念、提升品行作风，解决好世界观、人生观、价值观这个“总开关”问题，不断增强政治定力，自觉做共产主义远大理想和中国特色社会主义共同理想的坚定信仰者和忠实实践者。同时，“要弘扬社会主义核心价值观，弘扬和践行忠诚老实、公道正派、实事求是、清正廉洁等价值观”①，坚决抵制和反对关系学、厚黑学、官场术、潜规则等庸俗腐朽的政治文化，反对拉帮结派的圈子文化、码头文化，自觉抵制商品交换原则对党内政治生活的侵蚀，不断涤荡歪风邪气，以良

---

① 习近平：把党的政治建设作为党的根本性建设 为党不断从胜利走向胜利提供重要保证[N]. 人民日报，2018-07-01.

好的政治文化涵养风清气正的政治生态。

2. 主要特点

一是研究成果同质性明显。例如，目前理论界和学界关于加强党的政治建设的统领和首要地位的研究大多围绕马克思主义政党理论、中国共产党的党建学说和当前全面从严治党的实践等多重动因展开。再如，加强党的政治建设的内容也集中在维护中央权威、正风肃纪、规范党内政治生活、净化党内政治生态等方面，只是对党的十九大报告的总结陈述。许多文章的结构大同小异，内容重复同质，理论深厚、立意深远、角度新颖的文章不多。

二是理论须结合实践，务虚须走向务实。加强党的政治建设是一个政治命题，也是一个实践命题，不能空喊口号，坐而论道，摆摆样子，党的政治建设说到底体现在具体实际工作中。因此，学界和媒体不能只从思想宣传和理论上对党的政治建设进行阐释，而要进行实践调研，结合各省市区和基层党建的典型案例，提出一些具体举措，设计出一套较为科学、严谨的测评系统。在制定标准时，要将政治建设的内容和要求具体化、细目化，以解决标准模糊、不好评价的问题。例如，强调干部的用人政治标准时，可与考核制度相结合，可以进行具体量化，从而使党的政治建设从务虚走向务实，从思想宣传走向党建实践，才能切实解决以往党的政治建设弱化、虚化和边缘化的问题，真正做到顶层设计、理论构建和贯彻落实相统一。

三是学术性、系统性研究不足。十九大突出党的政治建设的党建新布局毕竟与以往有较大区别，已有的研究成果思想宣传的色彩较浓，较多体现为文件的解读，从马克思主义经典作家的论述、党的历史维度和执政能力建设等角度，结合党建、政治学和行政管理学等学科的理论和方法，进行跨学科、多视野的系统性研究有待加强。

（五）维护好政治生态的绿水青山

要注重从政治上抓落实，从干部队伍建设上抓落实。要提高政治站位，牢固树立“四个意识”，坚持“四个自信”，坚决维护以习近平同志为核心的党中央权威和集中统一领导，始终在思想上、政治上、行动上同以习近平同志为核心的党中央保持高度一致。自觉用习近平新时代中国特色社会主义思想武装头脑、指导实践、推动工作，保障党中央决策部署落地生根。要践行党的根本宗旨，坚持以人民为中心，把实现好、维护好、发展好最广大人民根本利益作为一切工作的出发点和落脚点。要积极打造忠诚干净担当的干部队伍，坚持育人、择人、用人的正确导向，把党和人民的需要落实到每一名党员干部的自身建设上来。

要把党的政治建设放在首位，加强思想建设、组织建设、作风建设、纪律建设，推进党风廉政建设和反腐败斗争。要持之以恒纠正“四风”，不断巩固拓展落实中央八项规定精神成果。要全面加强纪律建设，深化运用监督执纪“四种形态”，切实把纪律挺在前面。

要坚持问题导向、结果导向，以只争朝夕的精神状态奋发作为。要坚持实事求是的思想路线，保持功成不必在我的定力和胸怀，切实处理好显绩和潜绩的关系。要通过监督执纪问责，让党的意志、人民的意志和党的优秀传统，内化成思想和行动的自觉。

政治生态是一个地方党风、政风和社会风气的综合体现。风清才能气正，气正才能心齐，心齐才能事成。要如期实现“全面振兴、全方位振兴”目标，我们必须营造一个良好从政环境，维护好政治生态的绿水青山。

形成风清气正的政治生态，关乎党心民心、制度好坏，更关乎国家治理成败，是旗帜鲜明讲政治、坚决维护党中央权威和集中统一领导的政治要求，是持之以恒正风肃纪、推动全面从严治党向纵深发展的迫切需要，是锻造优良党风政风、确保改革发展目标顺利实现的重要保障。

“浇风易渐，淳化难归。”净化政治生态同修复自然生态一样，需要综合施策、协同推进。在习近平总书记的指示下，我们正着眼于改革发展、脱贫攻坚等繁重艰巨的任务，着眼于人民群众热切期盼的良好政治环境，以实现环境重塑，让政治生态的“天更蓝、水更绿”。

（六）结语

党的十九大报告阐明了新时代党的建设总要求，首次将党的政治建设和纪律建设纳入党的建设总体布局。这是党的十八大以来，以习近平同志为核心的党中央深入推进全面从严治党伟大实践的经验总结，是党的建设总体布局的深化和拓展。最新修订的《中国共产党纪律处分条例》，强调要着力提高党的纪律建设的政治性、时代性、针对性。提高党的纪律建设的政治性，既是加强党的政治建设的内在要求，也是保证党的纪律建设方向和效果的内在需要。严肃党内政治生活，发扬党内民主，塑造清清爽爽、规规矩矩的党内关系，营造积极健康的政治环境。党内政治生活、政治生态、政治文化是相辅相成的。党内政治生活的正常开展，是建设良好政治文化的重要保证。要严格执行新形势下党内政治生活若干准则，不断增强党内政治生活的政治性、时代性、原则性、战斗性，破除随意化、形式化、平淡化、庸俗化问题，提高党内政治生活质量。要牢牢抓住党内民主这条生命线，坚持民主集中制，用好批评和自我批评这个有力武器，使红脸出汗、咬耳扯袖成为常态。要营造健康纯洁的党内关系，党员干部之间互敬互信、平等相待，上级要注意听取下级意见，不搞独断专行，下级既要尊重上级、服从上级，又要杜绝吹吹拍拍、阿谀奉承的歪风。各级党员干部特别是领导干部要把培育良好政治文化作为重要政治责任，带头坚守正道、弘扬正气，坚持原则、恪守规矩，还要教育管理好亲属和身边工作人员，推动政治文化建设责任层层传导、层层压实。要以“吾日三省吾身”的觉悟，以自身良好的政治修为引领和熏陶周围干部群众，共同培育良好政治文化，涵养正气充盈的政治生态。

思考题：

1. 什么是党的政治建设理论的主要关切？
2. 着力提高党的纪律建设的政治性有什么意义？
3. 营造良好政治生态的基本路径是什么？
4. 如何维护好政治生态的绿水青山？怎样当好政治生态绿水青山的守护者？

二、案例说明

（一）课前准备

（1）如果授课对象为全日制本科生或研究生，则需要教师提前 1~2 周将案例正文发到学生班级群，并告知学生注意查收，让学生提前熟悉案例内容，并收集与本案例相关的政策、文件和资料，独立完成案例正文后的思考题，为课堂讨论做准备。

（2）要求大家提前按照 4~8 人分成若干小组，选取一个组长，组长的职责是组织课堂中的小组讨论，并安排小组成员在课堂上汇报讨论的结果，有助于加深学生对党建方面知识的理解、锻炼学生的综合思维能力及团队协作能力。

（二）适用对象

本案例主要适用于公共管理课程，适合公共管理类本科及研究生、MPA 学员阅读学习。本案例也适用于具备一定公共管理基本知识并对公共政策分析有兴趣的非专业人士、学生和实际工作者学习使用。

（三）教学目标

（1）通过组织学生阅读案例，使学生加深理解，掌握相关知识。

（2）通过组织学生讨论案例，加深其对党的政治建设和生态建设的理解，以及对政策的执行的理解。

（3）通过组织学生系统学习案例，提升学生分析和理解现实政策决策和执行问题的能力，为其综合能力的提升打下良好基础。

（四）要点分析

1. 以党的政治建设为统领，加强党的思想建设，不断提高党的思想建设质量

思想建设是党的基础性建设①。以党的政治建设统领党的思想建设，就是要以坚定理想信念为着力点，抓好党的思想建设，不断提高党的思想建设质量。

共产主义远大理想和中国特色社会主义共同理想，是中国共产党人的精神支柱和政治灵魂，也是保持党的团结统一的思想基础。要把坚定理想信念作为党的思想建设的首要任务，教育引导全党牢记党的宗旨，挺起共产党人的精神脊梁，解决好世界观、人生观、价值观这个“总开关”问题，自觉做共产主义远大理想和中国特色社会主义共同理想的坚定信仰者和忠实实践者①。

习近平总书记在第十八届中央政治局第一次集体学习时指出，理想信念就是共产党人精神上的“钙”，没有理想信念，理想信念不坚定，精神上就会“缺钙”，就会得“软骨病”。以党的政治建设统领党的思想建设，就要弘扬马克思主义学风，推进“两学一做”学习教育常态化制度化，开展好“不忘初心、牢记使命”主题教育，在用马克思列宁主义、毛泽东思想、邓小平理论、“三个代表”重要思想、科学发展观、特别是习近平新时代中国特色社会主义思想武装党员干部头脑上下功夫，补足精神之钙，固本培元，坚定政治信仰。

革命理想高于天①。我们的革命先烈和先进模范人物，都能够把革命理想放在高于天的位置，革命先烈为了实现革命理想，抛头颅、洒热血，舍生取义，先进模范人物为了实现革命理想，在平凡的工作岗位上努力做出不平凡的业绩，心甘情愿地贡献出自己的全部。以党的政治建设统领党的思想建设，就要大力宣

---

① 习近平. 决胜全面建成小康社会 夺取新时代中国特色社会主义伟大胜利——在中国共产党第十九次全国代表大会上的报告[N]. 人民日报，2017-10-27.

传、弘扬革命先烈和先进模范人物为实现共产主义不惜牺牲自己的宝贵生命及奋斗终身的献身精神，教育引导全体党员坚定对共产主义远大理想和中国特色社会主义共同理想的信念，坚定不移跟党走，为实现中华民族伟大复兴的中国梦不懈奋斗。

2. 党的政治建设理论的主要关切

党的十九大报告第一次将党的政治建设纳入党的建设总体布局，并强调“以党的政治建设为统领”“把党的政治建设摆在首位”，这些重大理论判断做出后，理论界和媒体迅速进行了回应和解读，《以政治建设统领新时代党的建设》《为什么党的建设要以政治建设为统领？》《为什么要把党的政治建设摆在首位？》《必须把党的政治建设摆在首位》《把党的政治建设摆在首位有何深意》《把党的政治建设摆在首位的深层考量》等文章立足现代政党政治属性的本质要求、马克思主义政党的本质特征、宗旨和原则，从中国共产党的发展历程、改革开放以来所面临的风险和挑战以及十八大以来党的建设的根本要求、全面从严治党的实践和经验，基于理论逻辑、历史逻辑和实践逻辑回答了为什么要把党的政治建设摆在首位、为什么党的建设要以政治建设为统领、党的政治建设何以决定党的建设方向和效果等广大民众所关注的问题，既有学理的探讨，也体现了对现实的关切；既有问题导向，也强调理论突破。

在回应相关问题的同时，学者们还概括了加强党的政治建设的主要内容，即坚持党的基本理论、基本路线和基本方略是政治建设的坚实基础；维护党中央权威和集中统一领导是政治建设的首要任务；增强“四个意识”是政治建设的基本要求；严明政治纪律和政治规矩是政治建设的根本保障。尊崇党章，严格执行新形势下党内政治生活若干准则；加强党性锻炼，不断提高政治觉悟，把加强党内政治生活、政治文化和政治生态建设作为净化器。

除此之外，邹庆国结合十八大以来全面从严治党的实践，建构了党的政治建设体系框架：组织权威与领袖权威相统一的党内政治权威体系，以人民为中心的党内政治价值体系，以党章为核心的党内政治制度体系，以“四性”为特质的党内政治生活体系、以“三位一体”为结构范式的党内政治文化体系、以“四自”和“四力”为主体的内外兼修的政治能力体系和以干部清正、政府清廉、政治清明为目标的党内政治生态①。刘尚明和宋海圆则认为“坚持、完善和加强党的全面领导”是党的政治建设的核心，从这个核心出发，可延伸出三个维度，即全党

① 邹庆国. 党的政治建设：历史逻辑、范式创新与体系架构[J]. 中共天津市委党校学报，2018，（1）.

服从中央的“服从”维度[①]；严格执行新形势下党内政治生活准则与规章的“执行”维度；坚持正确的价值观与反对错误的价值观的“态度”维度，党的政治建设的“三个维度”既相互区别，又相互作用。

党的十九大报告提出，“以党的政治建设为统领”，“把党的政治建设摆在首位”，“全面推进党的政治建设、思想建设、组织建设、作风建设、纪律建设，把制度建设贯穿其中”[②]，从而构建了新时代党建新布局。这既彰显了政治建设在新时代党的建设中的突出地位，同时科学处理了政治建设与思想建设、组织建设、作风建设、纪律建设、制度建设之间的关系，从而有利于我们从顶层设计与战略安排意义上理解新时代党的建设的深层意蕴。对此，学者们从不同的角度进行了阐释。

张书林认为党的政治建设在党的建设体系中居于统领地位，决定与影响党的其他各项建设，党的政治建设与党的其他各项建设不是并列并行的关系，而是统领与被统领关系，即党的政治建设是党的思想建设的标准线，是党的组织建设的控制阀，是党的作风建设的定盘星，是党的纪律建设的指南针，是党的制度建设的内核[③]。

当然，如何正确处理党的政治建设与其他建设之间的关系，也是学者们所关注的。朱亚坤和郭文亮从马克思主义党建传统、实践角度、系统角度和发展的眼光四个维度，着重探讨了新时代党的政治建设与思想建设之间的理论与实践的问题，提出要深刻理解新表述背后所体现的党建传统、现实问题意识和全面从严治党的责任担当[④]。当然，党的政治建设的加强还离不开组织建设和纪律建设，张玲认为在政治建设中一方面要重视组织维度上民主集中制的作用的发挥，同时更要通过制度化的方式深化纪律维度上的刚性约束，组织与纪律是政治建设中互为补充的两个基本维度，只有形成有效互动才能提升政治建设总体水平[⑤]。

3. 维护好政治生态的绿水青山

一个地方要实现政通人和、安定有序，必须有良好政治生态。正处于滚石上山、攻坚克难关键时期，面对转型升级的重重挑战、改革发展的种种矛盾、人们

---

① 刘尚明，宋海圆. 党的政治建设的核心、维度与空间[J]. 华南理工大学学报（社会科学版），2017，19（6）.

② 习近平. 决胜全面建成小康社会 夺取新时代中国特色社会主义伟大胜利——在中国共产党第十九次全国代表大会上的报告[N]. 人民日报，2017-10-27.

③ 张书林. 党的政治建设：演进、动因、方略[J]. 理论探索，2018，（2）.

④ 朱亚坤，郭文亮. 新时代党的政治建设与思想建设关系的多维审视[J]. 思想理论教育（上半月综合版），2018，（3）.

⑤ 张玲. 新时代中国共产党的政治建设：组织—纪律维度[J]. 科学社会主义，2018，（3）.

日益增长的多元需求等诸多困难和挑战，如果没有上下一心的合力、攻坚克难的魄力、奋勇拼搏的干劲儿和久久为功的韧劲儿，就不可能战胜各种挑战完成既定目标。而其中最为关键的，就是能否营造好政治生态这个“大环境”。

政治生态和发展环境决定着一个地方的发展态势。政治生态清明，从政环境优良，人心就顺、正气就足，才能凝心聚力干事创业；政治生态污浊，就会滋生权欲熏心、阳奉阴违、结党营私、团团伙伙、拉帮结派等一系列问题，造成人心涣散、弊病丛生，侵蚀党的思想道德基础，更损害经济持续发展和社会安定有序。

政治生态同自然生态一样，稍不注意就容易受到污染，一旦出现问题再想恢复就要付出很大代价。面对重塑政治生态的严峻考验和艰巨任务，我们必须以案为鉴、肃清思想、警示反思，以猛药去疴的决心、刮骨疗毒的勇气，肃余毒、除影响，清源头、聚正气，坚决打赢反腐败斗争，把重塑政治生态的艰巨任务植入全面从严治党的实践中，不断修复和维护政治生态，推动政治生态不断好转。

营造风清气正的政治生态是一项持久的工作，绝非一朝一夕之功。需要我们充分认清严峻形势，切实增强紧迫感和责任感，牢固树立“四个意识”，坚决维护中央权威。要加强教育引导，注重破立并举，抓住“关键少数”，不断提高党员干部的政治修养、道德修养、法纪修养，提高领导干部法治思维和依法办事能力。不断回应人民期盼，加快推动政治生态实现根本好转。要从严规范党内政治生活，切实增强班子凝聚力；从严选人用人，端正选人用人导向，全面推进干部队伍建设；从严抓好基层党组织建设，加强基层战斗堡垒的凝聚力、战斗力；从严推进正风反腐，保持高压态势，推动正风反腐向纵深发展。要改进干部作风，树立严谨细致好作风，展现勤勉高效好作风，体现务实担当好作风，持续开展作风整顿活动。要强化组织领导，切实履行职责，压实管党治党责任，完善考核评价机制，建设良好政治文化，营造浓厚舆论氛围，把政治生态建设各项任务落到实处，建设好、维护好政治生态的绿水青山。

（五）课堂安排

本案例的教学分为三个阶段进行（100 分钟）。

1. 课前阶段

要求学生提前熟悉案例，对案例有整体的把握和了解。

2. 课堂教学阶段

（1）熟悉案例，阅读案例正文，对案例中的关键信息做好记录，完成对课后思考题的初步思考（10 分钟）。

（2）教师介绍案例正文部分，引入案例主体并提出思考题（10 分钟）。

（3）针对思考题，安排分组讨论（4～8 人/组，20 分钟）。

（4）进行小组结果展示（30 分钟）。

（5）小组成员进行补充说明（10 分钟）。

（6）教师进行总结提升（20 分钟）。

3. 课后阶段

要求学生单独完成对思考题的分析总结。

（六）其他教学支持

（1）场地支持：选择可容纳全部学生的无阶梯教室，配置足够多的可移动桌椅，以便小组进行案例分析与讨论。

（2）设备支持：可供板书的黑板及粉笔（或白板及白板笔），供学生展示讨论结果的纸，书写讨论结果的马克笔。教师讲课所要用到的电脑、投影仪和麦克风等辅助设备，在案例教学过程中可配合播放与案例相关的视频、照片和其他材料。

第三章　公共文化治理

第一节　公共文化治理的概念及内涵

要了解何为公共文化治理，首先必须要从治理的概念入手。“治理”（governance）一词源于古希腊语gubernare，是“统治”的衍生词。根据其由来可以单纯理解为统治阶层采取某种手段和方式实现统治目的的过程。欧文·休斯认为：“治理是制定规则、应用规则及执行规则。思考治理意味着思考如何管控经济和社会，如何实现共同目标。治理涉及建立结构、机构和提供问责的方式。”[①]在关于治理的各种定义中，全球治理委员会的定义具有很大的代表性和权威性，它在《我们的全球伙伴关系》的研究报告中对“治理”做出了如下界定：“治理”是各种公共的或私人的个人和机构管理其共同事务的诸多方式的总和。它是使相互冲突的或不同的利益得以调和并且采取联合行动的持续过程。这既包括有权迫使人们服从的正式制度和规则，也包括各种人们同意或以为符合其利益的非正式的制度安排。它有四个特征：①治理不是一整套规则，也不是一种活动，而是一个过程；②治理过程的基础不是控制，而是协调；③治理既涉及公共部门，也包括私人部门；④治理不是一种正式的制度，而是持续的互动[②]。

文化是一个人文概念，对于文化的界定，更是众说纷纭。一般来说，文化在广义上指的是人类的所有精神活动及其产品，相同的文化会使一个国家、社会或集体产生归属感和认同感，是维系社会关系的纽带。人们在接受文化熏陶的同时，其生产、活动的过程也会形成特定的文化，文化的核心内涵在于对同一价值的认同和对同一价值的创造。社会公众有着基本的文化需求，随着物质水平的不断提高，人们不再满足于一般的娱乐和艺术供给，而公共文化作为一种文化类

---

① 休斯 O E. 公共管理导论[M]. 4版. 张成福，马子博，等译. 北京：中国人民大学出版社，2015.

② 毛少莹. 文化治理及其国际经验[J]. 中国文化产业评论，2014，（2）.

型，由政府、社会组织或者个人提供，是为了满足社会和公众对于更深层次文化产品的需要而形成的一种文化形态。其本质上属于一种公共产品。

公共管理领域的代表学者休斯的观点明显区别于传统的公共治理模式范式，他强调治理主体的宽泛性，认为治理的主体不一定是政府，也可以是企业、公司或者是其他社会组织，在他看来治理的范围早已超过了政府的职能范围，有些社会组织在某种程度上来说已经拥有比政府更高的权威。现今学术界对“治理”概念的定义虽然各种各样，但是在治理的基本内涵上已经达成了初步的共识——治理所涉及的领域广泛，主要为政治领域和公共管理领域；治理的主体不仅仅是国家或者政府，还包括社会组织和个人；治理强调政府和其他社会组织个人的良性互动，构建公共事务责任体系。除此之外，就公共文化管理而言，作为治理体系的一部分，“公共文化”作为一个定语，很好地限定了公共文化治理的主体及其服务对象，公共文化必须是由政府作为文化服务的供给主体，面向全社会公众普及和传播文化。结合“治理”与“公共文化”的相关概念，公共文化治理就是政府为了实现其文化建设的职能，出台政策、法律以及制定相关的规则，结合社会组织、个人和其他多方社会力量提供公共文化服务，完善公共文化管理的机制体制建设，进一步满足公民的文化需求、保障其文化权益并依照科学的方法或模式对公共文化服务领域进行指导和管理的过程。

作为一个复合概念，公共文化治理除了包括“治理”和“公共文化”的部分内涵之外，还有自己的特性。一是服务性。公共文化被视作一种公共物品且作为公共管理或者公共服务领域中举足轻重的一环，其主要目的是向社会公众传播文化，满足公众的文化需求，其本质是不具备排他性的，所以不能将其与公共文化服务分割开来。二是政治性。公共文化治理离不开公共文化产品的供给，几乎所有的公共文化产品都具有政治性。国家提供的公共文化产品，传播的是一个国家的主流意识形态或核心价值体系，以增强人们的政治认同，维护既有的政治秩序；作为公民自身生产和提供的公共文化产品，同样也传播着一种公民政治文化，会对现有的政治统治产生积极或消极的影响[①]。三是竞争性。公共文化产品作为一种公共物品，具备一般的非排他性和非竞争性，在公共文化治理过程中，其主题涵盖广泛，在政府部门的主导之下，其他社会组织和个人积极参与。在某些特定的公共文化治理领域，需要由多方建立新的机制体制和问责模式，因此会导致除政府以外的组织和个人对这一领域的公共文化治理参与权展开竞争。四是市场性。公共文化治理涉及政府、社会组织和个人等多元主体。作为合理的社会调节，政府越来越重视市场的作用，并在某些政府难以涉及的公共文化治理领域

① 吴理财. 把治理引入公共文化服务[J]. 探索与争鸣，2012，（6）.

开始由社会组织或其他机构或个人进行主导。因此公共文化治理的市场性也越来越突出。

第二节　公共文化治理的目标

党的十八届三中全会后，全面深化改革的总目标为推进国家治理体系和治理能力的现代化。建设文化治理体系是建设国家治理体系的重要组成部分，是文化体制改革的首要目标，更是将社会主义核心价值观融入制度体系、提升中国特色社会主义文化自信的要求。因此，公共文化治理的目标是符合中国特色社会主义道路和文化治理体系的要求，实现文化体制的深化改革。

为了实现上述目标，必须实现以下的阶段性目标。

（一）改革文化体制机制，实现参与主体的多元化

作为社会治理的内在构成要素，文化治理表明政府的文化职能已从传统管理转变为现代治理，这不仅能够增强我国文化的创新、创造活力，繁荣文化事业和文化产业，提升我国在文化上的竞争实力，同时，建立有效的文化治理体系和掌握高超的文化治理能力，也是国家治理走向成熟的重要标志。实现中国文化治理体系和治理能力现代化的关键环节，就是科学界定政府角色，建立多元主体参协调、平衡、监管和评估责任。政府要加强文化体制机制顶层设计。文化治理有别于文化管理，其中最为突出的特征就是，通过寻求具有创造性的文化增生范式，实现文化的开放性、包容性、多样性发展。因此，政府必须立即转变过去的管理职能，加快推进简政放权，在文化资源的配置中管住该管的、放开该放的，切实担负起它对文化发展的注意预防并及时化解文化矛盾，把握文化发展的主动权，实现“由办文化到管文化，由微观到宏观，由面向文化部门到面向整个社会和公民”等“三个转变”，支持鼓励和引导各种文化主体的自我成长、社会参与，形成民主平等交流的文化氛围，使人民群众的文化需求得到切实满足[①]。

（二）重视公共文化治理环境的构建

文化治理的深度转型，要求国家整体法治环境的提升，进而对治理模式转

① 邓纯东. 当代中国文化治理体系和治理能力现代化的理论反思[J]. 湖湘论坛，2018，（6）.

型中多元主体的形塑提供充分有效支撑。文化行政人员价值理念转变与提升，需要行政伦理法制化的保障；公民公共文化权利的实现，需要完善《中华人民共和国行政诉讼法》，以规制行政权力，保证公民与政府间的平权关系。文化治理转型中公共决策程序的完善，需要国家在整体上推进决策程序民主化的法治进程。公共文化服务体系建设启动后，相关部门加强了对文化类社会组织在财政、税收政策方面的扶持，制定了一些相关法规，但国家在整体上尚缺乏充分保障社会组织权益、界定社会组织和行政组织间权利义务关系的法律规范，政社不分格局没有大幅度改变，对社会组织失范行为也难以进行有效监管。因而，公共文化服务中社会主体的培育与发展，需要得到国家层面更完备的社会组织法的保障和支撑。

（三）建立公共文化治理体系人才梯队体系建设

推动社会主义文化大发展大繁荣，队伍是基础，人才是关键。要坚持尊重劳动、尊重知识、尊重人才、尊重创造，深入实施人才强国战略，牢固树立人才是第一资源思想，全面贯彻党管人才原则，加快培养造就德才兼备、锐意创新、结构合理、规模宏大的文化人才队伍。

第三节　公共文化治理的原则

（一）坚持马克思主义的指导地位

马克思列宁主义、毛泽东思想、中国特色社会主义理论体系是建设中国特色社会主义的指导思想，也是我国发展公共文化治理事业的指导理论与指导思想。以马克思主义为指导理论，将其置于指导地位，就是坚持意识形态为社会主义，就是坚持不受西方意识形态的侵袭，坚守本我。习近平总书记对意识形态工作也十分地重视，他指出，“意识形态工作是党的一项极端重要的工作”[①]。马克思主义是我国意识形态的核心，也是基于其意识形态性，才能发挥其对于经济与社会的积极反作用。坚持马克思主义，是建设发展先进文化的重点，亦是公共文化治理的重中之重。自改革开放以来，我国的公共文化治理的大量相关经验表明，只有坚持马克思主义，发扬中国特色社会主义文化特色，不照搬、不照抄西方文

① 习近平. 习近平谈治国理政[M]. 北京：外文出版社，2014.

化及意识形态，坚持以人为本、实事求是，中国的文化发展与公共文化治理才能取得长远的发展与进步。如果抛弃马克思主义的指导地位，沦为西方意识形态的“俘虏”，我国的文化发展与公共文化治理就会遭受挫折，从而无法实现进步，也就无法发挥文化对经济发展的重要反作用。

在新时代公共文化治理中要坚持马克思主义，实现治理能力的现代化，就要坚持习近平新时代中国特色社会主义思想的宣传与贯彻落实，进一步推进马克思主义理论与中国特色社会主义建设实际相契合的进程。同时，进一步推动思想在大众领域的深入，以理论武器纠正和抑制反社会主义的意识形态与西方文化的侵袭，坚定人民群众的理想信念，增强人民群众的内在凝聚力。学习宣传与贯彻落实习近平新时代中国特色社会主义思想是意识形态工作的重点，是推进公共文化治理能力现代化的重要基石。坚持马克思主义的主导地位是必须坚守的重要底线。

（二）坚持文化自信

“文化是一个国家、一个民族的灵魂。”习近平总书记指出，“文化自信，是更基础、更广泛、更深厚的自信；在 5 000 多年文明发展中孕育的中华优秀传统文化，在党和人民伟大斗争中孕育的革命文化与社会主义先进文化，积淀着中华民族最深层的精神追求，代表着中华民族独特的精神标识”①。习近平总书记强调，“中华优秀传统文化是中华民族的突出优势，是我们最深厚的文化软实力”②，“提高国家文化软实力，要努力展示中华文化独特魅力”③。推进公共文化治理能力与体系的现代化，就要坚持文化自信，摒弃民族虚无主义与历史虚无主义。对于中华民族优秀传统文化要大力宣传与创新，不断地焕发传统文化新的活力与生命力。对于西方的各种形式与载体的文化输入和侵袭要保持高度警惕性与清晰的辨识能力，削弱甚至消灭西方文化与意识形态输入的不良影响。在公共文化治理过程中，要用中国特色社会主义文化提升社会大众的思想道德水平，滋养社会大众的精神世界，并要不断丰富中国特色社会主义文化的内涵与形式，提高在人民群众中传播的广度与深度。坚守文化自信的原则，以实现公共文化治理体系与能力的现代化。

---

① 习近平．在庆祝中国共产党成立 95 周年大会上的讲话[N]．人民日报，2016-07-02.

② 胸怀大局把握大势着眼大事 努力把宣传思想工作做得更好[N]．人民日报，2013-08-21.

③ 习近平在中共中央政治局第十二次集体学习时强调 建设社会主义文化强国 着力提高国家文化软实力[N]．人民日报，2014-01-01.

（三）坚持党和政府的公共文化治理领导地位

现代社会，公共文化的内容呈现爆炸式的增长，公共文化的传播途径与形式也日新月异。在这样一个复杂的公共文化治理环境之中，必须要坚持党和政府的领导地位。一方面，是对于主流公共文化与主流价值观的建设与引领，构建我国公共文化治理的框架与主干体系，为公共文化治理指明方向。另一方面，是要坚守舆论阵地，加强正确舆论的引领与指导。舆论是意识形态最为主要的传播渠道和鼓动手段，是多种意识形态的竞争场域和冲突场地。坚持党和政府的领导地位，既是对意识形态的坚守，同时也是对纷繁复杂的公共文化治理环境的厘清。例如，对公共事件及社会舆情事件，应由党和政府等相关部门进行正确的报道与辟谣，加强舆论引导，任其在网络、自媒体等平台自由发展与发酵，就不利于事实的澄清与事件的合法合理解决，会造成一定程度上社会的不稳定，为不良公共文化的输入与生长提供土壤与温床，从而形成不良的公共文化治理氛围与环境，不利于其体系与能力现代化的实现。

（四）坚持治理的多主体参与

从文化统治、文化管理到公共文化治理，体现的是方式的转变，即公共文化建设与治理由以行政手段为主转变为以法律手段为主，以法律为依据，依法依规进行，与时代发展相适应，与现代化建设要求相匹配。同时体现的还有主体的多元化发展。各类微观文化主体能够平等、独立、自主地开展文化创造活动和从事文化服务是文化治理的基本前提。实现文化治理的核心就是促进社会广泛参与和文化服务社会化。治理的宏观主体有社会、市场、政府三方面，即治理的主体不仅仅只有政府主体，还包括企业、公民个人及第三部门等社会团体社会组织。尤其是第三部门在当今公共文化治理中发挥的作用越来越重要。第三部门是社会的重要代表，它在文化的交流、文化创造性激发、公共文化服务组织体系建设、国家软实力提升、推进政府职能转变等多方面发挥着越来越重要的作用。坚持多元化主体参与，尤其要发挥第三部门的重要作用，增强公共文化的活力与创造力，实现社会主义公共文化的大发展、大繁荣，是实现公共文化治理体系和能力现代化的一条重要原则。

（五）坚持公共文化的功能实际化

文化对于经济社会的发展具有重要的反作用。但是文化体制的不合理以及公共文化治理的功能不实际化，不利于文化作用的有效发挥。王列生认为："在此之中，对文化最具有消解与破坏的，是体制空转与工具去功能化；其将在较长时间内不同程度地导致文化治理体系与治理能力的体制固化。"[①]因此在公共文化治理中，应积极应对这些问题，将政府的文化供给与群众的实际文化需求结合起来，将文化资源配置与经济发展水平匹配起来，合理规划公共文化治理体制，逐渐消除体制的固化，实现公共文化的功能实际化。通过有效的公共文化治理，使公共文化真正成为提升中国特色社会主义软实力，满足人民群众精神文化需要与提升生活水平的有效工具与途径。

第四节　公共文化治理的方法

（一）大力弘扬与贯彻落实社会主义核心价值观

文化的核心是价值体系。构建一个核心价值体系，被社会大众最大程度所认可接受，是社会稳定与发展的关键所在。核心价值观是文化软实力的灵魂，是决定文化性质和方向的最深层次要素。进行公共文化治理要抓住核心价值观这一条主线，将其作为引领公共文化发展方向的准线与基石，任何的公共文化发展都不能与此偏离。以社会主义核心价值观为"武器"，抵制西方文化输入的负面影响，坚守社会主义意识形态的阵地，增强整个国家公民的国家意识、民族意识、社会意识，提升国家的凝聚力。以此为出发点，构建现代化的公共文化治理体制，推进我国的公共文化治理发展。

（二）丰富形式，多元治理

公共文化的繁荣是公共文化治理的基础。所以，进行公共文化治理，就要不断地丰富公共文化的形式。针对不同的社会群体，制定个性化的治理方案。以多样化的公共文化设施为依托，以宣传、教育等为手段，对于社会各阶层，社会发展的各个方面进行有效的公共文化教育、宣传与治理。在政府主导的同时，让社会团体、公民主体也能够参与到公共文化治理中来，提高治理的群体基础，提升治理的活力。由政府主导，吸引社会资本与财政相结合，加大对于公共文化相关的资金投入，保障公民的基本文化权利，实现公共文化治理体系的现代化发展。

---

① 王列生. 警惕文化体制空转与工具去功能化[J]. 探索与争鸣，2014，（5）.

（三）发扬传统，兼容并蓄

进行公共文化治理，应发扬中华民族的优秀传统文化。中国有着五千年辉煌的文明史，在历史演变中所传承下来的优秀文化数不胜数。结合时代发展的特色与需要，批判性地继承传统文化，丰富其时代内涵，使其服务于现代公共文化治理，实现与现代文化的有机结合。同时，注重中华文化特别是优秀传统文化在海外的传播，全方位立体化地向国际社会展现中国的文化软实力。使公民能够树立文化自信，提升公民的公共文化治理参与度，使其成为公共文化治理水平不断提高的不竭源泉。对于外来有益的、符合社会主义核心价值观的文化，要兼容并蓄，取其精华，与优秀传统文化一起丰富社会主义公共文化治理的内容。

（四）缩小差距，平衡发展

公共文化的发展状况关系到公共文化治理的良善。因此，正确认识文化发展的地区及城乡差异，采取积极措施缩小差距，努力促进文化的平衡发展，是推进公共文化治理的有效方法之一。首先，要借助网络等新媒体与新技术，将城市及东部发达地区的先进文化、时代文化，传播到农村及中西部较不发达地区。其次，加大对于较落后和较不发达地区文化发展在资金、技术及人才方面的支持力度。提高文化发展专项资金比例，鼓励和吸引优秀社会资本，包括境外资本对于相关地区的进行投资。通过政策优惠，实现社会效益与企业效益的共赢。再次，建立文化发展的区域联动机制，缩小文化发展差距，即要打破地区间文化发展上的割裂、各自为政的状态，强化不同地区间的文化交流①。一是要通过广泛的社会文化交流活动，促进先进文化及理念在中西部的传入与传播。二是要建立多形式的统一平台，促进东部文化产品的输入和中西部地区文化产品的输出。提高文化产业在中西部经济总量中的占比，努力改善文化发展的区域不平衡状况，进而提高文化治理水平。

（五）融合科技，提升效率

在信息技术革命的背景下，文化与科技深度融合已经成为推动文化发展的重要引擎。基于大数据的数据全面、服务精准的特点，合理运用大数据，能够对公民的个性化文化需求有更加精准的把握，提供人民需要的、急需的文化设施与文

---

① 张运萍. 论当代中国文化治理[J]. 广西社会科学，2018，（11）.

化内容。运用大数据也能够更好地分析与预警公共文化发展过程中的不良倾向，运用适当的方法对此类现象进行及时的纠正，实现公共文化治理的实时化与精准化。通过网络等新媒体对社会舆论进行正确的引导，稳定社会秩序，实现公共文化治理应当发挥的社会功能。同时，注重将公共文化与科技相融合，进一步明确路径以突破文化发展困局，对深化文化体制改革、推进公共文化治理能力与治理体系现代化，以及推进文化强国建设具有重要现实意义。因此，要大力培养和善用大数据人才，将理论技术应用于现实的公共文化治理过程中。打破信息壁垒、构筑公共数据共享平台，加快公共服务领域数据集中与共享，充分发挥优质信息与资源的积极作用，以提升公共文化治理的水平。

案例 繁荣“一带一路”文化交流
助力人类命运共同体构建

一、案例主体

摘要：“一带一路”的文化交流是“一带一路”沿线国家相互沟通和了解的桥梁，是能够真正把它们联系和结合起来的纽带。“丝绸之路”曾在历史上有力地促进了各个国家的友好关系和经济交往，现在“一带一路”倡议更是相关国家实现全人类和平合作、互利共赢的重要基础。“一带一路”倡议是中国提出的应对人类面临的共同挑战、维护和实现全人类的共同利益、共同打造人类命运共同体的方案。

关键词：“一带一路”；文化交流；人类命运共同体

（一）引言

从2 000多年前张骞出使西域到600多年前郑和下西洋，海陆两条丝绸之路把中国的丝绸、茶叶、瓷器等运往沿途各国，带去了文明和友好。如今，在国际经济形势发生深刻变化的情况下，为促进各国共同繁荣，实现人类命运共同体的构建，“一带一路”这条世界上跨度最长的经济大走廊，正在将沿线国家的前途命运紧密相连，为沿线国家的发展提供新的机遇和挑战。五载硕果各方分享，橙黄橘绿满园芬芳。“一带一路”建设行进在开拓和平、繁荣、开放、绿色、创新、文明之路的非凡征程中，孕育生机和活力，汇聚信心和期待。而它对人类命运共同体的建设又会带来些什么影响呢？它现在的发展成果如何？它所存在的问题又有哪些？

本案例基于对“一带一路”建设成果和各方面问题的研究，对相关措施进行全面、系统的分析，引出对相关问题的深入思考。

（二）古有丝绸之路筑文化，今有“一带一路”共繁荣

1. 历史背景

丝绸之路起始于古代中国，是连接亚洲、非洲和欧洲的古代商业贸易路线。

从运输方式上分为陆上丝绸之路和海上丝绸之路。丝绸之路是一条东方与西方之间在经济、政治、文化方面进行交流的主要道路。它最初的作用是运输中国古代出产的丝绸、瓷器等商品。德国地理学家 Ferdinand Freiherrvon Richthofen 最早在 19 世纪 70 年代将之命名为"丝绸之路"。

陆上丝绸之路是张骞出使亚洲中、西部地区开辟的以长安（今陕西西安）为起点，经关中平原、河西走廊、塔里木盆地，到锡尔河与乌浒河之间的中亚河中地区、大伊朗，并联结地中海各国的陆上通道。

古代海上丝绸之路从中国东南沿海，经过中南半岛和南海诸国，穿过印度洋，进入红海，抵达东非和欧洲，成为中国与外国贸易往来和文化交流的海上大通道，并推动了沿线各国的共同发展。中国输往世界各地的主要货物，从丝绸、瓷器到茶叶，形成一股持续吹向全球的东方文明之风。宋元时期，中国造船技术和航海技术的大幅提升以及指南针的航海运用，全面提升了商船远航能力，私人海上贸易也得到发展①。这一时期，中国同世界上 60 多个国家有着直接的"海上丝路"商贸往来，引发了西方世界一窥东方文明的大航海时代的热潮。明代郑和远航的成功，标志着海上丝绸之路发展到了极盛时期。

古代中国人创造了光辉灿烂的物质文明和精神文明，通过陆上丝绸之路和海上丝绸之路传播到世界各国，丰富了世界各国人民的物质和精神文化生活，为人类的物质文明和精神文明的发展做出了重要贡献。古代丝绸之路的主要目的是实现互通、互补、互利，它是经贸和文化交流之路，是造福世界各国人民之路，是推动人类文明发展之路。

2. 时代背景

"一带一路"倡议的提出，不光是基于中国的国情，更是从全球层面上进行考量的结果，它具有深刻的时代背景。

随着中国改革开放深入推进，当今中国经济和世界经济高度关联，要实现中国经济全面协调可持续发展，必须一以贯之地坚持对外开放的基本国策，提升沿海开放水平，深化内陆和沿边开放，实施向西开放，构建全方位开放新格局，深度融入世界经济体系。中国的发展需要世界，世界的发展也需要中国。共建"一带一路"顺应世界多极化、经济全球化、社会信息化的潮流，有利于促进经济要素有序自由流动、资源高效配置和市场深度融合，推动沿线各国实现经济政策协调，维护全球自由贸易体系和开放型世界经济。

从国际形势来看，当今世界经济正发生复杂深刻的变化。国际金融危机深层次影响持续显现，世界经济缓慢复苏、发展分化，国际投资贸易格局和多边投资

① 龚雯，田俊荣，王珂. 新丝路：通向共同繁荣[N]. 人民日报，2014-06-30.

贸易规则面临深度调整。各国面临的发展问题依然严峻，迫切需要秉持开放的精神，开展更大范围、更高水平、更深层次的区域合作，共同打造开放、包容、均衡、普惠的区域经济合作架构，推动区域内要素有序自由流动和优化配置。

当今世界各国同处于经济全球化的大潮之中，各个国家和地区之间相互依存、相互联系和相互影响。国际社会成立了许多贸易组织和金融管理机构等为维护经济全球化提供保障。经济全球化推动了世界各国经济的快速发展，顺应了历史发展的规律。但经济全球化是一把“双刃剑”，一方面促进了世界财富的增长，另一方面加剧了不平等性，导致经济危机、政治危机频发。自 2008 年爆发全球性金融危机以来，世界经济持续走低，经济复苏乏力，各国都在寻求摆脱困境的出路，其中不乏逆全球化的趋势，如 2016 年英国宣布退出欧盟，美国总统特朗普上台后推行贸易保护政策，一些发展中国家民族主义势力抬头等。

在这样的背景下，中国政府提出“一带一路”和构建人类命运共同体的倡议，表明中国坚定地支持全球化，全球化仍是未来世界的必然趋势，逆全球化只是全球化进程中的曲折和阻碍，要克服全球化的负面效应，需要构建新的全球治理体系。中国将积极参与全球治理体系建设，促进全球化的深度发展。

“一带一路”倡议的提出，正是基于如此复杂严峻的国际国内形势，肩负重要的历史使命。它旨在促进经济要素的自由流动、资源高效配置和市场深度融合，推动沿线各国实现经济政策协调，开展更大范围、更高水平、更深层次的区域合作，共同打造开放包容、均衡、普惠的区域经济合作架构。“一带一路”倡议的提出，更是对 2 100 多年丝绸之路互联互通、友好往来精神的传承和发展。

3. “一带一路”建设的成果

“一带一路”倡议非常具有想象力。中哈物流基地国际部经理阿金汉·别杰洛夫在接受采访时说：“这是改变世界、通向未来的倡议。”

2013 年秋天，习近平主席出访中亚和东南亚时提出“一带一路”倡议。7 年来，在他的谋划和推动下，“一带一路”取得了令人瞩目的成就，这一世纪工程造福各国人民的愿景正在变成现实。

各参与国发展规划深入对接，实现战略对接、优势互补。“一带一路”倡议把中国发展同各参与国发展结合起来，把中国梦同各参与国人民的梦想结合起来。例如，“一带一路”倡议同俄罗斯提出的欧亚经济联盟、土耳其提出的“中间走廊”、英国提出的“英格兰北方经济中心”等发展战略实现对接。正因为如此，“一带一路”倡议得到众多国家和国际组织的响应和支持，联合国大会、联合国安理会的重要决议也纳入“一带一路”倡议相关内容。

基础设施互联互通稳步推进。设施联通是合作发展的基础。我国已与各参与国签署了130多个双边和区域运输协定，涉及铁路、公路、海运、航空和邮政等多个方面，各项建设取得积极进展。正如习近平同志强调的，“道路通，百业兴”①。目前，以中巴、中蒙俄、新亚欧大陆桥等经济走廊为引领，以陆海空通道和信息高速路为骨架，以铁路、港口、管网等重大工程为依托，一个复合型的基础设施网络正在形成。

贸易和投资便利化水平不断提升。以“一带一路”建设为契机，开展跨国互联互通，提高贸易和投资合作水平。据统计，2014~2016年，我国同“一带一路”沿线国家贸易总额超过3万亿美元，对“一带一路”沿线国家投资累计超过500亿美元。截至2017年底，我国已经在20多个国家建设75个境外经贸合作区，为有关国家创造大量税收和就业岗位。在国际市场需求持续低迷的情况下，2016年我国与沿线国家实现进出口额6.3万亿元，同比增长0.6%，约占我国进出口贸易总额的25.9%。

金融合作不断深入。金融是现代经济的血液。血脉通，增长才有力。“一带一路”建设致力于建立稳定、可持续、风险可控的金融保障体系，促进资金融通。近年来，中国同“一带一路”建设参与国和国际组织开展了多种形式的金融合作。亚洲基础设施投资银行为“一带一路”建设参与国的一些项目提供贷款；中国同中东欧“16+1”金融控股公司正式成立②；中国国家开发银行设立“一带一路”基础设施专项贷款、“一带一路”产能合作专项贷款、“一带一路”金融合作专项贷款；等等。这些举措进一步推进了金融合作，促进了资金融通。

民心相通的桥梁不断延伸。民心相通是“一带一路”建设的重要内容，也是“一带一路”建设的人文基础。随着“一带一路”建设的推进，民心相通不断取得丰硕成果，中国与各参与国在科学、教育、文化、卫生、民间交往等各领域广泛开展交流合作。中国政府每年向相关国家提供1万个政府奖学金名额，地方政府也设立了丝绸之路专项奖学金，鼓励国际文教交流。各类丝绸之路文化年、旅游年、艺术节、影视桥、研讨会、智库对话等人文合作项目百花纷呈，人们往来频繁，在交流中拉近了心与心的距离。

---

① 携手推进“一带一路”建设——在“一带一路”国际合作高峰论坛开幕式上的演讲[N]. 人民日报，2017-05-15.

② 盛毅，余海燕，岳朝敏. 关于“一带一路”战略内涵、特性及战略重点综述[J]. 经济体制改革，2015，（1）.

（三）影响

1. “一带一路”经济影响

“一带一路”实际上就是两条经济带，它是中国与某些其他国家的经济合作。“一带一路”包括两条主线：陆上丝绸之路和海上丝绸之路，分别向西和向东，把中国的资金、产品输出到世界，并且欢迎世界的资金、技术进入中国。这一计划的提出本身就足够振奋人心。

中国关于铁路的建设及交通工具的建设有着独特的方法与经验，中国轻轨与高铁的速度让外国人瞠目结舌，经常在各种视频 APP 都能看到外国人在我国高铁上拍摄我国高铁的时速，这样的速度让他们觉得不可思议，这也加深和提升了中国这些年的发展速度在外国人心目中的印象，令他们刮目相看。中国帮助丝绸之路经济带沿线国家修铁路、公路、架桥和修建机场，建设现代化的基础设施，受到相关国家政府和民众的好评，促进了人类的共同发展。城市地铁和轻轨是城市建设现代化标志之一。中国企业与中亚国家的企业合作共建现代化的城市轨道交通，是“一带一路”建设的重要任务。笔者在调研期间了解到，中铁亚欧哈萨克斯坦轻轨项目是哈萨克斯坦首都第一条轻轨，是满足哈萨克斯坦首都居民交通现代化的基础设施建设之一。该轻轨南起阿斯坦奈国际机场，北至新火车站，全长 21.718 千米，有 18 座车站。由中铁亚欧建设投资有限公司承包和管理，施工单位主要有中铁二局、中铁六局和北京城建集团有限公司，于 2017 年 12 月 29 日动工建设，计划在 3 年内建成。轻轨建成后，将大大改善哈萨克斯坦首都的交通状况，方便该国首都居民的出行。当然这只是一个小小的例子。

“一带一路”对经济的意义：①“一带一路”促进全球经济更加均衡发展。“一带一路”主要参与国家和地区大多是发展中和欠发达经济体，GDP 占全球比重较低，“一带一路”将促进发展中国家地区的经济发展，缩小全球经济差距。②“一带一路”是人民币国际化的中国道路。英镑的国际化、美元的国际化都有自己的特色和历史路径，历史既有规律，也不会简单重复，“一带一路”涉及的贸易、基础设施、资本交往，将为人民币国际化带来历史性的独特机遇。③“一带一路”是包容式发展的探索实践。“一带一路”跨越制度的差异、宗教的差异、文化的差异和意识形态的差异，不是排斥的发展，而是和而不同的多元化发展，是人类发展的新的探索实践。④“一带一路”是绿色与发展的统一，是避免发展中国家先污染后治理陷阱的探索实践。“一带一路”提出绿色发展理念，提供绿色发展的科技支撑，有助于发展中国家探索发展与生态统一的新路径。

2. “一带一路”政治影响

国家利益是国际关系的决定因素，共同利益是国家间合作的基础。“一带一路”有助于实现中国与周边、与亚欧国家发展战略的对接，编织更加紧密的共同利益网络，将双方利益融合提升到更高水平。

“一带一路”紧扣中国的区域发展战略、新型城镇化战略和开放战略，助推中国实现与亚欧国家发展战略的对接，使双方的利益网络更加紧密，将双方利益融合提升到更高的水平，让周边国家的发展得益于中国的发展，也使中国从周边国家的共同发展中获得裨益和帮助。“一带一路”不单单是中国的事，不是中国独揽利益，而是各国的利益共享。无论是丝绸之路经济带还是21世纪海上丝绸之路，都以经济合作为基础，以人文交流为重要支撑，在共建“一带一路”的过程中，中国坚持不干涉地区国家内政，不谋求地区事务主导和权势范围。

“一带一路”是合作发展的理念和倡议，将充分依靠中国的双多边机制，“一带一路”的建设不仅不会与上海合作组织、欧亚经济联盟、中国—东盟等既有合作机制产生重叠或竞争，还会为这些机制注入新的内涵和活力。

从中亚地带的“一带一路”建设来看，它与“人类命运共同体”的构建密不可分。中亚国家通过“一带一路”建设，现代化的基础设施日新月异，现代化、信息化和智能化农业工业生产体系蓬勃发展，就业问题得到了较好的解决，资源开发和输送使这些国家的财政收入得到提升，人们的生活得到了极大的改善，大大缩小了与发达国家的差距。因此“一带一路”建设既是共享、共同走向现代化之路，也是构建人类命运共同体之路。可以说，“一带一路”建设与人类命运共同体建设成正相关，中亚地区“一带一路”合作建设，得到当地政府和民众的普遍欢迎和支持，以及中亚各国的学者和官员的高度评价。

（四）文化交流助力构建人类命运共同体

“一带一路”建设是应对国际形势严峻变化和我国发展面临的形势任务要求，围绕推进对外开放与国际合作的重大决策，体现了把马克思主义与中国具体国情相结合的中国智慧，是中国维护世界和平与发展的中国方案，是实现中华民族伟大复兴的重要举措，也是实现人类命运共同体的伟大实践和重要途径。

2016年9月3日，在二十国集团工商峰会开幕式上的主旨演讲中，习近平同志表示，我提出“一带一路”倡议，旨在同沿线各国分享中国发展机遇，实现共同繁荣。随着新时代中国特色社会主义建设的进行，习近平提出的“人类命运共同体”倡议一方面由理念到思想，它的内涵不断地丰富深刻，一方面由愿景到倡议逐渐地显现出它的成效和成果。2017 年 10 月 18 日，习近平在党的十九大报告中正式提出，坚持和平发展道路，推动构建人类命运共同体①。第十三届全国人民代表大会第一次会议通过的《宪法》修正案，正式将宪法序言中“发展同各国的外交关系和经济文化交流”，修改为“发展同各国外交和经济文化交流，推动构建人类命运共同体”。

“一带一路”建设秉承共商、共享、共建原则，即“恪守联合国宪章的宗旨和原则”“坚持开放合作”“坚持和谐包容”“坚持市场运作”“坚持互赢共利”五大原则，充分体现了负责任大国的风范与担当。它以和平合作、开放包容、互学互鉴、互利共赢的丝绸之路精神为指引，以构建人类命运共同体为合作目标，逐渐成为沿线各国人民共同的伟大梦想。

人类命运共同体思想强调人类只有一个“母亲”——地球，各个国家共处于一个世界，世界各国人民都要积极倡导命运共同体，要在变化多端的环境中，追求本国利益的同时，兼顾各国的利益，谋求本国发展的同时，促进各国共同的发展，进而实现全世界人民的共同梦想与幸福。

“一带一路”不仅是商贸、外交之路，更是文化、文明之路。

伴随着生产力的不断发展，人类文明的不断进步，文化交往在世界进程中越来越频繁。

文化交流是指具有不同文化背景的民众在文化上的相互交流和彼此沟通，集中表现为交往各方在文化上的互动、互学和互鉴，它不是文化交流各方的独角表演，而是文化交流各方的对话和合唱。文化交流在历史长河中促进了各个国家的友好关系和民族融合，在新形势下，开展“一带一路”建设，加强沿线各民族间传统文化产品的交流交换，既可以加强沿线地区各种文明状态间的了解和沟通，增强相互之间的信任和感情，又可以以文化交流为契机，推动沿线民族在各个领域的合作，全面深化沿线各民族的相互交往，助力人类命运共同体的构建。

文化交流是构建人类命运共同体的推进器。国际社会面对日益走近世界舞台中央的中国，也呈现出复杂心态和多元的中国观。在这样的情况下，进一步开展文化交流，有利于向全世界发出阐释人类命运共同体思想理念的权威声音，填补人类命运共同体理念在世界各国传播过程中的空白和盲区，让这一理念更多地为世界各国民众所了解进而产生认同，真正凝聚起共同推动构建人类命运共同体的理念共识。

---

① 习近平. 决胜全面建成小康社会 夺取新时代中国特色社会主义伟大胜利——在中国共产党第十九次全国代表大会上的报告[N]. 人民日报，2017-10-27.

文化交流是构建人类命运共同体的纽带。文化交流是各国之间的合作纽带，也是各国民众之间的情感纽带。全球化和信息化使人类同处一个地球村，人类比以往任何时代都更有机会了解他国文化、进行文化交流，人们之间的交流更加密切。文化交流的便利性和超越性使各国在应对经济低迷、恐怖主义、生态恶化等共同挑战时，更有可能寻求到各方利益的共同点，打造合作共赢的人类命运共同体。文化交流的主体是人，各国民众以文化交流为纽带，沟通情感，缔结友谊，为构建人类命运共同体打下坚实的民意基础。

文化交流是构建人类命运共同体的软支撑。在如今这个经济全球化和区域集团化日益加深的时代，文化的软实力作用越加突出，在国际竞争力上的作用日益突出，所以加强中外文化交流也就成为中国现代化建设的一个不可或缺的环节，中外双方相互受益。当今世界200多个国家和地区有2 500多个民族、多种宗教，文化的丰富和多样为人类应对当代危机提供了多样的选择，各种文明的互鉴使文化在取长补短中发展，为构建人类命运共同体提供文化支撑。人类命运共同体的构建，全球化的加速，不仅依靠经济、技术等硬实力的参与和推动，还需要语言文化软实力的支持。软硬实力匹配起来，才能拓展全球治理的深度和广度，推动人类命运共同体协调发展。

人类曾经创造出各种各样丰富多彩的文化，但同时我们也应该看到，多元的文化必然导致不同的价值观，就会呈现出彼此之间的冲突。“一带一路”沿线地区之间存在着复杂的社会形态和多元的文化形式，要通过文化的交流交往来增进沿线民众的了解，促进沿线民众的交流合作，搭建起沿线民众心灵沟通的桥梁。因此文化的交流和交往在构建人类命运共同体的过程中起着基础性的作用。

人类命运共同体的时代价值主要体现在三个方面：人类命运共同体思想是道路创新；人类命运共同体思想是理论创新；人类命运共同体思想为变革全球治理体系，构建全球公平正义贡献了中国方案和中国智慧。文化交流有利于学习和吸收各民族优秀文化成果；有利于世界各种文化相互借鉴、取长补短，不同文明平等交流共同进步；有利于维护世界文化的多样性，促进世界文化的繁荣和发展，加速构建人类命运共同体。人类命运共同体就是创新、协调、绿色、开放、共享五大发展理念的国际版，是国内发展理念在国际战略中的反映。其思想的时代价值就在于弘扬以合作共赢的理念来超越不同国家、不同民族和不同宗教之间的隔阂纷争和冲突，强调各国之间要守望相助、风雨同舟、命运共担，还要尊重多元文明和多彩文化，建设一个更具包容、更加美好、更加和谐的大千世界。

（五）问题

1. 各国对“一带一路”的误解

1）“一带一路”是转移中国“过剩产能”的途径

沿途国家的许多人都认为，中国之所以提出“一带一路”倡议是为了向他们倾销过剩产品，如茶叶、瓷器、电视等。但事实上，中国提出“一带一路”倡议是为了顺应全球化的时代大背景，同时将中国的优势资源与有关国家的优势互补互用，共同开发，从而达到合作共赢的状态。“一带一路”可以让各国改变对中国的看法，同时了解中国上下五千年的文化。

2）“一带一路”只是“铺路架桥”“建港修仓”

在“一带一路”倡议提出之后，中国在各个国家修建了很多的路和桥。其中最受关注的应属中俄合作修建的高铁。其实“一带一路”并不是修几条路就可以了，修路架桥只是其中的基础部分，桥架好了路修好了交流才会更便利，文化传播才会更直观。

2. 文化交流中存在语言障碍

语言是了解一个国家最好的钥匙。著名语言学家季羡林认为不同国家民族之间，只要有往来就有交流的需要，就需要翻译。否则，思想就无法沟通，文化就难以交流，人类社会就难以前进。可见，语言是文化软实力建设的基础组成部分。当前，“一带一路”相关国家和地区，共使用约 2 400 多种语言，英语、阿拉伯语、俄语等主要语言使用人口都在 1 亿以上，除汉语和英语外，“一带一路”相关国家还通行着 50 多种官方语言，但当前我国高校开设的语言课程只涵盖 20 多种，连一半都不到，其中有 11 种语言在读学生不超过 100 人。语言在异域文化交流中具有基础性、工具性及人文性作用，直接影响对文化的深入理解。

3. 我国文化产业发展缺少健全的机制

近些年，“中国制造”被全世界的人民所熟知，并且正在向“中国质造”进一步转变发展，这使得我国的国际信誉有了明显的提升。但相比于西方发达国家，我国的文化产业发展还处于起步与探索阶段，且缺少健全的文化输出保障机制，文化产业的转化能力还有待提升。目前，我国的文化市场秩序较差，社会成员缺少文化契约，更缺少较为成熟且有竞争力的特色文化产品。文化是发展“一带一路”的王牌，但由于我国文化产业发展机制的不健全，在一定程度上削弱了我国“一带一路”文化交流的成效。

4. 国际话语权不足

国际话语权是指通过话语传播影响舆论，塑造国家形象和主导国际事务的能力。由于历史原因，西方媒体在全球布局比我们时间长、覆盖面广，故长期以来，国际话语权始终被西方欧美国家掌握。

例如，最早进入非洲的 BBC、法新社等西方媒体，已经在非洲经营了大半个世纪，早已成为非洲国家引用新闻的主要来源，“一带一路”沿线很多发展中国家媒体只能成为西方媒体的“传声筒”。而话语权缺失的后果，就是国家形象、舆论导向、价值理念等都由他人“说了算”。

（六）结语

“一带一路”影响着世界各国的发展状态，而“一带一路”中的文化交流更是会对各个国家的社会成员的人生发展产生潜移默化的影响。在适应全球化的背景下，作为“一带一路”倡议的提出者，我们需要克服文化交流中的种种困难，尊重各国不同的宗教文化，求同存异；做好宣传工作，消除各国对“一带一路”的误解，从而减少文化交流中的阻力；开展更多语言种类的课程，同时重视英语教学，减轻与各国之间的语言交流障碍；不断优化健全文化产业保障机制，重视对知识产权的保护，支持特色文化产业的发展；不断地发展自身，提高国际信誉，从而加强国际话语权提高国际地位，推动“一带一路”文化交流的不断深入发展，从而达到互利共赢、共同发展的双赢局面。

思考题：

1. 政府在“一带一路”中的作用是什么？
2. 简要分析“一带一路”发展的趋势。
3. 分析“一带一路”对沿线国家人民的影响。
4. 联合实际，分析“一带一路”对我们大学生未来的影响。

二、案例说明

（一）课前准备

（1）要求学生课前了解“一带一路”的基本概况、线路、政策资料和文献。

（2）根据实际情况，3~4 人一组，每组选出一个组长，进行小组讨论，将讨论结果在课堂上进行汇报。

（3）提前预习政府对“一带一路”所做的重要指示和相关政策。

（二）适用对象

本案例主要适用于政府治理与领导、公共政策等相关课程，教学对象为公共管理硕士、全日制研究生及公共管理类专业高年级本科生。

（三）教学目标

（1）通过组织学生阅读案例，加深学生对“一带一路”倡议的理解。

（2）使学生意识到文化交流在“一带一路”倡议发展过程中的重要作用，同时重视发展自身的语言能力，促进国际交流。

（3）本案例主要在于启发学生思考国家在“一带一路”文化交流中如何做到科学、合理合情地引导本国文化与各国文化之间的交流学习。

（四）要点分析

1. 现如今中国正在进行的“一带一路”建设被部分西方国家媒体误解，那么中国又是如何澄清这些谣言的呢？

新事物的发展肯定会遇到未知与前所未有的挑战。近几年来，外界对我国“一带一路”建设的环境、债务、透明度及政府采购等方面提出了各种质疑，习近平提出共建廉洁之路等理念，增进了“一带一路”建设的信心，澄清了外界对“一带一路”建设的误解，也促进了外界对“一带一路”建设的了解。

“一带一路”最直观的意思是中国通过与沿线国家进行合作，实现共同利益。有人却把“一带一路”看作只是中国对国外的援助。首先中国当然愿意力所能及，承担责任，当然中国也具备了雄厚的资金，可以借给其他需要帮助的国家，在诸如亚洲基础设施投资银行、丝路基金、金砖银行机制中，中国会尽自己的本职责任。但如果说“一带一路”只是中国对国外的援助，这显然是不正确的，“一带一路”的核心是共同利益，是国家之间的合作，是要帮助沿线城市和沿线国家的经济技术的发展，最终实现共赢。

“一带一路”是公开透明的，它不会推翻西方规则重来，也不是将自己剩下的技能转移到国外，“一带一路”是具有包容性的，只要诚心参与都能与我国有着很好的合作，有着技术科技之间的交流，在事实面前，英法等越来越多的西方国家积极参与到了我国的“一带一路”建设中。日本对“一带一路”的合作也一直很关注，当然中国也是很欢迎和希望能和日本在“一带一路”合作上更进一步。几年来，“一带一路”建设已经迈出了稳固的一步，我们要继续坚定这个政策，加强与国际合作与交流，让更多国家加入“一带一路”的建设与合作中来，要勇往直前，不畏险阻，乘胜追击，迈向更美好的未来。

2. “一带一路”文化交流的作用与意义

“一带一路”是世界上跨度最长的经济大走廊，发端于中国，贯通中亚、东南亚、南亚、西亚乃至欧洲部分区域，东牵亚太经济圈，西系欧洲经济圈。习近平提出的这一构想，借用古代“丝绸之路”的历史符号，高举和平发展的旗帜，积极主动地发展与沿线国家的经济合作伙伴关系，共同打造政治互信、经济融合、文化包容的利益共同体、命运共同体和责任共同体，得到了相关国家的高度重视和积极响应，赢得了广泛的共鸣。党的十八届三中全会审议通过的《中共中央关于全面深化改革若干重大问题的决定》，明确提出了这一构想。中央经济工作会议等其他重要会议和政府工作报告，也做了具体部署。

人文交流无疑是建构国家间关系的一项长期的基础性工作，其本身也是“一带一路”发展倡议的主要内容之一，而且在“一带一路”建设过程中发挥着重要的作用与意义。古代陆上、海上丝绸之路传递的不仅有中国的丝绸和瓷器、西域的苜蓿和葡萄、南亚和东南亚的奇珍异宝、欧洲的玻璃和雕塑，还有各地的音乐、绘画、舞蹈、宗教，以及甘英出使大秦、马可波罗访问元朝、郑和下西洋等中外交流创举，为当时不同种族、不同民族、不同国家之间的经济互通、人文沟通交流创造了条件，同时也对现在的“一带一路”倡议发展产生了重要的意义。

（1）文化与经济、政治相互影响、相互交融。实施“一带一路”倡议，有利于挖掘我国的优秀文化资源，促进文化产业的发展。

（2）文化在交流中传播、在继承中发展。商业贸易是重要的文化传播的途径，实施“一带一路”倡议有利于促进中外文化的交流与传播，有利于我国吸收人类优秀文明成果，推动中华文化走向世界，增强中华文化国际影响力。

（3）文化发展的实质在于文化创新。社会实践是文化创新的源泉和动力。实施“一带一路”倡议有利于推动我国文化创新，解放和发展文化生产力，提高国家文化软实力。

3. 简要分析“一带一路”的发展趋势

根据党的十九大的会议内容，笔者总结了四条发展趋势。

1）促进实体经济发展成为海外投资重点考量

实体兴邦，实体经济是大国经济之本。党的十九大报告指出："建设现代化经济体系，必须把发展经济的着力点放在实体经济上。"①从国际金融危机爆发后中国推出十大产业调整振兴规划，到 2015 年推出《中国制造 2025》，中国通过一系列国家政策牢牢把握发展实体经济这一命脉，稳定国内经济发展。未来实体经济将继续得到提振，促进中国实体经济发展将成为海外投资重点考量，先进制造业、高端消费品、高科技、环保、医药、教育等行业将成为投资热点。

"走出去"深度融入"一带一路"建设——基建、贸易和绿地投资将是主要合作模式，党的十九大报告强调"要以'一带一路'建设为重点，坚持引进来和走出去并重"，并提出"构建人类命运共同体"①。"一带一路"倡议提出五年来，中国已通过多种渠道与相关国家携手推动贸易畅通、设施联通、资金融通等目标，为"一带一路"沿线乃至全球经济实现复苏和可持续发展提供了新动能，其中基建、贸易和绿地投资等形式将是今后几年中企在"一带一路"国家的主要合作模式。目前，对外投资已成为推进"一带一路"建设及中企深度参与国际分工协作、优化资源配置的重要途径。中企在铁路、电力、通信、基础设施上的产业、技术优势正好与沿线国家的资源优势、市场需求充分互补，使中企在多变的国际环境下，依然有着大量机遇。今后，中国对"一带一路"沿线地区的投资规模有望持续提升。

2）中企国际化程度进一步提高，融资和供应链国际化是必然趋势

党的十九大报告提出："培育具有全球竞争力的世界一流企业。"①随着中国加快融入全球一体化竞争，国际化经营对于中国经济转变发展方式、调整经济结构有着非常重大的意义。供应链国际化要求企业以全球化的观念，将供应链系统延伸至整个世界范围进行计划、协调、操作、控制和优化，以满足全球客户需求；而融资国际化对于企业"走出去"同样至关重要，有利于解决企业在资金不足的情况下加速国际化进程的难题，这在"一带一路"建设过程中不断得到体现，目前已有多家银行在境内外成功发行"一带一路"债券。此外，"一带一路"倡议的发展还推动了人民币国际化进程，同时人民币国际化进一步便利了中国对外贸易和投资。2018 年初，巴基斯坦批准在与中国的双边贸易中使用人民币作为结算货币，让人民币有望成为中巴经济走廊框架下项目交易的结算货币；2017 年 7 月，俄罗斯主权财富基金（Russian Direct Investment Fund，RDIF）与中

① 习近平. 决胜全面建成小康社会 夺取新时代中国特色社会主义伟大胜利——在中国共产党第十九次全国代表大会上的报告[N]. 人民日报，2017-10-27.

国国家开发银行签署文件，拟设立 680 亿元规模的中俄人民币投资合作基金，投资“一带一路”及俄罗斯“欧亚经济联盟”倡议下的两国项目，合作为中国投资者提供以人民币投资的机会，有望显著推动两国跨境直接投资和中俄联合项目的增长。

3）国际人才需求爆发式增长，将成为未来决定海外投资增量的关键

党的十九大报告指出：“人才是实现民族振兴、赢得国际竞争主动的战略资源。”①中国企业进一步全球化发展带动了对能用外语交流、懂得国际通行规则、具有丰富专业知识和创新能力及跨文化沟通能力的国际化人才的需求。例如，在“一带一路”沿线国家和地区通行着 50 多种官方语言，然而高校外语专业招生语种只覆盖其中 20 种。目前，“一带一路”面临小语种（如阿拉伯语、印地语等）人才匮乏的瓶颈。2017 年的一份调查也显示：当地人才汲取及流失的挑战是中企在海外业务管理中遇到的最严峻挑战之一。我们相信，国际人才需求爆发式增长，将成为未来决定海外投资增量的关键。企业应在并购前做好人力资源整合并根据企业并购的战略目标调整人才策略，实现人才效益的最大化。

4）政策稳定性和可预见性增强，促海外投资健康发展

2013 年以来，各相关管理部门通过大力推进“简政放权、放管结合、优化服务”改革，海外投资便利化取得实质进展。党的十九大报告提出：“创新和完善宏观调控，发挥国家发展规划的战略导向作用”。①在这一指引下，目前中国海外投资管理总体上已实现从核准制向备案制的转变，投资便利化程度大幅提高。2017年12月，国家发展和改革委员会发布全新的《企业境外投资管理办法》，新规简化了审批流程，通过放管结合，宽严相济的监管方式便利企业海外投资，提升投资质量。可以预见，新规作为中国海外投资管理的基础性制度，将对规范和指导中国企业海外投资、优化海外投资综合服务、完善海外投资全程监管、促进海外投资健康发展起到重要的作用。

4. “一带一路”对当代大学生的影响

“一带一路”倡议实施和推进不仅改变了中国的对外开放格局，带动沿线国家的基础设施建设，加强了各个国家的紧密联系，促进国家经济的新发展、大进步。同时，也给当代大学生的学习、生活及就业等方面带来了巨大的变化。

2015 年 10 月 17 日，丝绸之路（敦煌）国际文化博览会筹委会文化传承创

① 习近平. 决胜全面建成小康社会 夺取新时代中国特色社会主义伟大胜利——在中国共产党第十九次全国代表大会上的报告[N]. 人民日报，2017-10-27.

新高端学术研讨会在敦煌举行。来自复旦大学、北京师范大学、兰州大学和俄罗斯乌拉尔国立经济大学等46所中外高校在甘肃敦煌成立了“一带一路”高校战略联盟，以探索跨国培养与跨境流动的人才培养新机制，培养具有国际视野的高素质人才。46 所高校当日达成《敦煌共识》，联合建设“一带一路”高校国际联盟智库。联盟将一起打造“一带一路”高等教育共同体，推动“一带一路”沿线国家和地区的中外高校之间在教育、科技、文化等领域的全方面交流与合作，加快“一带一路”沿线国家和地区的经济社会发展，构建人类命运共同体。在这一战略下，大学生的留学机会增多，国际文化交流增加，国家间联系更加密切。这一战略的实施使得沿线国家的艺术节等活动和知识竞赛等比赛增多，当代大学生可以更加了解沿线国家的风土人情和风俗文化，更加有利于彼此之间的文化交流。

国际人才交流与教育合作的日益繁荣，促进了思想文化的交流与碰撞，这一过程中也会出现语言不通、思维方式不同等障碍。面对诸多的机遇与挑战，当代大学生要充分了解时事，把握国内外形势与政策动态，对自己的未来早做谋划；面对科学技术突飞猛进，人们文化水平越来越高，当代大学生不仅需要提升自身的专业知识与专业技能，还需增加了解一定的基础知识或常识；不仅要掌握相关信息的获取、分析等，还应具有发现问题、处理问题和解决问题的能力。除此之外，大学生还需具备良好的适应能力、实践能力和自主创新能力。

（五）课堂安排

本案例课堂安排可根据学生的差异，尤其是对案例的阅读和课前对相应知识的掌握程度来进行有针对性的设计。

1. A 计划

适用于学员预习程度较好、学员较少的课堂。教师通过微信群、QQ 群提前和学员交流，在案例讨论过程中教师引导的内容可相对多一些，并将小组讨论布置在课外。

2. B 计划

适用于学员预习程度不充分、学员较多且学员之间预习差异较大的课堂。可提前将学员按 6~12 人次来分组，由组长督促预习和讨论，并将小组讨论置于课堂讨论之中。

两种课堂教学详细安排计划如下：

A 计划	B 计划
课前阅读了大量资料文献 考虑到学生预习较为充分，讨论的程度相对深入，教师可在讨论后增加总结时长，帮助学生进一步消化吸收 课堂时间：100 分钟，其中： 案例回顾：10 分钟 集体讨论：60 分钟 教师总结：20 分钟 问答时间：10 分钟	课前阅读了少量资料文献（不计算微信群、QQ 群等讨论时间） 考虑到学生预习不够充分，且学生之间存在差异，建议教师在课堂上设置时间充分的小组讨论环节 课堂时间：100 分钟，其中： 案例回顾：20 分钟 小组讨论：30 分钟 集体讨论：30 分钟 知识总结：10 分钟 问答时间：10 分钟

教师在上课前将资料发给学生，请学生在课前完成阅读和初步思考。同时，可安排 1~2 名学员做好讲解案例准备，并在学员讲解完后通过 PPT 对案例进行总结性发言。

在讨论环节，可设计不同的问题由不同的组回答，也可所有的组都回答相同问题。在分组讨论中可以适当促进组间比较，引发组间辩论，从而使学生对问题和知识点有更深层次的把握。整体环节时间不宜过短，3~4 节课比较合适。

课后根据计划不同，以个人或小组为单位，要求搜索最新信息资料，采用报告形式给出更加具体的解决方案，即写出案例分析报告（2 000~3 000 字），作为课后作业。

（六）其他教学支持

（1）场地支持：可容纳全班学生的无阶梯教室，以及足够多的可移动桌椅，以便小组成员坐在一起更好地进行交流与互动。

（2）其他必要的设施条件：电脑、投影仪、麦克风等辅助设备。

第四章　公共精神治理

第一节　公共精神的概念

《现代汉语词典（第 7 版）》中，公共的释义是属于社会的；公有公用的。公共精神概念其实早已有之，早在《礼记》中就有“大道之行也，天下为公”的记载。在西方，公共精神被古希腊理解为城邦公民所具有的政治公共性，体现为公民对城邦的集体荣誉感与归属感。托克维尔认为，公共精神就是公民在正确进行个人利益选择基础上参与公共生活所达成的共识。密尔则认为，公共精神应该是公民的基本美德和道德操守。阿伦特认为，公共精神意味着在公共领域的一切事情都是透明的，具有可能最广泛的公共性。罗伯特·D. 帕特南将公共精神看作公民具有平等的地位、相互合作与政治参与。这些观点的共性表明，公共精神是一种公有性而非私有性、大众性而非独有性、分享性而非占有性的精神品质。我们认为，公共精神就是公民以公共利益优先原则，在构建公共秩序、参与公共事务、改善公共生活中所表现出来的公共态度与行为方式，公共生活、公共理性、公共参与是其基本特征。公共利益和公共问题的重要性要求人们必须具有公共精神。公共精神关注公共利益的增进、公共秩序的维护，在考虑自己利益的同时也兼顾他人利益，必要时牺牲个人利益来达成公共利益。

学者们大都从各自学科视野对公共精神课题进行了初步的探索和研究，相关学术专著如下：彭继红的《公共精神生活管理引论》（2005 年）、郭湛的《社会公共性研究》（2009 年）、杨仁忠的《公共领域论》（2009 年）、《公共领域与和谐社会构建》（2013 年）、卜玉华的《班级生活与公共精神的养成》（2008 年）、刘鑫淼的《当代中国公共精神的培育研究》（2010 年）和谭安奎的《公共理性与民主思想》（2016 年）等。在 CNKI 期刊数据库中以“公共精神”为题名、以 1979~2015 年为时间范围进行文献检索，相关度较高的硕士论文有 25 篇，关于公共精神产品输出的博士论文 1 篇，内容关涉某一主体或领域的公共精神研究；关涉公共精神的学术论文 300 多篇，其内容涉猎领域非常广泛，大学生群体和公务员群体的公共精神研究较多，另有与农村和城市相关的公共精神研究，以及不同学科领域的公共精神研究，当代中国公共精神缺失及培育的文章较多。

对中国公共精神问题研究最早的外国学者是美国传教士明恩溥，他在《中国人的德性》一书中分析了中国人的生活习惯[①]。林语堂首次使用“公共精神”概念。在有识之士的呼吁下，针对当时社会“民质之所最缺”的社会现实，清政府于1906年把“尚公”作为教育宗旨之一，试图通过效仿西方注重团体合作和社会公德建设的做法，以扫除中国社会的“支离涣散”和人们的“自私自利”陋习。总的来说，近代思想家关于公共精神的讨论引发部分中国人思维方式的转向，开启了从文化视角思考自我不足，以揭示近代中国落后的原因。

公共精神的伦理学界定。李萍是国内学界较早基于伦理学视角探讨公共精神的学者，她认为，公共精神是指以利他方式关心公共利益的态度和行为方式。“利他”是公共精神的本质特征，公共精神的核心就在于鲜明的“公民气质”[②]。龙兴海认为，公共精神是指公民应具有的超越个人狭隘眼界和个人直接功利计算的，关怀公共事务、公共事业和公共利益的心理态度和思想境界[③]。公共精神包括独立的人格精神、社会公德意识、自制自律的行为规范、善待生命的慈悲胸怀等四个方面[④]。卞桂平依据黑格尔的精神概念的界定逻辑，认为公共精神是基于“公共”与“精神”的生态式联袂，是伦理同一性的道德主体性[⑤]。

西方政治学家发现市场在社会资源的配置中具有不可避免的缺陷，然而又存在政府失灵，所以只靠政府来管理好社会是行不通的。因此善治的理念破土而生，西方政治学家认为善治与统治不同，治理是由社会共同目标带领下多元主体进行的管理活动，其主体可以不是政府，也不必须依靠国家强制力来实现。正如让-彼埃尔·戈丹（Jean Pierre Gaudin）所说，“治理从头起便须区别于传统的政府统治概念”[⑥]。国内学者毛寿龙教授认为治理既不是指统治也不是指行政管理，而是指政府对公共事务进行治理，它掌舵而非划桨，不直接介入公共事务，只介入于负责统治的政治与负责具体事务的管理之间[⑦]。俞可平教授认为治理是指官方的或民间的公共管理组织在一个既定的范围内运用公共

---

① Smith A H. Chinese Characteristics[M]. New York：Fleming H. Revell Co.，1894.

② 李萍. 论公共精神的培养[J]. 北京行政学院学报，2004，（2）.

③ 龙兴海. 道德观察[M]. 长沙：湖南人民出版社，2008.

④ 潘强恩. 论公共精神——反思传统文化中公共精神的缺失[N]. 光明日报，2003-11-05.

⑤ 卞桂平. 刍议公共精神的伦理意蕴[J]. 云南社会科学，2016，（1）.

⑥ 戈丹 J P. 现代的治理，昨天和今天：借重法国政府政策得以明确的几点认识[J]. 陈思译. 国际社会科学杂志（中文版），1999，（1）.

⑦ 毛寿龙. 西力政府的治道变革[M]. 北京：中国人民大学出版社，1998.

权威维持秩序，满足公众的需要。治理的目的是在各种不同的制度关系中运用权力去引导、控制和规范公民的各种活动，以最大限度地增进公共利益①。我们认为治理是治理主体成多元化，各种治理主体参与到公共管理活动和公共管理过程中。统治的主体一定是国家公共机构，而治理的主体可以是多元的。它可以包含政府组织、非政府组织和个人等。统治的实现方式主要以强制性的法律、行政手段为主，而治理的手段更多的是强调多元主体的团结协作。前者以强制性为主，后者以自愿性为主。与统治相衔接的理想政治模式是善政，而治理所追求的目标是善治。

第二节 公共精神治理

公共精神治理不能认为是简单的公共精神和治理方式的叠加，我们认为公共精神是良好治理即善治的前提，善治是公共精神的最终实现目的。公共精神治理是政府等多元治理主体通过建构公共秩序、积极参与公共事务、改善公民参与公共生活中所表现出来的公共态度与行为方式，提供更多公共关怀使公共利益最大化社会管理过程。通过公共治理，大家共同关心公共利益。政府解决问题的能力是有限的，所以治理强调对治理主体多元化的结合，换言之，这个时期强调的是一种公共权力在多元治理主体间的相互制约，包括以公民权利的制约、法治的制约、市场的制约及规则制约权力，从而促使整个社会治理活动更加公正公开透明，达到善治的目标。公共精神治理对我国和谐社会的形成有非常重要的作用。当前我国政府在政治、经济、社会生活等各个领域都力图实现公共领域中的公民参与治理。政府与公民共同参与治理。政府为公民参与治理提供政治和经济上的保障及方法上的指导，从而更好地实现公共精神治理。

第三节 公共精神治理的内涵

公共精神治理是社会成员自觉参与公共事务，以实现公共利益最大化的一种社会管理过程。它是一种价值理论与实践活动的统一，具有民主性、公正性与公共服务性等时代内涵。

公共精神治理具有民主性。中国特色社会主义民主正是公共精神治理具有民

---

① 俞可平. 全球治理引论[J]. 马克思主义与现实，2002，（1）.

主性的具体体现，社会主义民主是实现公共精神治理的基础，通过畅通公民利益表达渠道，保障公民有权利参与公共生活，实现具有公共精神的治理。公共精神治理要求治理依靠民主的方式进行，并且民主应以善治为价值目标，真正反映民意，实现人民当家做主。通过观察国家公共权力的实现从统治到管理再到治理的变化，可以看到，随着时代和科技的发展进步，单一的官僚科层体制已经不能满足整个社会的良好治理，甚至成为国家良好治理的阻碍。民主的趋势已经势不可挡，而我国社会主义民主的广泛性和真实性为善治提供了良好的基础。一个国家想要实现国家善治就必须以公共精神重塑行政思维，使公共权力的决策和行使更加具有民主性，将单一的自上而下的权力传递模式转换为上下互通的双轨权力运行模式，畅通民意，增加公民政治参与和社会参与渠道，使国家公共权力更具有民主性、科学性和社会性。

公共精神治理具有公正性。公共精神治理强调现代国家治理应该以维护和实现社会的公平正义为目标。公共精神治理的价值意义就在于它摆脱了公共治理以效率至上为目的，从效率至上转向以服务人为中心。公平和正义依然是衡量国家治理好坏程度的重要尺度，好的国家治理一定能够促进社会的公平正义，反之则伴随着不公平不和谐现象。因此，推进国家治理现代化的过程就是逐步实现社会公正的过程，国家善治就是国家与社会在相互作用下的一种“公正”的状态。因为公共政策的制定者是通过民主公正的形式选派出来的，政策的内容更是为了社会的公平正义，公共治理的行动不因人们地位、财富、宗教信仰不同而歧视或差别对待。总而言之，公共精神治理意味着国家善治将以公共利益旨归，在我国通过推进公共服务均等化来实现社会的公平正义，最终发展成如马克思描述的共产主义社会。

公共精神治理具有公共服务性。公共精神治理归根到底弘扬的是一种公共服务的精神，公共服务的价值理念是它的应有之意。米歇尔·克罗埃在《被封锁的社会》一文中指出，一个社会构成越复杂，这个社会对公共服务性活动的需求就会越大，公共性事业就会越发达。公共精神治理的发展方向表明国家善治必然要扩大公共服务，国家善治也必须要以公共服务的价值理念为导向。政府作为公共权力的执行机关承担着为社会提供公共服务和公共产品的重要职责。这要求公职人员必须要将公共服务的价值理念内化于心、外化于行，把公共服务精神视为一种行为约束或者道德操守，工作过程中要始终坚持全心全意为人民服务的宗旨原则，更要不断以公共服务精神武装头脑，提升公共服务意识和公共服务能力。

第四节 公共精神治理的目标

我们认为，公共精神治理的目标或理想的现代国家治理应该追求一种“好”的治理，即善治。学者们早就围绕着善治的定义、本质属性及善治的中国化等展开了研究。对于“善治”的界定，具有代表性的是法国学者玛丽-克劳斯·斯莫茨对善治的定义，她提出善治有四大特征：①保障公民安全，尊重法律，法治现代化；②公共机构公正透明地负责公共财政；③政治领导人必须回应人们的诉求；④信息在全社会畅通无阻。在中国化的善治理解中，俞可平从公共治理视角出发，认为社会公平和善治是和谐社会建设的保障。俞可平教授指出，我国古代就有“善政”，但“善治”和“善政”不同。“善政”要求政府的管理是良好的，而“善治”要求整个社会都是好的治理。善治既是对中国传统的善政概念的延伸，也是对当代西方 good governance 的借用，力图实现中西含义的结合。尽管中外对善治的界定有所差异，但都认同善治追求的目标应是整个社会的良好治理。关于善治的本质属性，学者们从不同的认知视角给出了建议。俞可平教授提出“公共利益最大化说”，即只有实现“公共利益最大化”的国家治理才是好的治理。张文显教授提出“公共秩序说”，即建立和维持良好的公共秩序，使社会高效有序运行是善治的本质。辛恩、欧阳康等从“以人的治理为中心”这个视角提出了“人本说”，即善治的最终归宿是实现人的健康发展，满足人民群众合理的精神和物质需求。吴毅则提出了“正义说”，强调社会的公平正义才是现代国家治理的首要目标。结合学者们深邃全面的观点，我们认为：公共精神治理的目的或者治理演变的最终形式正是善治。这种善治是中国化的，是结合中国国情的整个社会的良好治理，它的本质属性应该包括以下内容：①就治理主体而言，善治是“善者治理”。只要是具有公共精神，能促进社会利益最大化的组织都应是治理的主体，其中包括政府与非政府组织、个人、企业等。②就治理目的而言，善治是“善意治理”。治理的根本就是为人民服务，从而不断实现人民群众的根本利益和对美好生活的需求。③就治理方式而言，善治是“善于治理”。治理应该是多元主体通过不断协商达成的共识，是多中心治理主体良性互动的过程，是政府持续回应公众需求的过程。④就治理结果而言，善治是“善态治理”。这是一种多元治理、和谐治理的社会形态。总而言之，善治才是公共精神治理追求的目标，随着时代的发展，单一的官僚科层体制已经不能满足整个社会的良好治理，需要更加科学、更加多元、更加具有“公共精神”的治理，只有善治才能更好地实现广大人民群众的根本利益，才能促进社会公益最大化。

第五节 公共精神治理的原则

“美美与共，天下大同”的美好理想是中华民族千百年的夙愿，而公共精神治理也与这美好的夙愿息息相关，中国人民秉持着天下为公的情怀，以勇于追求和实现梦想的执着精神砥砺前行。学界探讨公共精神社会功能和原则的文章逐渐增多，内容关涉公共精神与现代化建设、国家治理和社会治理现代化、创新型城市发展等方面。夏晓丽认为创新型城市建设需要公共精神的参与和弘扬，公民通过多渠道地参与城市社区建设，有利于化解个体利益和城市公共利益的矛盾和冲突，培育公民的理性能力和公共意识，对于形成政府、社会组织和公民个人三者之间良性互动关系具有直接的促进作用①。赖纯胜强调，公民的公共精神对于国家治理现代化至关重要，具有主体性、功能性和手段性意义，但当前学界却关注不足②。郝园园认为，公民的公共精神是政府善治目标实现的内在支撑。善治是以公共价值和公共利益为归宿的政府、社会组织和公民协同治理的方式，是国家治理现代化的本质特征，而公民的公共理性、公共德性及公共参与能力等公共精神品质是善治目标实现的内在支撑③。还有学者认为，推进我国地方治理现代化和协商民主的有效开展，需要地方政府正视和不断提升公共服务水平和公共理性能力，弘扬和践行公共精神，对于推动基层治理的有序进行具有直接的促进作用④。

当代，中国正处于全面建成小康社会的决胜阶段，处在中华民族伟大复兴的征途中，也是社会向公共化转型的加速期，要渡过文化困境和公共精神的危机，必须以马克思主义的唯物史观为指导，牢固树立社会主义核心价值观，培育现代公共精神，探索其基本原则和有效方法尤为重要和关键。

（一）坚持马克思主义唯物史观的指导

公共精神源于人们社会生活实践和公共交往的需要。在唯物史观看来，政治的和精神的历史形成离不开特定时期的物质生产方式及其社会结构，“并且

① 夏晓丽. 创新型城市之公共精神成长路径分析[J]. 山东社会科学，2015，（2）.

② 赖纯胜. 论国家治理现代化过程中公共精神的培育[J]. 学术论坛，2015，（4）.

③ 郝园园.“善治”视域下我国公共精神的问题与调试[J]. 深圳大学学报（人文社会科学版），2015，（3）.

④ 魏崇辉. 当代中国地方治理中的协商民主、政府责任与公共精神[J]. 思想战线，2016，（2）.

只有从这一基础出发，这一历史才能得到说明”[①]。一方面，不同阶段会有不同的表现形式，生产力的发展推动社会结构和生活方式的变迁，而物质生活方式的变化必然引起人们思想观念和价值观的革新；另一方面，合理性和合规律性的价值理念一旦形成，反过来会引领、规范社会的进一步转型。马克思曾说过：“资本来到世间，从头到脚，每个毛孔都滴着血和肮脏的东西。”[②]在经济全球化浪潮中，西方资本主义社会通过各种手段，试图构建具有“世界意义”的话语体系。而马克思则是要建构一个超越资本主义的、每个人都能得到自由全面发展的新制度。

毛泽东同志说过：“中国的命运一经操在人民自己的手里，中国就将如太阳升起在东方那样，以自己的辉煌的光焰普照大地。”[③]我国社会主义市场经济体制不断完善，中国特色社会主义文化建设也取得丰硕成果。在公共精神治理过程中，民主政治建设和法治建设迈上新台阶，协商民主和基层民主也绽放光彩；人民的精神文化生活不断丰富，大力弘扬社会主义核心价值观，筑牢思想文化阵地，极大彰显了公德意识、合作意识、责任意识、服务意识等公共品质和文明素养。但当代中国仍处于并将长期处于社会主义初期阶段的基本国情并没有改变，发展中国家的国际地位没有变，当代中国公共精神培育必须立足于实践，以马克思主义为指导，一切从实际出发，既不妄自尊大，也不妄自菲薄；既不是资本主义那套理论的公共领域，更不是生产力和生产关系高度发达、公共生活高度自由、自由个性全面发展的共产主义社会。而是立足于社会主义初级阶段，立足于新时代下我国公共精神的治理，要突破束缚和制约其进一步发展的体制机制和封建思想下的陋习和观念。倘若远离这个现实，放弃马克思主义的指导，当代中国公共精神培育将成为无根之水、无本之木。

（二）坚持以人民为中心的服务理念

坚持以人为本是当代中国公共精神培育的出发点和价值旨归。公共精神归根结底是人的思想意识、观念、态度和精神风貌的集中反映，公共精神培育必须落实到个体的人身上，坚持以人为本[④]。培育公共精神必须“尊重人的生命、情感、意志、本能的意义和价值，把人当作世界的本真和最高的存在”[⑤]，公共精神的治理离不开人这一主体，最终也要落实到人，既要尊重人民合理的个人利益

① 马克思，恩格斯. 马克思恩格斯文集（第2卷）[M]. 北京：人民出版社，2009.

② 马克思，恩格斯. 马克思恩格斯全集（第二十三卷）[M]. 北京：人民出版社，1972.

③ 毛泽东. 毛泽东选集（第四卷）[M]. 北京：人民出版社，1991.

④ 王雅丽. 当代中国公共精神研究[D]. 清华大学博士学位论文，2016.

⑤ 张奎良. “以人为本”的哲学意义[J]. 哲学研究，2004，（5）.

诉求，又要培育公民的公共情怀和公共生活方式。习近平总书记在省部级主要领导干部专题研讨班开班式上的重要讲话中指出：“一个政党，一个政权，其前途命运取决于人心向背。”[①]以人为本的实质是实现人民当家做主，坚持以人为本就要实现和维护好公民的基本权利。公共精神的治理既离不开国家法律法规的硬约束，更需要每一位公民自身的软约束，人们经常忽视我们共同的生存空间和公共秩序，往往只关心与自己有利害关系的那部分公共利益，缺乏公共意识。

人民是历史的创造者，人民是真正的英雄。坚持以人为中心的服务理念，肯定了人的主体性，把人民的根本利益置于首位，才能激发人民参与公共生活的积极性、主动性和创造性，通过教育的引导、思想的引领等不断提高人民对公共生活的参与，增强人民承担社会责任的积极性和主动性，为公共精神的治理提供良好的文明风尚。另外，尊重人的主体地位，还必须统筹好、处理好、协调好人与人、社会及自然的关系问题，坚决反对以自我为中心的价值取向。

（三）坚持党领导的原则

党的十九大报告是指引中国特色社会主义迈进新时代、开启新征程、谱写新篇章的政治宣言和行动纲领。报告中指出：“党政军民学，东西南北中，党是领导一切的。”[②]公共精神的治理必须要在党的领导下纵向推进。当前，面对波涛汹涌、暗流涌动的西方价值观和多元、多样、多变的社会思想文化潮流，当代中国公共精神的治理既要考虑到世界各国在思想文化差异上的碰撞，更要投身于文明的交流和借鉴，化解公共精神治理的矛盾和破解公共精神发展的瓶颈，必须有一个坚强有力、具有高度的公共责任和担当意识、为全体人民谋福祉的政党来领导。历经近百年的风雨洗礼，中国共产党逐渐从稚嫩走向成熟，在新时代的号召下，带领全国各族人民，不断提高公民政治素养和文化素质，引导公众积极参与公共生活，树立社会主义核心价值观，培育文明风尚；在思想多元化背景下，必须坚持党在总揽全局、协调各方利益关系中的领导核心作用，牢牢把握马克思主义在意识形态领域的领导权。中国共产党肩负着人民的信任和嘱托，应“时刻摆正自己和人民群众的位置，做到在任何时候任何情况下与人民群众同呼吸共命运的立场不能变，全心全意为人民服务的宗旨不能忘”[③]。无愧于人民，以人民为中心，全心全意为人民服务，始终为人民利益和幸福而努力工作。造福于人民，

---

① 习近平. 高举中国特色社会主义伟大旗帜 为决胜全面小康社会实现中国梦而奋斗[N]. 人民日报，2017-07-28.

② 习近平. 决胜全面建成小康社会 夺取新时代中国特色社会主义伟大胜利——在中国共产党第十九次全国代表大会上的报告[N]. 人民日报，2017-10-27.

③ 中共中央文献研究室. 十六大以来重要文献选编（下）[M]. 北京：中央文献出版社，2008.

就要始终坚持人民立场，坚持人民主体地位，着力解决好人民最关心最直接最现实的利益问题。在党的领导下，通过全面深化改革，破除制约发展过程中的各项体制机制弊端，以确保人民各项基本权益，凝聚社会共识，建构良序社会生活，为公共精神培育提供坚实的社会生活基石和制度保证。

（四）坚持依法治国的原则

习近平同志指出："法治和人治问题是人类政治文明史上的一个基本问题，也是各国在实现现代化过程中必须面对和解决的一个重大问题。综观世界近现代史，凡是顺利实现现代化的国家，没有一个不是较好解决了法治和人治问题的。"[①]全面推进依法治国是党领导人民治理国家的基本方略，是党运用法治思维和法治方式推动全面小康社会建设、推进国家治理体系和治理能力现代化、培育中国特色社会主义公共精神的制度保证。要立足于我国法治实践，根据自身禀赋、历史特点、现实国情不同，形成各具特色的法治发展及现代化模式。"要始终坚持公正、公平、公开的核心原则，在宪法精神的指导下，制定出能更好反映人民意志的法律法规。"[②]"必须使民主制度化、法律化，使这种制度和法律不因领导人的改变而改变，不因领导人的看法和注意力的改变而改变"[③]，更好地保障在公共领域人民的合法权益，从而使得公共权力得到合理的约束和运行，保障社会公共生活秩序和公共精神培育的有效性。另外，增强公民对公共生活的认同感和激发对公共利益和价值的守护，形成与自身生活相融洽的氛围。

第六节　公共精神治理的方法

人民向往的美好生活，不仅是人人"仓廪实衣食足"的物质生活，还向往个个"知礼节知荣辱"的社会风气。公共精神的治理就是要把社会成员认可的、承载公共性价值理念的风俗习惯、道德规范和社会规则等通过理论宣讲、公共教育、民主商讨和媒介传播等形式使个体认同和接受，并沉淀于人们的内心深处，进而自觉规范主体的思想和行为的过程[④]。

当代中国公共精神的治理是一项全社会共同承担的光荣使命，任何人都不能

① 习近平. 中共十八届四中全会在京举行[N]. 人民日报，2014-10-24.

② 本书编写组. 中共中央关于全面推进依法治国若干重大问题的决定[M]. 北京：人民出版社，2014.

③ 郑慧. 政治文明：涵义、特征与战略目标[J]. 政治学研究，2002，（3）.

④ 王雅丽. 当代中国公共精神研究[D]. 清华大学博士学位论文，2016.

退回到自我封闭的孤岛。

（一）立足经济体制改革，激发公共精神活力

构建良好公共交往秩序，促进社会公平和正义，使全体人民共享发展成果离不开强有力的经济支持。马克思指出："绝不能超出社会的经济结构以及由经济结构制约的社会的文化发展。"①而经济体制改革的核心就是正确处理好政府与市场的关系，激发市场主体活力。深化经济体制改革既明确了市场在资源配置中的决定性作用，又强调要更好地发挥政府的公共服务职能，让"看不见的手"和"看得见的手"有机统一。党的十八大以来，通过"放管服"、简政放权等一系列新举措、新政策来遵循市场规律，给企业"松绑"，让市场在资源配置中起决定性作用，构建服务型政府，及时回应人民对于民主、自由、平等、公平等公共价值和伦理规范的正当诉求。建立和完善市场征信体系、竞争机制、管理制度，打造市场信息共享平台，不断优化服务，为人民提供高质量、更优质的公共服务，以增进人民福祉，促进社会公平正义。

（二）完善政治体制改革，助力公共精神实现

通过建立健全社会主义各项民主政治的制度，守护好与人民自身相关的公共利益，牢固树立主人翁意识，丰富人民民主形式来保障公民有序参与政治生活。完善人民代表大会制度，增加公民政治的参与性，增强信息公开的透明性，建立健全各级人民代表相互联络的机构和网络平台，以方便联系人民群众、听取人民的呼声，更为及时回应人民诉求提供制度化、常态化的渠道和平台；进一步完善人大的工作机制，探索多种参与形式和渠道，及时倾听和回应社会关切，促进社会公平正义②。为保证人民的主体地位，不断推进协商民主的制度化，把权力关进制度的笼子，用制度来规范和约束人的公共行为是加强制度建设的重大举措。法律是治国之重器，良法是善治之前提。公共精神必然要在最能体现广大人民群众利益、民主的理念中实现最大化。

（三）深化文化体制改革，用文明风尚引领公共精神

公共精神是公共文化的范畴，是人们在社会实践中形成的思维方式、价值

---

① 马克思，恩格斯. 马克思恩格斯文集（第3卷）[M]. 北京：人民出版社，2009.

② 本书编写组. 中共中央关于全面深化改革若干重大问题的决定[M]. 北京：人民出版社，2013.

取向、伦理道德及道德原则的集中体现。深化文化体制改革，冲破旧思想的藩篱，破除文化大发展、大繁荣的体制机制，不断适应和化解新时代下人民日益增长的美好生活需要和不平衡不充分的发展之间的矛盾，提升人民的科学文化素质和思想道德素质，进而增强中华文化在国际交往中的软实力。必须以先进的文化为指导，加强社会主义先进文化建设，培育有理想、有道德、有文化、有纪律的现代公民，满足人们更高层次的精神需求；以身作则，自觉涵养先进的文化，既要继承和弘扬自身的优秀文化，也要博采众长，吸收和借鉴世界优秀文化，彼此不是消灭对方，“不是消除不同的价值观，而是更好地理解和尊重别的文化”①。正如费孝通先生给我们描绘的未来世界中多元文化主体的那种和谐美，即“各美其美，美人之美，美美与共，天下大同”②。

（四）创新社会治理体制，形成公共精神新风尚

党的十九大报告指出，要“加强社会治理制度建设，完善党委领导、政府负责、社会协同、公众参与、法治保障的社会治理体制”③。这不仅为加强和创新社会治理指明了方向，也为新背景下党建工作的开展和建设提出了更高要求。加大党建引领基层治理路径探索，对基层党建和基层治理的发展创新，以及公共精神的治理提供了新思想、新途径，对培育良好的公共精神，创新社会治理都有着十分重要的现实意义和深远的历史意义。公共精神的内核在公共，必须要尊重多元主体的参与权，打破一切由政府力量解决的思路，从管制到服务、从封闭到开放、从一元到全民治理，在社会结构日趋公共化和异质化、利益主体日益多元化的今天，社会矛盾日趋多样化和复杂化，社会治理理念相信全体人民的力量和智慧，尊重不同利益群体的价值诉求，切实维护人民的公共利益，彰显公共精神价值。此外，还要激发激活社会组织，政府要统筹好利益群体的分化、利益主体和利益诉求的多元化，“政府必须转换思维方式和工作方法，摒弃滥用强制、打压的解决问题的方式方法”④。在公民参与过程当中，丰富公共精神的内涵。

---

① 莫勒 J O. 全球化危机[M]. 贾宗谊，梁平，卢爱军译. 北京：新华出版社，2003.

② 费孝通. 反思对话文化自觉[J]. 北京大学学报，1997，（3）.

③ 习近平. 决胜全面建成小康社会 夺取新时代中国特色社会主义伟大胜利——在中国共产党第十九次全国代表大会上的报告[N]. 人民日报，2017-10-27.

④ 阎孟伟. 协商民主中的社会协商[J]. 社会科学，2014，（10）.

案例　“上访村”华丽蜕变，公共精神完美升华

一、案例主体

摘要：长久以来，无论是在经济上还是在文化上，村庄的发展都十分迟缓。村内设施落后，村民素质低，对村庄发展漠不关心，村干部在村民心中得不到基本的信任，有的村民甚至还和村干部发生矛盾，将整个村子闹得“鸡飞狗跳”。村民关系很糟糕，相互之间很难和谐相处，不够团结。整体来看，村民意志比较消沉，对村庄的发展不满意，但也不愿做出任何努力和牺牲，有的村民甚至还站在村干部的对立面搞破坏。有的村子被冠以“上访村”的名号，顾名思义就是村内不团结不和谐，村民上访次数太多。在村民和村干部多次发生正面冲突后，村干部意识到冲突发生的根本原因在于村民对村干部的不信任。于是，一场以阳光票决制为开端的公共精神治理在村庄施行，不仅调动了村民对村庄建设的积极性和热情，也调节了村干部与村民的关系，村民之间也更加团结。

关键词：公共精神；信任度；精神状态；阳光票决

（一）引言

人民有信仰，国家有力量，民族有希望。社会基层治理是整个国家治理体系的基础，而公共精神治理又是社会基层治理的关键一环。乡村公共精神是在中国独特的社会结构和乡村生活的长期积累中形成的，在维护乡土社会稳定、促进村民团结友善关系、推动乡村发展方面起到重要作用。

浙江丽水 H 村曾发展落后，村民与村干部之间缺乏沟通，矛盾重重，有时甚至还发生肢体冲突；村民之间缺乏团结互助精神，不关心集体利益。村民普遍保守消沉，不愿改变现状，对村庄的发展前景也十分不自信。出现问题，不是找村干部协调解决，而是采取直接上访的方式。村干部换了又换，驻村干部不愿来村里，村庄精神和文化建设落后。然而，这样的一个村子却突然成为到处宣讲经验的“明星村”，这中间到底藏着什么秘密？村民是如何在公共精神治理过程中逐渐转变对村庄事务的态度的？

本案例基于浙江丽水 H 村公共精神治理的过去和现状，展现村民与村干部、个人利益与公共利益、村民自身精神状态斗争的矛盾过程。通过分析“明星村”

的蜕变史，找到社会精神和基层治理的问题根源，并通过分析解决问题的途径为相关问题的解决提供经验。

（二）现实困境：信任缺失，公共意识淡漠

1. 背景一：村民普遍消沉保守，建设积极性难调动

位于黄村乡西部的浙江丽水H村，管理着大大小小的5个自然村，总共有11个村民小组。根据其政务网的数据，全村共370户，共1 018人，劳动人口585人。该村以林业为主，文化底蕴浓厚。2014年之前的H村，不仅经济落后，精神和文化生活也十分匮乏。村民普遍对村干部和村内发展缺乏信心和信任，公共意识十分淡薄，对村内事务置若罔闻，只守着自己的一亩三分地过日子。村干部意识到如果不解决村民精神上的缺失问题，将无法落实有利于村庄发展的政策。要想发展村子的经济，就必须要先调整村民的精神状态和发展积极性。

村民普遍精神消沉的原因在于，对自身发展条件的不自信。村子发展了这么多年，却丝毫没有任何长进，村干部所做的工作在村民看来也只是徒劳。其实H村的发展条件是十分不错的，自然风光优美，文化底蕴深厚，林业资源十分丰富，这对H村的建设而言无疑是闪光点。但村民一点也不自信，对生活仿佛没有盼头。村干部是村庄建设的领头羊，村民无精打采、没有活力的生活状态让村干部的工作开展得十分缓慢。村民的信任在村干部的工作中也扮演着十分重要的角色，这种信任是对村干部工作的肯定和认可。H村的前任两委班子不和，在工作上常常有意见冲突，彼此互不相让，导致政策安排不一，村子的建设毫无进展不说，在村民心里，村干部的形象是朝令夕改、搞形式主义的。所以村民从上一届班子开始就和村干部对着干，别说配合工作，就连基本的尊重与和睦都谈不上，公共意识十分淡薄。村民们意志比较消沉，平日里就只干干农活、打打牌，对村子的发展漠不关心，对眼前的生活十分不满，但又不肯做出任何努力和牺牲。在村民心中，这样的领导班子也干不出什么好事情，也带领不了村民发家致富，有这点心力还不如多干点农活，偶尔串串门、打打牌来得实在。如果村干部实在要折腾，就让他们折腾，只要不损害村民的田地和利益就行。村民不掺和村干部的事情，村子也只能发展成这个样子，这个时候只要自保就行。可见，那个时候的H村的精神建设已经跌到谷底，在H村看不到昂扬的斗志，也看不到积极向上的精神状态。

2013年，担任村主任的石某某已经在任两年多，一心想带动村子的发展，但村民不仅对自身条件不自信，而且被H村贫困但安逸的生活圈住了，对村干部的工作不仅不支持反而还搞破坏。石某某为了增加村里的文化场所，打算给村里建

一座文化礼堂。对 H 村来说，本身文化底蕴就深厚，建这么一座礼堂，对于传承本村的文化和提升村民的文化生活水平都具有重要作用。但在整个建造过程中，村民就一直反对，尤其是住在待建礼堂旁边的村民。他们觉得这个礼堂并没有实质性的作用，还会挡住视线，人来人往的还很吵。顶着巨大的舆论压力，礼堂好不容易结顶，还没有上油漆时，村民刘某某就拿着一把锯子锯掉了西北端的一个角。她的理由很简单，檐口正建在她家门口上方，家里买车了进出不方便。村干部担心礼堂再出岔子，就将礼堂的屋檐往里面缩了 50 厘米。表面上看，礼堂只是缺失了一个角，但实际上受损害的是村民和村干部之间的关系。缺失的是村民对村干部的信任，缺失的是村民对村子事务的关注。从这个檐角也可以看出村民宁愿保持现状、不愿接受改变的心理，对更好的公共生活没有什么追求。村民这样的精神状态给村干部出了很多难题，村子要发展，仅仅依靠村干部是远远不够的，调动村民建设积极性的重要性凸显。如何调整村民的精神状态也成了村干部着重思考的问题。

2. 背景二：村民公共意识淡薄，工作开展寸步难行

冰冻三尺非一日之寒，在多年的矛盾堆积下，H 村的村民已经在明面上对村干部的工作表示质疑。村民已经养成上访的习惯，遇到矛盾纠纷，也不会顾及村干部和整个村子的颜面和名声，直接跳过村干部去区里和乡里找其他干部。上访的内容既有芝麻小事也有陈年旧案，甚至连邻里矛盾都要通过上访解决。村民们沉迷在上访中，对村里的公共事务反而漠不关心。石某某和周某某等村干部认为，如果继续维持村民这种对村干部工作的“无感”状态，村子的发展只会停滞不前。于是，他们便想用行动来打动村民，提高村民对公共事务的关注度。第一件事就是修路，将村中心 1 米宽的土路修成 3.5 米宽的水泥路。本以为为村民办点实事，村民的视线就会转移。没想到的是，因为修路，村民对待村内事务的态度更加恶劣了，与村干部之间的矛盾也更深了。

村民们对修路的意见不一：有的村民觉得路能走就行，没必要修 3 米多宽；有车的村民又觉得新修的路还不够宽。更让石某某觉得为难的是，计划修的路要占几户村民的地，这几户村民张口就要三五万元赔偿，修路计划一再停滞。最后村干部挨家挨户做思想工作，村干部又垫资七万元，好不容易才把村中心的路修好，但村里各种闲言碎语又让村干部陷入了舆论危机中。有的村民认为村干部不公平，修路只给沿路的村民带来了好处；还有人夸张地说村干部以公谋私，没日没夜地在村里忙就是为了牟取私利。当时浙江各地的农村已经实行村务公开，所以 H 村也将修路工程所涉及的财务项目予以公示。但仍有村民不买账，对此嗤之以鼻，觉得这些账目全是村干部自己记的，记多少都由村干部自己定，没什么实

在的意义。于是，大部分村民不管村干部做什么，都一口咬定村干部在修路过程中贪污了，甚至还有人动手撕掉了公告栏里的通知和公告以泄愤。修路本是村里一件造福民众的喜事，却发展成了一件糟心事，让兴致勃勃为村里建设任劳任怨的村干部逐渐失去了信心和耐心。这以后的工作还怎么开展？石某某对这件事思考了很久，终于有了一些眉目。

目前，村民对村子是没有什么感情可言的，只关注自身利益，缺乏对公共利益的关注。从村民这种对村务自私而无序的反应可以看出，首先，村民整体的心态和精气神不高，对村子的未来也不抱太大的希望，建设村庄的激情亟待激发。其次，村民过于关注单个个体的利益，对公共利益关注较少。只要他们能看到自己的行为对村庄建设的重要作用，信心便会重新回归，对生活的激情会重新被调动出来。而现状没有任何改变的原因在于村民的信任度低，既体现在对村子的发展方面，又体现在对村干部工作的态度方面。村民对村干部不信任的根源就在于村务信息不透明。村民们只能看到决策后的结果，中间环节都等同于“暗箱操作”。村民代表在会议上的作用不突出，没什么发言权，只是跟着开开会，投票时举举手。哪怕村务公开了，村民们也很少有人能看懂冰冷的数字和专业繁冗的表述。这样来看，村民自私、无序的表现便能够被理解了。H 村的村民对村干部意见很大，以消极和冷漠的方式抵抗工作进展，村干部对村民们低沉的精神状态也束手无措。

（三）原因分析：缺乏公共精神

公共精神是一种公共理性，指的是公共生活中的独立自由的个体以利他的方式关心公共利益的态度及行为。公共精神具体表现为独立自由的个体超越“私人领域”，积极参与公共生活①。对应到 H 村，富有公共精神的村民应该超越自身利益的取舍，积极参与村内事务，着眼于村民们的公共利益。这一标准，村民极少能够达到。H 村文化礼堂那缺失的一角不仅仅是建筑的缺憾，更是 H 村村民精神上的空缺。

1. 原因一：小农意识的影响

合作意识是产生公共意识的基础。但是在我国，长久以来人们习惯的是自给自足的小农经济。小农经济以家庭为生产、生活的单位，它最大的特点是封闭性和分散性，主要满足的是自己家庭基本生活的需要，这显然不利于人们与他人合作关系的产生和发展。

---

① 祝丽生. 新时代背景下乡村公共精神培育研究[J]. 广西社会科学，2018，（9）.

经济基础决定上层建筑，封闭的小农经济影响重大。自给自足的经济传统不仅造成了人们封闭、孤立、自私的心态，也实实在在影响着人们的温饱问题。20世纪70年代末，我国农村开展了轰轰烈烈的家庭联产承包责任制，虽然改革开放后市场经济得到了长足的发展，但小农意识的影响远远没有被消除。

H村四面环山，道路狭窄不平，林地多耕地少，经济发展落后，比起参与村内事务，村民显然更专注于生计，更专注于解决温饱问题。此外，H村交通、通信不是特别方便，没有改变村子的闭塞状态，所以公共意识比较淡薄。H村村民们的小农意识让他们满足于贫困却安逸的生活，当村干部修建了文化礼堂后，村民们首先想到的不是礼堂存在的经济、文化意义，不是礼堂能够带来的经济、文化效益，而是这个建筑堵了路、遮了视野又吵吵闹闹造成了不便。所以，村民纷纷不买村干部的账，甚至有行为过激的村民锯掉了礼堂屋檐的一角。

2. 原因二：缺乏教育引导

政府、学校、家庭都是教育的主体，但是对于公共精神方面，这三者都没有完全发挥教育引导的作用。随着改革开放的进一步深化，外来的政治、经济、文化都对国人产生了巨大的影响，其中也包括拜金主义、极端个人主义等不良思想的影响。虽然政府越来越重视精神文明建设，重视社会主义核心价值体系的建设，但相关服务管理体制不完善、教育辅导机制缺失等造成了虽有政策但少有真正落实的具体措施，对民众公共精神的教育引导难见实效。

家庭是教育的基础，学校是教育的主力。但是比起看起来虚无缥缈的公共精神教育，多数家长和老师更为在乎和关注的是学生能够具体化的考试分数。如今学校的精神文明教育虽然在逐渐加强，但是长期以来重应试教育、轻公共意识教育的思想仍然存在。学生“两耳不闻窗外事，一心只读圣贤书”、追求考试分数和排名的现象依然存在。

在H村村民的公共精神教育中，政府、学校和家庭无疑都处于缺位状态，村民在受教育时期没有或者少有公共意识领域的教育引导，也就难以拥有自尊自信、积极向上的社会心态。

3. 原因三：公共活动载体缺失、组织化程度低

公共活动是培育和发展公共精神的重要途径，但是“随着农村经济体制改革和集体化生产方式的解体，以往自发地组织起来分享共同的文化观念和文化价值的各种民间活动有所减少，农村社区凝聚力的载体逐渐丧失”①。公共活动载体

① 祝丽生. 新时代背景下乡村公共精神培育研究[J]. 广西社会科学，2018，(9).

的缺失导致了村民公共活动参与度的降低，导致村民个体间的认同感与关联度的降低，所以当 H 村村民在进行诸如建文化礼堂、修路的公共选择时，往往不会优先考虑公共利益、进行合作互助，而是致力于使自己获得最大收益。

H 村的村民各自为政，只是一盘散沙，个体的村民倾向只表达自己的利益，村民代表又流于表面，难以发挥真正的作用。因此，需要把分散的、以个体为单位的村民组织起来，形成村民组织并充分发挥其优势，做到既能反映不同村民的利益诉求又能整合和协调广大村民的利益。

农村民间组织是由村民自愿自发组建起来的，以表达村民意愿为宗旨，成员都是身份相同的村民，具有共同的目标和利益需求，可以相互信任，能够真正考虑村民的利益，真正代表村民。而村委会在实践中因为协助乡镇政府而趋于行政化，就导致了基层政府、村委会和村民之间的隔离。H 村村委会不能真正发挥作用，且村民对村干部的信任程度越来越低，干群问题突出，所以更加需要提高村民组织化程度，将村民拧成一股绳，及时、合理地表达村民意愿，化解对抗性矛盾。因此，H 村应在村干部的引导、扶持与监督下，主动形成自己的村民组织，与村委会干部一起协调运作，真正表达出村民切实的利益需求，积极配合有益于整个 H 村发展的政策、方案的实施。

（四）缓解途径：阳光票决制，百姓说了算

什么是阳光票决制？为什么采用阳光票决制就能使 H 村发生如此大的改变？H 村又是如何贯彻阳光票决制的？

2014 年以前没有实施阳光票决制的时候，H 村是远近闻名的上访村，村民和村干部之间的信任跌到了谷底，“塔西佗陷阱”将整个村子吞噬。当村里的每个人都追求自己的最大利益的时候，村级公共事务中的自由将给村里所有人带来毁灭性的灾难，H 村的公共精神荡然无存。经过一系列探索和思考后，H 村酝酿出了一种符合实际情况并充分尊重村民权利的制度——阳光票决制。阳光票决制是一种新型治村模式，或者说是一种新型基层治理体系。关乎村民利益的重大事情交给村民自己投票决定做还是不做，以及怎么做。让村民用票决的方式参与村务，化村民的怀疑为支持，消除干群隔阂。

阳光票决制在 H 村实施后不久，村民们的精神面貌就焕然一新。其实不难发现，阳光票决制的优点在于它能够最大限度地调动村民参与村务的能动性，并且将决定权交给村民自己。这样一来，之前参与村里公共事务热情不高的村民现在都积极参与村务，村民对村干部的信任程度也在不断加深，原先受到阻碍行不通的公共事务也能够顺利落实。归根结底，就是阳光票决制使得村民们

有了参与感和归属感。原先村干部做出决策后才公布给村民，这不免受到村民们的怀疑，也导致村民缺乏对村子公共事务的参与感，自然也就淡化了对决策的关心度和支持度。这也导致原先的村务公开成了一种“摆设”，村民们对村干部缺乏信任，对村务公开的信任也就无从谈起。当把村务的决定权真正交给村民们后，村民们的参与感大大增强，村里事务得到更多人的支持和参与。H村的干群关系重归和谐，村干部的信任危机得以解除。总而言之，阳光票决制让“少数干部决定”变为“多数村民协商决定”，让“举手表决”变为“匿名票决”，让“决策后公开”变为“事务全程公开”，真正实现了村民当家做主，在H村村民自治方面发挥了极其重要的作用。它解决了农村基层治理中最核心的问题，即如何实现村民自治，毫无疑问，阳光票决制交出了一份令人满意的答卷。

然而，阳光票决制并不是只有“票决”那么简单，它还包括了前后一系列严谨的程序。关乎全村集体的重要事务，如涉及本村经济、卫生、基础设施服务等村级事务需要决策时，要先广泛听取意见。具体做法就是向普通村民、村民代表、党员干部等广泛征集意见，再由H村两委提出建议案，然后召开村民联席会议就村级重大事务协商讨论，如果获得通过就提交到村民代表大会上进行票决。最后由村民代表们进行匿名投票，只有当赞成票超过三分之二时议案才能通过，相关决策才能进入执行阶段，村级事务才能最终实施。村民代表大会进行票决的过程会通过互联网连线实时投放在村民议事广场的大屏幕上，接受全体村民的监督。阳光票决制让村民们自己决定村级重大事务，用这样的方式真正实现“百姓说了算”，从而提升农村基层自治的参与水平。正如习近平总书记说的那样：“金杯银杯不如老百姓的口碑。干部好不好不是我们说了算，而是老百姓说了算。”①H村的干部们现在也深刻明白了这一道理，未来，H村也一定会在全体村民的齐心协力下越走越远，越来越好。

（五）实施成效

阳光票决制实施后，H村的变化是显著的。H村这几年的变化是令人瞩目的，阳光票决制被村民们交口称赞。

首先，民众对村务工作的认可程度大大增加。截至2018年底，H村通过阳光票决制表决的村级重大事务超过70项，各项事务的票决赞成率超过95%，村民知晓率超过95%，村民的满意率达九成以上，得到本村党员群众一致的认可和支持。其中最为直观显著的变化是，村里再无上访案件，一举摆脱“上访村”的称

① 习近平到舟山考察[EB/OL]. http://www.xinhuanet.com/politics/2015-05/25/c_1115402537.htm，2015-05-25.

号，并在 2015 年被评为浙江省民主法治村，而且在 2018 年的时候 H 村开始创建国家级民主法治村，是名副其实的“明星村”。

其次，村民的物质生活水平得到提高。2014 年至今，H 村在诸多关系到村集体的事务上达成一致，齐心协力，修建了很多基础设施，为村子的继续发展打下了良好的基础。为了建设美丽乡村，改善村容村貌，H 村拆除违章建筑、闲置房、露天厕所等有碍村容村貌的建筑 70 多处，打造沿村美丽乡村风景带，使得村子变得更加美丽和整洁。2018 年，经过村民们的阳光票决，H 村引进了碧水湾乡村旅游综合体开发项目，全村旅游收入突破 1 000 万元。更为重要的是，项目引进后，带动周边村民的民宿、农家乐等产业，并且通过村民入股等形式，助推三产的发展。据初步估算，整个项目能带动村民年收入增加 30%，村民人均收入得到大幅提高。

最后，村民的精神风貌焕然一新。H 村村民的日子越过越红火，精神状态也越来越好。村里建有党员志愿者服务队，经常开展义务修桥补路、道路除草等志愿活动，村民们都积极参与公共事务，积极参与慈善互助事业，村子里形成了互帮互助、团结友善的良好风气。以前大家事事总先考虑自家利益，现在大家都愿意为“公家”排忧解难，甚至牺牲个体利益成全集体利益，为村集体的事务贡献出一份力量。全村村民都为村子是典型村、示范村而自豪。村子里纠纷矛盾大大减少，可以说，H 村的民风为之一振，村民的公共精神也得到升华。

H 村的成绩得到了市委的肯定并被全区推广，这种阳光票决制已经成为一种新型基层社会治理模式并且在这一过程中逐渐形成了“H 经验”。H 经验，就是以党建为引领、以阳光票决为核心、以民主法治村创建为载体、以乡贤智囊团为依托的自治、德治、法治“三治融合”的基层社会治理经验，其实就是枫桥经验在莲都落地开花。让村民代表真正代表村民、让村级事务真正实现村民自治、让权力在监督下运行，“H 经验”使得农村基层治理更加民主化、法治化、规范化。“H 经验”也为我们建设美丽乡村、提高乡村治理水平、打造新型基层社会治理体系提供了有益的借鉴。

这种由人民内部经过多年探索实践形成的治理经验对在乡村振兴战略的背景下推进农村基层治理、促进社会和谐稳定、培育现代公共精神等方面无疑都有着极为重要的理论意义和现实意义。

（六）结语

纵览浙江丽水 H 村的发展历程，不难发现，简单的自上而下的管制难以与内生的上下互动的管理相媲美，公共精神的重塑不是一朝一夕、一招一式便可以完成的内容，它需要参与各方的持续关注与长久不断的努力。公共精神的启蒙，既包括思想意识层面的启蒙教育，也包括组织行动能力方面的训练实践。公共精神的内化必然要经历“注意—解读—接受”这三个基本环节才能完成。在这个过程中，扮演主体角色的不应仅仅是基层政府和村委成员，广大村民群众和各方社会团体也要积极参与进来。如果现在的权力所有者不肯开放权力活动，村民将无法合法有序地参与到公共管理中，公共精神便难以外化于行。因此，只有多方参与、共同管理、放松管制、加强引导，才能使公共精神得到村民的普遍认可，才能使农村这一我国行政体制中最小的基础单元不断迸发出自我完善的发展潜力。

思考题：

1. 没有实施阳光票决制之前，为何村民宁愿选择举报、上访等非制度性参与，也不愿同村干部通过沟通协商解决问题？

2. 阳光票决制对于重塑公共精神的意义何在？

3. 案例中，H 村采用阳光票决制，完善了村民民主参与的渠道，保障了民众参与制定和选择决策方案的权利。除此之外，还有哪些可以增强民众参与意识、提高民众公共责任感的途径？

二、案例说明

（一）课前准备

（1）先播放往届学生的上课视频，提前让学生了解案例分析这堂课怎么安排才能配合得很好。要尽量将往届优秀学生的案例分析展示给学生看，并且强调案例分析应该注意的要点。

（2）提前2~3周给学生分配需要分析的案例，说清楚要求，如有关重复率、字数和截止时间等要求。

（3）提前通知学生分好组，以便提高教学效率。全班选出1个民主评议委员会，由1名委员长、4名委员组成。全班分成10个小组，每个小组选出1名组长，组长负责记录讨论的内容和结果。

（4）要求学生提前做好 PPT 进行案例分析的现场演绎，班级干部负责记录各小组的表现，最好录拍下来，然后打包发给老师。

（5）告知学生此次案例说明的演示评分标准，以及此次得分在课程成绩中的总占比，引起学生对此次案例说明演示的重视。

可以准备一些奖品，课堂上评选出一、二、三等奖，一等奖一名，二等奖两名，三等奖三名。奖品以与案例分析有关的书籍、笔记本等学习物品为主。

（二）适用对象

适合所有学习公共管理、马克思主义理论、公共政策和政府治理类别的学生、公务员及其他在职学习的人群。案例分析不仅考验收集资料的能力，还考验逻辑分析的能力。这适合所有需要锻炼，或者在文字编辑和梳理方面很擅长的人群，其适用对象十分广泛，对能力锻炼很有效，也对团队协作有很高的要求。

（三）教学目标

本次案例分析以浙江丽水 H 村公共精神治理为背景，以村民对村干部缺少信任、村民之间不和谐以及村民对村内公共事务漠不关心这三条主线分析了 H 村在公共精神方面存在的问题。本案例主要讲述 H 村如何从一个村民刁钻爱闹事、村干部对其“摇头”觉得无药可救的“上访村”，变成区里点名表扬并总结经验，要将其阳光票决制的经验进行推广的“明星村”。本案例根据属实的新闻报道、可靠的资料，以强烈对比的手法强调 H 村的前后变化，突出其公共精神治理成果。在此过程中，我们期望达到以下教学目标。

1. 培养学生多角度思考、团队合作的能力

在整个案例分析的过程中，由于分工的原因，各位小组成员都要在独自思考的情况下掌握案例大致内容，还要对案例中的要点进行深入分析。但总体上来说，整个案例分析是以小组为单位讨论，各种思维的火花将在组内碰撞，所以还是需要团队合作，尤其是此次案例分析的主题是公共精神，对公共领域的探讨不能缺少团队合作，需要学生多角度思考。不同的学生会得到不同的启发，合在一起就是一个很庞大的思维圈，这对其他学生的思维启发也是很有益的。在这过程中，对于不同的意见，学生要学会甄别并尊重，保持高度和谐的团队合作。同时，老师在看各组的讨论记录时，要及时发现其中的问题，并在课堂上提出来，对学生加以指导，提高其独立思考和团队合作的能力。

2. 使学生体会到公共精神在村庄发展中的重要性和公共精神治理的关键性

学生的思维常常是跳跃而开阔的，对于这个问题不同的学生肯定有不同的理解，但大致方向应该保持一致，因为从 H 村由“上访村”变成“明星村”的

蜕变史来看，公共精神是无论如何也不能缺少的，而且对案例中的 H 村来说，公共精神的作用是决定性的。公共精神是维系全村人团结和信任的纽带，只有团结一致，村庄才能发展。之前的 H 村经济、文化建设都十分落后，就是因为公共精神极度匮乏，导致村民对公共事务漠不关心，村民对村干部的付出也不领情，村干部也觉得力不从心。但采用阳光票决制后，村民的公共精神得到显著提高，开始了解村干部的良苦用心，能积极参与公共事务，村民之间相处也更加和谐。事实证明，在村务建设中，公共精神因涉及村庄的每一个人，所以起着举足轻重的作用。

3. 引导学生查找资料，掌握有关公共精神的内涵和定义，深入了解公共精神所包含的内容

比较成功的案例分析是建立在对相关理论充分学习的基础之上的。公共精神的定义有很多，但找出或者归纳出被广大学者接受的观点是不容易的。在此过程中，学生能够学到很多学者的作品，能在文献中有所启发。最重要的是，要引导学生自主分析公共精神的内涵，从而对公共精神治理有一定层面的理解。

4. 让学生来当村干部，对公共精神治理提出有效的建议，培养整体治理的能力，对所学知识进行升华

学习的最终目的是应用，将理论付诸实践也是此次案例分析的目的之一。大学生在校期间所学的案例分析，都是现实生活中鲜活的事实，这对学生培养解决问题的能力具有重要作用。尤其是学习公共管理类和政府治理及公共政策类专业的学生，他们需要站在更高的角度对此类问题进行分析探讨，并且需要模拟或者想象，自己就是负责公共精神治理的领导干部，该如何挽回村民对村干部的信任，该怎么提高村民对村务的关注度，怎样调动和发挥村民建设村庄的积极性，如何处理村民之间的矛盾纠纷，该怎么解决村民和村干部的直面冲突。相信对这些问题进行深入思考后，学生不仅对此案例分析印象深刻，而且对这一领域的感触会更加深入全面。

5. 培养学生的社会责任感，激发其在基层治理中的热情

大学生正处在价值观形成的关键时期，培养其对公共事务的关注度有利于公共精神的建设，吸引大学生关注公共精神治理问题，积极发挥参与社会公共管理活动的权利。

（四）要点分析

1. 没有实施阳光票决制之前，为何村民宁愿选择举报、上访等非制度性参与，也不愿同村干部通过沟通协商解决问题？

首先，村民与村干部之间互相疏远，村民对村干部的认知存在偏差。由于村民的关注点更多偏向自家的生产生活，对于村级选举往往持有消极的逃避态度。受传统思想影响，在村民眼中，村干部可能是花钱买的，也可能是由上级指定好了的，选举只是走个形式。再加上多数情况下，村民是从上级政府的政策中直接受益的，村干部只是负责本职范围内的交交文件、跑跑腿，村民自身的切身利益与村干部瓜葛不多。

其次，公信力不足。公信力来自实际解决问题的能力，而村民上访的原因多是由于自身的实际问题无法在乡村这个熟人社会层面得到解决。他们认为各方利益冲突已无法通过沟通调和，村干部本身或许就牵扯在这场纠纷之中，无法保证中立与公正。找村干部维权是没有结果的抗争，在整个行动中反应迟缓，无人对结果负责，结果问题没有得到任何实质性的责任判定，更谈不上解决。问题又回到原点。

总的来说，归根结底还是信任问题。原子化的个人和碎片化的组织是社会问题的根源，缺乏信息沟通以及这种一直存在的组织关联度和社会凝聚力方面的弊端，造成了村民与村干部之间的疏离。

2. 阳光票决制对于重塑公共精神的意义何在？

阳光票决制不是一方独大，不存在领导与被领导，它是各方自愿参与，有着密切利益关系，以沟通、交流、对话、协商为基本表达方式的有组织的民众参与。作为村委会征求民意的一种方式，它为村民民意的表达提供了理性的舆论空间。

对于重塑公共精神而言，阳光票决制有助于培养村民的归属感和认同感。这里的归属感和认同感指的是一种发自于内心深处的休戚与共的集体意识，更是一种生命共同体的感觉。村民参与村庄公共事务决策，能够增强村民的集体意识和一体感。通过阳光票决制，村民得以接触到村庄事务的具体内容和决策过程，为村庄建设进言献策。在这个过程中，村民的民主意识和参与意识明显增强，参与社会生活的积极性和责任感也不断提升。

阳光票决制有助于建立守望相助的邻里关系。一方面，在充分对话、讨论的过程中，村民与村民、村民与村干部的互相理解有助于矛盾冲突的妥善解决。村民在参与的过程中对村干的态度由猜疑变为了解和信任。另一方面，阳光票决制需要广泛听取意见，通过沟通，村干部与村民能更加了解村庄的具体情况及村庄建设中的利益损害，会有更多方面被纳入决策制定者的考虑范围中，规划更趋完善与周全，从而实现民主决策的良性循环。

阳光票决制有助于村民规则意识的形成。在参与过程中所形成的公共舆论具有改变和约束个人行为的功能，不同于自上而下的强制性行为。通过“参与”“谈判”“协调”等合作的方式凝聚起来的共识，使民众逐步建立起规则意识，良好和谐的秩序得以实现。共识、秩序、目标三者之间既是一个递进关系，也是一个包含关系。只有当村民成为建议提供者和利益维护者，只有民众对村庄事务的参与权、监督权和影响决策的发声权从现实中得到体现，乡村问题才能真正通过内部化、社会化的互动来解决。

3. 案例中，H村采用阳光票决制，完善了村民民主参与的渠道，保障了民众参与制定和选择决策方案的权利。除此之外，还有哪些可以增强民众参与意识、提高民众公共责任感的途径？

尊重民众意愿，听取民众意见，真正把民众对社区建设的话语权落到实处，是提高民众参与热情的关键。具体可以通过以下途径吸引民众参与。

1）建立体现民意，集中民智的信息共享平台

提供信息共享平台，将信息共享提升到新媒体及网站建设上来。例如，社区微信群、网上社区论坛均是很好的社区交流空间，从收集发布信息、组织讨论、与外界合作等方面，可以充分发挥沟通、联络、组织、会聚的功能。

网上信息共享作为社区参与的新公共场域，为增强邻里间的消息沟通与互助互动、针对不确定的公共问题、开展广泛参与的社区对话，提供了全天候的便捷渠道。民意表达不再仅仅只能通过串门、聊天、参会、敲百家门、知百家情等面对面的方式实现，网上信息共享实际上降低了社区管理、民众参与的机会成本。

2）积极培育民众的公共精神

公共精神是扩大民众政治参与的力量之源，它是社会成员在公共生活中对共同生活的理解及居于其中的行为准则、规范、制度等的认可，并体现于客观行动上的遵守、执行。托克维尔认为，公共精神的缺失表现为忙于私人生活，忽视甚至放弃公共生活，不参与公共事务，缺乏认同感，难以采取共同行动。

要突破这一瓶颈，一是要培育民众对公共利益的关心。优化公共领域空间，丰富民众的公共生活，激发民众参与公共生活的热情，提高民众主人翁责任感，消除其政治冷漠、“搭便车”心理。也可以通过发挥宣传的感染力，通过文明引

领的手段促使民众对社区管理、民主政治生活进行独立思考。二是要充分利用政治社会化的途径。提高民众教育水平，使民众懂得如何正确使用法律赋予的属于个人的权利。大力培育参与型政治文化，让民众有机会在实践中积累参与经验。把政治参与内化为民众心中固有的认知，外化为自觉的行为准则，更好地促进民众广泛地、合法地、理性地、有序地参与民主自治过程。

（五）课堂安排

（1）准备阶段（10 分钟）。课程开始后，将学生们随机分为四个小组，每个小组选出一位小组长，由小组长负责整个组的各项事宜。每个组也需选出一位发言人（这里发言人由小组自行决定选出，可以与小组长不为同一人），将小组的讨论结果进行汇总并上台汇报。分好组后，小组成员应该划区域就座，方便交流与讨论。此次案例课的表现记入平时成绩。

（2）案例展示阶段（20 分钟）。由教师将案例需要的照片或视频等影像资料及案例主体等文字资料等展示给学生们，确保学生对整个案例有全面的阅读和理解，做到对案例十分熟悉。展示完案例所有材料后抛出此案例的问题，引导学生分析案例中提出的问题，探求案例背后所体现或意图说明的问题，以便在接下来的展示交流阶段进行汇报。

（3）展示交流阶段（50 分钟）。先由每组的发言人将自己所在的组针对案例问题的讨论交流结果汇报出来，每组发言不超过 15 分钟。然后由其余小组进行提问或质疑（提出的问题限一个，提问精辟的同学可以为本小组加分，反之减分）。发言人应注意逻辑清晰，表达清楚，提问同学要有理有据，发言人的回答要令人信服。最后，由教师对比四个小组的汇报及其面对问题的回答表现进行综合打分，排名第一的小组可以给予奖励并记入平时成绩，表现突出的发言人和提问的同学也给予奖励并记入平时成绩。

（4）教师总结讲解阶段（20 分钟）。教师通过对案例的仔细梳理和分析，为同学们讲解案例中的问题以及案例背后所体现或意图说明的问题。教师需对四个小组的表现进行点评并公布最终得分。讲解点评过程中教师要与学生多进行交流和探讨，着重培养学生多角度、多方位分析问题的能力。在此过程中教师也应注意课堂氛围，使用妙趣横生的语言讲解来吸引同学们的注意力，让学生们更为积极地参与到课堂中。由于一个简单的案例无法从各个方面完整地展现出一类问题，所以案例讲解的最后，在同学们对这个案例思考的基础上再抛出若干令学生深思的问题（这个问题可以是相似的也可以是更深层次的），引发学生们对此类问题的思考，从而有所启发。

（六）其他教学支持

（1）场地支持：选择可容纳全部学生的无阶梯教室，配备足够多的可移动桌椅，以便小组展开案例分析与演绎活动。

（2）多媒体教学支持：教师讲课所要用到的电脑、投影仪和麦克风等视听辅助设备，在案例教学过程中可配合播放与案例相关的视频、照片和其他材料。

第五章　社 会 治 理

第一节　社会治理的概念

近年来，“社会治理”一词越来越多地出现在社会生活与公众视野中。学术界对于社会治理的概念界定并不完全一致。社会治理是在治理基础上发展的。我们要理解社会治理的概念，首先需要了解治理的概念。1995 年全球治理委员会在《我们的全球伙伴关系》的报告中，对“治理”做出了明确界定：“治理是各种公的或私的个人和机构管理其共同事务的诸多方式的总和。”①

了解了治理的概念，我们对社会治理也有了基础的认识。2013 年党的十八届三中全会正式提出“社会治理”一词。孙伟和邴乃翰认为，社会治理是政府、社会自治组织、企业及公民等多元主体在遵守规则和法制的基础上，发挥互动合作、公平民主、协商参与等治理理念，更好地协调政府、市场和社会的关系，以满足公众需求，维护社会秩序，促进社会发展②。陈朋认为，社会治理是基于谋求良性社会秩序的目标，多元主体对社会系统的不同领域、社会公共事务进行组织、协调和管理，进而推动个人发展和社会有序的过程③。

综合而言，笔者认为，社会治理指政府、企业、社会与公民等多元主体，秉持合作、协商、公平、民主等治理理念，通过对话、互动、协商与合作等方式，协调多元主体的利益关系与利益诉求，依法、平等地共同参与社会公共领域活动，或对社会公共事务进行组织、协调、规范，形成政府主导，个人和各种经济社会组织协同参与社会公共事务的合作管理过程，以更好地满足公众需求，最大限度地增进公共利益，最终实现公共利益最大化。

---

① The Commissionon Global Governance. Our Global Neighbourhood[M]. Oxford：Oxford University Press，1995.

② 孙伟，邴乃翰. 习近平总书记关于社会治理论述的基层实践——以即墨前东葛村为例[J]. 领导科学论坛，2019，（3）.

③ 陈朋. 社会治理重在“社会”[N]. 学习时报，2019-04-10.

第二节　社会治理的内涵

第一，社会治理实际上是不断增加的纷繁复杂的社会问题的催生物，是顺应时代变化的策略和选择，它适应了中国社会转型期和社会经济发展的需要。社会治理是对社会体制的创新与发展，它意味着政府职能与行政方式的转变，意味着要合理划分政府的行动边界，实现政社分离，重新定义政府、市场、社会和公民之间的关系。通常上，我们理解的多元主体主要有政府（中央政府、地方政府）、市场（包括各种市场主体，如行业组织、消费者等）、社会（社会组织、社区等）及公民等。社会治理中，公权力仍占据主导地位。

第二，社会治理是对传统社会管理模式做出的适时调整与变革，是建立和谐稳定的现代化社会的需要。它主张打破管理者与被管理者的界限，强调治理过程的基础不是控制，而是协调与合作。它把参与社会公共事务管理的多元主体放在平等的交流互动地位，强调发挥社会诸多力量，即多元治理主体各自的功能，鼓励和支持多元主体积极踊跃参与到社会治理中，形成优势互补，增进多元合作者之间的共同利益。

第三，社会治理从政治学的角度来看是区别于社会管理的。其一，从管理主体数量上看，社会管理是政府对社会的管理，管理主体是一元主体；而社会治理是政府、市场、社会组织、公民等多元主体合作进行管理。其二，从权力运行机制上看，社会管理是政府对社会进行的自上而下的管理，其运行机制是单向的，一般带有强制性；而社会治理是在一定的社会基础上，自上而下的社会管理与自下而上的社会诉求和互动有机结合的治理方式，其运动方向是双向的、协同的。

第四，社会治理指治理社会，是多元治理主体在法治、平等参与、协商合作的基础上，为社会发展而进行合理有序的自主管理过程，也是一个从表达不同利益到整合利益的过程，是一种协调性社会活动。社会治理的本质在于政府与社会的合作共治，公民对社会公共事务的自我管理。它强调社会自治的作用，主张政社互动，多元协商共治，即多个主体自由进入公共领域，平等交流，表达诉求，协商对话，共同合作，实现政府管理、社会调节及居民自治之间的互动与平衡。在各方面良性互动的基础上，建立起多元社会治理体系。基于法治基础上的多元协商共治，并不意味着政府退出，不是“小政府，弱政府”，而是“小政府，强政府，大社会”的共同治理模式①。多元治理主体平等协商合作，从而为公民和

---

① 王名，蔡志鸿，王春婷. 社会共治：多元主体共同治理的实践探索与制度创新[J]. 中国行政管理，2014，（12）.

社会提供更多更好的服务与选择，增进公共利益。

第五，社会治理，涉及政治、经济、社会、文化、环境等方方面面，是一个系统性的庞大复杂工程，也是一个开放、复杂的共治系统。其具有法治性、公共性、民主性、社会性、多元性、开放性和整体性等特征。社会治理需要树立并坚持平等、协商、合作、法治、自律、自治、公平、公开、责任、服务等治理理念。社会治理的手段除了行政与法律手段外，更多的是强调各种公私机构和人之间的自愿平等合作。它以对话、竞争、协商、妥协、合作、集体行动为治理机制。在社会治理过程中，需要正确处理公平与效率的问题。公平是其内在要求。通过多元主体的沟通与合作，从而对社会公共事务进行有效管理，最终实现公共利益最大化，保护最广大人民群众的利益，促进社会和谐稳定发展。

第六，现代社会治理是一个"共建、共治、共享"的过程，人民群众广泛、自主、自觉、民主参与是社会治理过程的关键环节。可见，社会治理的核心思想是以人为本。因此，社会治理需要坚持以人民为中心的价值观，充分尊重人民的主体地位，发挥人民群众的主体作用，激发全民治理活力。

第三节　社会治理的目标

走向善治是社会治理的最终目标。治理理论提出"治理"的目标是"善治"，即帕累托最优或者说公共利益最大化。社会治理是政府、社会与公民等主体对社会公共生活进行合作管理的过程，它通过多元主体的平等参与及合作互动协商，考虑与协调各方面的利益诉求，促进社会资源和社会资本的最优配置，提高公共资源的配置效率，最终实现公共利益最大化的目标，切实保障和维护最广大人民群众的切身利益。

善治，是人类社会管理的最佳状态和最有效的方式。走向善治是社会治理的最终目标。改革开放40多年以来，从提出"把政府职能切实转变到宏观调控、社会管理和公共服务方面来"到确立"创新社会治理体制，推进国家治理体系和治理能力现代化"的改革部署，形成了"实现公共利益最大化"为善治方向和目标的社会轨迹[①]。

政府与社会、政府与公民共同治理社会公共事务、共享改革发展成果是善治的本质特征，以人民对美好生活的向往为奋斗目标，改善民生、实现发展成果由人民共享，是走向善治的应有之义。因而从这一角度来看，在研究社会治理目标

① 詹国彬. 走向善治：以十九大报告精神为指引开创社会治理新局面[J]. 南京审计大学学报，2017，（6）.

时，我们又可以将善治的目标更加详细地分解为以下几个具体目标来分析。

（一）有效应对和解决社会突出问题

由于资源和能力的相对有限性，单向度的政府行动和举措已经难以有效面对深层次、根本性变革及各种层出不穷的社会问题。单一的政府力量难以迅速、灵活、高效地调节各种利益冲突，化解社会矛盾，回应社会诉求及应对社会危机和突发性公共事件。而社会治理能够充分发挥政府主导作用与社会主体作用，遵循集体行动逻辑，有效应对各类社会公共问题，是解决社会突出问题与应对社会公共危机的有效途径。

（二）更好地满足人民需要，增进人民福祉，构建幸福社会

随着社会经济的发展，人民对美好生活的需求日益广泛，同时对社会生活各方面提出了更高的需求。通过更加完善的社会治理，不断满足人民日益增长的美好生活需要，不断促进社会公平正义，形成有效的社会治理与良好的社会秩序，使人民获得感、幸福感、安全感更加充实，更有保障，更加可持续。

社会治理既强调政府职责，同时又鼓励和引导社会诸多力量积极参与，通过多元协商合作，提高公共服务和公共产品供给效率与质量，从而更好地满足公众需求，保障和改善民生水平。社会治理也为社会成员创造了更好的生存和发展条件。在某种意义上，它是构建幸福社会（后工业化阶段更高层次的状态，体现在社会民众生活质量的全面提升方面）的方法和过程。实施有效的社会治理，能够有效化解社会矛盾，激发社会活力，维持社会良好秩序，促进社会和谐稳定发展。

（三）促进社会的公平正义，构建公正社会

公平正义是人类对社会的永恒追求。促进社会的公平正义是社会治理的内在要求。现代社会所要建立的社会是一个开放、自由、民主、公正、平等、和谐的社会，是使每个公民有充分的权利及自由去追求幸福的希望和实现这种希望的机会的公正社会。

改革开放40多年以来，我国在医疗、教育、卫生、社会保障、区域和城乡发展、基础设施建设等公共领域一直存在制度不完善、机会不均等及资源配置不平衡等问题。如果任由这些不公平、不平等现象发展，对于整个社会的稳定和发展

都是不利的。社会治理就是要不断推进和完善在教育、医疗、社会保障等方面的体制机制改革，不断促进公共资源合理配置，以不断化解社会矛盾，促进社会更加公平公正。从“做大蛋糕”到“分好蛋糕”，让人民群众得到实惠、看到希望；让改革成果更多更公平惠及全体人民，围绕教育、就业、医疗、养老、住房等民生问题，协调与维护好群众的利益，不断促进社会的公平正义，逐步实现全体人民的共同富裕，构建一个健康稳定的社会。

第四节 社会治理的原则

社会治理的目的是维护国家安全和社会秩序，确保人民安居乐业，促进社会和谐稳定，最终保障社会的良性发展。为了有效实现社会治理的目的，更好地推进社会治理发展，我国社会治理需要遵循以下基本原则。

（一）公开原则

公开是社会治理获得人民群众理解和支持的基础，也是社会治理顺利推进的前提。凡涉及社会治理和公共利益的重大政策和措施，都应当让人民群众充分知情，广而告之。社会治理坚持公开原则是十分必要的。一方面，社会治理公开不仅可以满足人民群众对社会事务的知情权，也可以满足其对社会信息的需要，激发群众参与社会事务治理的主动性和积极性。另一方面，公开可以成为监督社会治理的一条重要途径。社会治理公开应包括治理基本信息公开、治理过程公开和治理结果公开，让群众能够在公开透明的前提下对治理活动进行客观公正的评价，有效防止社会治理中出现专断和腐败的行为，推动社会治理朝着廉洁公正的方向发展。

（二）法治原则

法律是治理国家的重要武器，良法是实现善治的首要前提。国家的所有治理活动都是以法律为底线，而法治可以明确法律在社会中的最高权威，也可以明确其介入社会生活和调整社会生活的正当性。因此，社会治理需要强调法治原则。社会治理遵循法治原则就是要依法治理，各个治理主体都要维护法治的公平正义，都有守法的义务，谁也没有法律之外的特权，从而实现依法办事和法治治理。社会治理需要坚持法治原则，以法治思想和法治方式促进治理活动的法治化，从而培养全体社会成员崇尚法律、敬畏法律、遵守法律的良好习惯，在社会中营造依法办事、用法解决问题、靠法化解矛盾的法治环境。

（三）人本原则

人本原则即以人为本，它是企业进行科学管理的一种普遍性原则。企业管理遵循人本原则，以达到充分激发员工的积极性和创造性，使企业得到更好发展的目的。除了企业管理领域，人本原则同样适用于社会治理。人是社会最基本的组成单位，任何社会活动都离不开人的作用。社会治理，说到底，就是对人的服务和治理。社会治理的主体由人民组成，其治理目标旨在确保人民安居乐业，提升人民的获得感和幸福感，其治理成果最终由全体人民共同享有。因此，社会治理需要遵循人本原则，始终坚持以人为本、坚持走群众路线，不断深入群众、为群众着想，以此激发人民群众积极主动地投入社会事务的治理中，促进公共参与的发展，实现社会的自我管理和自我服务。

（四）多主体参与原则

与社会管理将政府视为管理主体并对社会进行管理和控制不同，社会治理侧重于多元主体共同参与对社会事务的管理。现阶段正是我国社会全面加速转型的时期，利益群体的多元化和社会需求的多样化要求社会治理主体必须多元化。改变传统社会管理由单一主体对社会公共事务进行管理的方式，构建由党委领导、政府负责、社会协同、公众参与的多元化社会治理主体，充分发挥党委、政府、市场、社会组织和公民个人在治理公共事务中相互配合、相互补充的作用，打造良性互动的社会治理格局。坚持多元主体参与社会治理，就是要让社会治理回归其本质要求，社会的事情社会抓，大家的事情大家办。各个治理主体在各自负责的领域中发挥着作用，同时多元治理主体之间也需要协商合作，形成社会治理的强大合力，共同推动社会的进步发展。

（五）民主化原则

随着社会的不断前进和政治文明的高速发展，社会治理的主体由单一转变为多元，公民成为社会治理中十分重要且不可或缺的一股力量。这意味着社会治理必须要坚持民主化的原则，增加公民参与社会公共事务治理的形式，拓宽公民利益诉求的渠道，积极鼓励公民有序地参与政治生活。社会治理主体做出的决策关系到全体社会成员的公共利益，这就要求决策必须充分体现民意。社会治理坚持民主化原则能够广泛吸取社会各方意见，实现人民群众的利益表达，使得决策过程更加民主规范、决策结果更加科学高效，避免决策的随意性和盲目性，促进社会治理各个主体科学民主决策，推进社会治理能力的现代化。

（六）基本公共服务均等化原则

基本公共服务均等化原则是指一国社会全体公民在国家范围内能够公平地获得由政府主导提供的，大致均等的与基本生存权和发展权相关的一系列公共服务。它是维护社会公平，实现人民共享社会发展成果的必然要求。党的十八大报告首次提出“基本公共服务均等化”的要求，并且在“人民生活水平全面提高”目标中最先强调的是对这一要求的总体实现。由此看来，基本公共服务均等化不仅是社会建设的重要目标，也是社会治理的重要原则。社会治理遵循基本公共服务均等化原则就是要均等地考虑到每位公民的基本权利和利益诉求，使得社会发展成果惠及全体人民群众。社会治理能够通过实现基本公共服务均等化来消除社会中的不和谐因素、化解社会矛盾和冲突，促进社会发展的公平正义。

（七）可持续发展原则

可持续发展是一种既能满足当代人的需求，又不对后代人满足其需求构成威胁的发展。经济发展、环境保护和社会进步是共同构成可持续发展系统的主要内容，而社会进步是可持续发展的最终目标。社会治理是社会发展的必然选择，也是推动社会良性运行的重要手段。社会的进步需要有效的治理，而有效的治理需要坚持可持续发展的原则。社会治理可持续发展原则要求各个治理主体协调配合，制订并实施科学高效的治理方案，治理过程中要讲究循序渐进同时追求稳妥有效，最终实现社会持续、稳定、健康的发展。社会治理坚持可持续发展原则既能够让当代人享受到社会进步的发展成果，又能够为后代人持续享有社会治理成果提供有力保障。

第五节　社会治理的方法

如今的社会正处于高度发展阶段，国家和人民都已享受到社会进步带来的诸多利益。然而当前，我国社会治理生态依旧十分复杂，各种不断涌现的新问题和新挑战不容忽视，如社会主要矛盾发生变化、社会不稳定因素仍然存在、国家安全面临新挑战等。传统的社会治理方法已难以应对这些新情况，因此我们需要加快转变社会治理的方法。

（一）坚持系统治理

社会治理是一项系统工程，既要考虑整体又要兼顾局部。党的十九大报告明确指出，要“完善党委领导、政府负责、社会协同、公众参与、法治保障的社会治理体制”，实现社会治理的“共治”①。社会是全体人民的社会，社会治理是千百万群众的共同责任。对此我们需要改变由政府主导管控的方式，注重发挥社会各方参与的力量，形成社会治理的强大合力，实现多元主体共同治理，做到系统治理。具体而言，就是要始终坚持党的领导核心地位，加快转变政府职能并充分发挥其主要负责作用，不断激发社会组织的活力使其成为社会治理的重要力量，支持和鼓励公民积极参与公共事务的管理，调动社会各方资源使其各归其位、各担其责，实现社会的系统治理。

（二）坚持依法治理

依法治国是国家治理的一项重要战略，依法治理是践行依法治国的一项重要手段。习近平总书记强调：“法律是治国之重器，法治是国家治理体系和治理能力的重要依托。”②若想保障社会和谐稳定长治久安，社会治理必须坚持依法治理，走法治化道路。法治作为社会治理的最优模式，具有权责明晰、程序公平、稳定社会预期的优势③。在社会治理中，要加强法制建设，发挥法治引领、保障的作用，增强社会法治意识，倡导全社会树立法治思维，运用法治思想和法治方式解决社会治理问题。

（三）坚持综合治理

社会治理涉及面广泛，治理内容也十分庞杂，它是一项综合性的工程。这意

---

① 习近平. 决胜全面建成小康社会 夺取新时代中国特色社会主义伟大胜利——在中国共产党第十九次全国代表大会上的报告[N]. 人民日报，2017-10-27.

② 习近平：关于《中共中央关于全面推进依法治国若干重大问题的决定》的说明[EB/OL]. http://jhsjk.people.cn/article/25926150，2014-10-28.

③ 孟建柱. 深入推进社会治理创新进一步增强人民群众安全感——学习贯彻习近平总书记关于加强和创新社会治理重要指示[J]. 社会治理，2016，（6）.

味着仅依靠单一的治理手段无法实现有效的社会治理，需要采取多种方式并用的手段，做到综合治理。首先，要强化道德约束，运用道德手段规范社会成员的行为，善用道德的教化作用培养他们的社会公德和个人品德。其次，要建立社会行为规范体系，营造良好的社会环境。通过践行社会主义核心价值观培育社会成员的社会责任心和责任感，凝聚全体公民的社会共识，为推进和谐社会共同奋斗。最后，采用民主的方式化解社会矛盾，利用协商、合作、平等方式调节社会各方的利益关系，推动社会柔性、动态的治理。

（四）坚持源头治理

任何治理活动要实现其治理目标，都必须标本兼治，尤其坚持重在治本。重在治本讲求从源头治理，从根本上预防和解决问题。社会治理要实现善治就要坚持源头治理，将治理重心从事后处理转向事前预防，提升预防、化解社会矛盾的水平。具体的做法如下：第一，在制定政策或进行决策之前，需要广泛征求群众意见，充分了解群众真实需求，保证相关政策和决策能够保障群众利益、满足群众要求。第二，在社会治理中要坚持治理信息公开，拓宽群众的诉求渠道，实现群众的利益表达。第三，还可以通过实行网格化管理和建立社会风险预警及应对体系，促进社会治理能力的专业化和智能化。

案例 “限行”字诀枉自多 北京无奈“堵城”何?

一、案例主体

摘要：从各个国际化大城市的交通发展过程来看，交通拥堵作为城市化的副产品是城市发展必然要面对的一个问题，也是严重制约城市继续发展的一个“毒瘤”。本案例以北京市为例，分析了北京市的交通状况和相关的现行措施，探讨了通过科学有效的城市交通管理手段，合理组织道路交通流以缓解交通压力，着重分析了疏通拥堵路段的重要性和方法。

关键词：交通拥堵；北京市；摇号限行；道路拥堵税

随着我国城市化的不断发展，交通拥堵成为困扰我国各城市发展的一个严重问题。高德地图发布的《中国主要城市交通分析报告》显示，2018 年第二季度，全国 361 个城市中有 15%的城市通勤高峰受拥堵威胁，59%的城市通勤高峰处于缓行，仅有 26%的城市通勤不受拥堵威胁。而严重的交通拥堵，不仅给人们造成出行困扰，更在无形中造成空气污染和人们的经济损失，同时也会对我国经济的持续、健康发展和和谐社会的构建构成威胁。如何更好地缓解交通拥堵问题，是每一个城市都面临的重大难题。北京市是我国交通拥堵问题最为严重的城市之一，其缓解交通拥堵的措施更加全面，更加具有代表性，对北京市交通拥堵问题及措施的分析，对其他城市具有借鉴意义。

（一）案例内容

1. 北京市交通状况：北京市是我国的首都，同时也是全球范围内知名的大城市

北京市行政辖区总面积 16 410 平方千米，市区面积 735 平方千米，截至 2017 年，北京市人口数量为 2 170.7 万人，私家车保有量为 564 万辆，交通压力十分巨大。数据统计显示，北京市拥堵延时指数为 2.095，位列全国城市之首，早高峰道路网常发拥堵的路段为 249 条，共 50 千米，晚高峰常发拥堵路段为 555 条，110 千米；高峰期平均每分钟拥堵 495.81 千米，拥堵里程相对全路网比为 11.8%。在北京拥堵的高峰路段，车辆的平均车速为 22.4 千米/时，每分钟仅挪

动 370 米。而交通拥堵给北京市带来的损失也是不容忽视的。中国财经网调查显示，2017 年上半年，北京因交通拥堵造成的货币损失高达 1 097 亿元以上，人均损失达 5 056 元。

作为中国代表性城市、超大城市，北京市的发展关系重大，而严重制约其发展的交通问题已然存在多年，因此，解决北京市的交通拥堵问题已经刻不容缓。首先，我们来分析一下造成北京市交通拥堵问题的原因。

2. 北京市交通拥堵原因分析

1）交通供给与交通需求失衡

王林在《城市交通拥堵的经济学治理研究》一书中提到，城市交通拥堵最主要原因是私家车增长速度超过道路供给的增长速度，载客量较少的私家车迅速增加，导致城市道路单位时间的通过人数降低，遏制物流量；同时，公共交通发展滞后，交通管制的理论与措施跟不上。而北京市人口的增加、机动车保有量的上升都在印证这一观点。北京市的人口已经超出计划范围：国务院批复的《北京城市总体规划（2004—2020 年）》显示，至 2020 年，北京最高承载力是 1 800 万人，而北京 2016 年就超过了 2 100 万人。而随着经济的发展，机动车进入了人们的生活，并在短时间内迅速发展。据报道，北京市机动车从 1950 年的 1 757 辆发展到 1997 年的 100 万辆，经历了 48 年；而从 100 万辆发展到 200 万辆只用了六年半的时间，这一状况还将随着汽车价格的进一步下降而持续发展。如今，北京市机动车数量已逾 500 万辆。庞大的人口和机动车的数量也昭示着庞大的交通需求，那么北京市的交通供给又是怎样的情况呢?

北京市的城市形态属于团块状，这种形态多分布于平原地区，城市地形比较平缓，没有自然障碍阻隔，因而比较有利于城市交通的发展。2018 年北京市市中心城区的建成区道路里程达到 5 112.1 千米，路网密度为 5.59，整体偏低，而同为团块状形态的上海市中心城区建成区道路里程虽为 4 012.0 千米，但路网密度却达到了 7.10。从北京市和上海市的城市行政区路网密度分布图可以看出，北京市路网在中心区密度很高，其他地区密度却较低，而上海市路网密度分布相较于北京市是较为均衡的，这与其城市发展的多中心化有关。对于交通问题，北京市已经投入了巨大的资金，例如，“十二五”期间交通领域固定资产投资达 3 300 亿元，但这些资金多用于骨干道路的建设，而低等级的建设较为迟缓，使得北京市各行政区的城市路网密度并不均衡。根据《中国主要城市道路网密度监测报告（2018 年度）》，北京市西城区和东城区的路网密度分别达到 8.06 和 7.31，而朝阳区、海淀区、丰台区和石景山区则分别为 5.39、5.54、5.34、4.42，差距较大。目前北京市快、主、次、支路级配结构为 1：

2.5∶1.7∶11.5，致使路网密度整体较低。

北京市现今的道路状况与其早期单中心式的城市规划是有相关联系的，北京市早期过于重视市中心地区的规划和发展，导致大量的城市功能在中心地带聚集，形成明显的向心式交通流，为数不多的干道承担了太大的压力。虽然北京市针对中心城区交通问题实施了道路拓宽、建设快速路环线等缓解交通压力的举措，但由于北京市“摊大饼”式的道路发展结构，北京市以中心地带为中心放射状向外发展的环形放射式结构的道路网已经定型，难以形成多中心的道路体系。因而，一方面，中心地带的交通问题亟待解决，政府加大力度缓解其压力；另一方面，中心地带道路的拓宽和建设进一步诱导开发商进行高密度土地开发，促进了人群和城市功能的聚集，导致交通需求进一步增大，从而形成了恶性循环。

2）交通运行结构不合理导致路权分配的不合理

健康发展城市道路运输结构的科学合理方法是保证居民城市公共交通出行的绝对优势，而保障公交优先的城市路权分配顺序应该依次是公交车、自行车、行人、出租车，最后才是小汽车。公交车道可以让校车、班车行驶，但必须严格限制其他非公交车行驶。而路权的分配实际上与交通运行结构息息相关。北京市人口众多，现有的公共交通承载力不足，导致人们的出行选择倾向私家车出行。以北京市中关村南大街为例，据相关调查，早高峰时期私家车占道路车辆总数的75.5%左右，中午时段和晚高峰时期私家车分别占道路车辆总数的50.1%和75.2%。运载少、容量小的私家车成为道路主体，这在一定程度上降低了道路的使用效率。而随着经济水平的提高和道路的拓宽、新道路的建设，选择舒适的私家车出行的人数将会越来越多，拥堵又将成为一个解不开的死结。

3）市民环保意识和守法意识薄弱

私家车实际上并不是一种生活必需品，但当今中国，有一辆车似乎成为一项人生目标。在尾号限行的北京，还有买两辆甚至几辆车以满足自身需求的情况，这归根结底还是思想建设不够，人们意识不到环保出行的重要性。在德国，虽然私家车保有量大，但私家车多用于周末购物、娱乐出行，而日常上班出勤则多选择公共交通，因此缓解了大部分交通压力。在中国，人们则是有车就要开，没车就得买，对于车辆造成的环境污染和交通拥堵却视若无睹。人们理所当然地认为开车上路是自己的权利，但对于开车造成的外部成本却要由政府和更多的群众来承担。另外，行人和电动车、自行车等无法进行违法追踪处罚的人群，由于违法成本低，自身守法意识薄弱，不按信号灯指示要求过马路、违规抢行的行为时有发生，扰乱交通秩序，加剧交通拥堵。

3. 北京市缓解交通拥堵的措施

北京市作为中国重要城市之一，交通拥堵问题严重阻碍了其进一步发展。为此，北京市政府针对交通拥堵出台了很多政策措施，下面我们来看一看这些措施的具体内容。

1）买车摇号

据《〈北京市小客车数量调控暂行规定〉实施细则》的规定，从 2010 年 12 月 23 日起，北京市小客车购买指标将以摇号方式无偿分配。指标管理机构每月 26 日组织摇号，公证机构依法予以公证。摇号结果和配置指标确认通知书将在指定网站上予以公布。而对于有资格参加摇号的个人，也有了新的限制。有资格摇号的个人名下必须没有本市登记的小客车，并持有驾驶执照，即一名驾驶员限购一辆车。除此以外，能够申请摇号的个人须满足以下五类情况中的一种：①北京市户籍人员；②驻京部队现役军人和现役武警；③持有有效身份证件并在京居住一年以上的港澳台居民、华侨及外籍人员；④持有有效《北京市工作居住证》的非本市户籍人员；⑤持有北京市有效暂住证且连续 5 年（含）以上在北京市缴纳社会保险和个人所得税的非北京市户籍人员。这意味着非京户籍的内地在京居住者，如果没有暂住证、北京居住工作证或没有连续缴纳 5 年（含）以上社保和个人所得税的个人，将不能在京购买小客车。

2）限行措施

除买车摇号以外，《〈北京市小客车数量调控暂行规定〉实施细则》还明确提出：北京市机关、全额拨款事业单位不再新增公务用车指标。在 2010 年 12 月 23 日发布会上一同公布的还有《关于对非本市进京载客汽车采取交通管理措施的通告》与《北京市非居住区停车价格调整方案》。根据这两项新措施，自 2011 年 1 月 1 日起，即使持有进京通行证，非北京市载客汽车在工作日 7 时至 9 时、17 时至 20 时两个时段，禁止在五环路（含五环）以内道路行驶。从 2011 年 4 月 1 日起，北京三环以外的占道停车费价格将下调。停车收费调整计时单位由原来的半小时改为 15 分钟。

3）车辆数量限制措施

2011 年度小客车总量额度指标为 24 万个（平均每月 2 万个）。指标额度中个人占 88%，营运小客车占 2%，其他单位占 10%。

2015 年普通小客车指标额度为 12 万个。其中，个人指标占年度指标的 88%，为 10.56 万个，按照整数平均分配原则，每期配置 17 600 个。

2016 年小客车指标年度配额为 15 万个，与 2015 年的指标总额相同。其中，普通小客车指标额度 9 万个，示范应用新能源指标额度 6 万个。另外，普通小客车个人指标额度占年度指标配额的 90%，单位指标额度占年度指标配额的 6%，营运小客车指标额度占年度指标配额的 4%。

根据北京市《关于 2017 年小客车指标总量和配置比例的通告》《北京市小客车数量调控暂行规定》，2017 年小客车指标年度配额为 15 万个，其中普通指标额度 9 万个，示范应用新能源指标额度 6 万个。2017 年小客车指标配置比例如下：①普通小客车指标。个人指标额度占年度指标配额的 92%，共计 82 800 个；单位指标额度占年度指标配额的 6%，共计 5 400 个。②营运小客车指标额度占年度指标配额的 2%，共计 1 800 个。

2018 年小客车指标年度配额为 10 万个，其中普通指标额度 4 万个，新能源指标额度 6 万个。2018 年小客车指标配置比例如下：①普通小客车指标。个人指标额度占年度指标配额的 95%，共计 38 000 个；单位指标额度占年度指标配额的 4%，共计 1 600 个。②营运小客车指标额度占年度指标配额的 1%，共计 400 个。

4）交通规划

2018 年 3 月 14 日，《2018 年北京市缓解交通拥堵行动计划》正式发布。

主干道和支路建设：根据《2018 年北京市缓解交通拥堵行动计划》，2018 年北京加快推进西外大街西延、通马路、丽泽路等城市快速路的升级改造工作。同时，部分道路也提级为城市快速路。

建设城市副中心：北京市进行了市区副中心的交通建设。根据 2018 年的交通缓堵计划，位于城市副中心的东夏园综合交通枢纽开工建设。主干路广渠路东延继续推进建设。采林路东延工程于年底建成通车。

重点路段改造：北京还针对重点拥堵道路进行疏堵改造，通过“小手术”缓解交通拥堵情况。目前，大山子路口改造等 100 个项目已经列入计划表。

轨道交通：实现轨道交通 6 号线西延（海淀五路居—苹果园南路）和 8 号线三期、四期（珠市口—五福堂—瀛海）开通试运营。加快推进轨道交通新机场线、22 号线、7 号线东延、12 号线、14 号线剩余段、16 号线、17 号线、19 号线、28 号线、燕房线支线等线路建设。完善轨道交通站点接驳换乘条件，调整优化轨道交通与地面公交接驳线路布局，加快轨道交通站点周边自行车道和步道建设。在部分重点轨道交通站点周边建设驻车换乘（P+R）停车场。开工建设京张高铁清河站配套交通接驳设施，推进丰台火车站、星火火车站配套交通接驳设施建设。研究市内交通枢纽与民航机场的快速接驳方式，推进北京新机场丽泽航站楼配套交通接驳设施建设，探索在东直门综合交通枢纽内设立值机设施。

公交建设：加快马官营、首钢二通厂公交场站提级改造，开工建设东小营公交中心站，完成土桥公交中心站建设，推进慧忠里公交站、明月湾公交站、环球影城公交站等一批公交场站建设。加大公交专用道施划力度，新增公交专用道 40 千米以上，形成连续的公交快速通勤走廊。加强地面公交运行状况动态评估，优化公交线网布局，新开、优化调整公交线路 40 条以上。

静态交通管理：在停车管理方面，2018 年《北京市机动车停车条例》出台。该条例在全市明确允许停车区、临时停车区、禁止停车区范围，做好停车位总量控制，增加居住“刚需车位”。利用市场化手段，鼓励社会资本参与地下公共停车场建设、运营和管理。同时组建静态停车秩序管理专业执法队伍，加强停车位治理。

（二）案例分析：北京市种种措施的损益分析

1. 摇号政策

为了最大程度上缓解和治理北京交通拥堵问题，2010 年 12 月 23 日，北京市人民政府对外颁布了《北京市小客车数量调控暂行规定》，试图通过买车摇号来限制北京市的机动车数量。摇号购车政策压制了北京市内机动车数量的增长，据统计，自从北京摇号政策出台后，北京的购车需求数量从 80 多万辆减到 20 多万辆，控制了汽车的增长速度，缓解了交通压力，从政策制定的价值方面看，它的确有值得肯定的地方。然而换个角度，我们可以看到，这项政策在公平、弹性、监管、民主等方面依然有所欠缺。

首先，该政策缺乏公平性和弹性。公平与效率兼顾是社会安定和发展的必要条件，也是评价一项政策的重要指标。而买车摇号政策是否做到了公平和效率的平衡呢？并没有。买车摇号政策刚性有余而弹性不足。买车摇号涉及的利益主体有政府、企业、购车者（车主）和社会大众，我们讨论公平性，涉及的利益主体是购车者和社会大众。首先，购车者购车需要受到限制，原因在于车辆上路影响了公共交通，损害公共利益、造成社会外部成本。在这种前提下买车摇号政策才有意义，否则将损害购车者利益。而这种情况下，环保意识强、主要活动地点在郊区等对公共交通影响小的这类车主却要和环保意识差、主要活动场所在中心区的车主受到同样的限制，这对于前者来说就是一种不公平，这也是此政策缺乏弹性的一种表现。另外，购车摇号政策采取一轮不中者自动累加到下一轮的方式，目前，首批摇号的中标率是 135：1，而自动接收上一轮未中者的方式必导致中签概率将不断被稀释。虽然政府曾表示将增加先摇号者的中签率，但是在如此庞大的摇号群体面前，中签概率已经极低，就算有所偏重也不会对结果造成太大的影响。而这种情况就会导致不中签者“越摇越遥”，而有的人却是“一摇即中”，两者产生对比，凸显了摇号政策的公平性和弹性的欠缺。而且买车也有缓急之分，摇号政策却并不考虑这一因素，完全“一视同仁”，导致着急的人只能干着急，真正有需求的人得不到最好的满足。

其次，在权责划分上不明确。虽然对进入摇号池的车主进行了规定，但依然会有一大部分的车主空占名额。为了摇号全家上阵以增加中签率的情况比比皆是，而摇号不买车的情况也并不少见。名额的浪费对于急需用车者来说是不公平的，然而对于这种情况，政府并没有对摇号者的权利与责任进行规定，摇号者只有摇号的权利，对于浪费名额的责任却不需承担，也不会受到任何惩处。

还有民主问题。在决策制定过程中，由于摇号购车措施本身的漏洞，购车者的利益和公众的利益无法兼顾，导致很多购车者心生不满。那么摇号购车是否是人们心之所愿呢？调查问卷显示，北京市市民认为造成交通拥堵的主要原因大多为违规现象过多（60.82%）、交通部门监管不力（62.89%）、道路不完善（75.26%）、公共交通系统不完善（53.09%），而认为车流量过大导致交通拥堵的只有被调查者的28.35%。在“是否被征询过对购车摇号政策的意见或建议”这一问题的回答中，只有8.25%的人表示有被征询过意见，而52.58%的人表示“会主动向有关部门提出关于摇号政策的意见或建议”。这表示摇号政策制定时有失民主。

事实上，北京市的购车摇号政策还带来了其他的问题，如“背车族”、车牌拍卖、车牌出租等。同时，利用灰色预测理论对摇号购车政策对北京市机动车保有量的影响进行的研究显示，购车摇号政策确实限制了北京市机动车保有量的增长，但数据分析也显示这一政策具有短期有效性，也就是说，摇号购车政策只能作为临时手段，是不可能长期实行的。

2. 限行政策

限行政策即尾号限行或单双号限行，是出现较早的一项治理政策。私家车限行使市内的车辆有一部分处在停驶状态，减少了上路车辆数量，缓解了交通拥堵压力。然而这项政策对于私家车主而言，实际上并不友好。因为在强制停驶状态的私家车并不能发挥其作为私人财产的作用，车主在这种情况下实际上丧失了对其财产的使用权，车主的权利是受到损害的。社会学对于政策制定有一个专门的词语叫“政策善意”，即政策制定应该以公众利益为准绳。那么当公众利益与个人利益或是小群体利益发生冲突时，个人利益或是小群体利益理应做出让步，但是同时，为了使个人或者小群体也能感受到“政策善意”，在制定有损他们利益的政策时应对其进行一定的补偿。那么在限行政策中，如果私家车主的利益受到损害之后却并没有对其出行进行补偿（如减少其他出行成本等），这种情况下，“政策善意”就没有得到体现。

在政府提倡“提高群众幸福感”的当今社会，公共政策也应该努力做到兼顾利益冲突群体的利益，把“政策善意”提高到最高点。那么限行政策应该如何对小群体利益做出补偿，以达成“政策善意”呢？笔者认为，可以通过降低高额购车税、燃油税来降低购车成本，或者降低公共交通的使用成本，提供免费公共交通。同时，对于使小群体受到利益冲击的公共政策，政府有必要也有义务使群众知晓政策实行的必要性，尽量避免群众由于不理解而产生消极抵抗情绪，损害“政策善意”。

3. 提高停车费

“禁”“限”这种行政手段显然使群众对政府的强硬感到反感，因此政府开始考虑运用经济手段来降低小客车使用强度。2011 年 4 月，北京市大幅提高了市中心城区的停车价格，成为继“限购”“限号”之后的又一剂“治堵”猛药。通过价格杠杆来调控城区内车流量的效果是显著的，但同时对于工薪阶层而言，涨价使刚过上的好日子成了苦日子。

从事销售工作的赵菲在国贸上班，如果不开车，从她家到公司需要先步行 15 分钟，再换乘一次公交、三次地铁。由于早高峰出租车不好打，开私家车成了她上下班的最佳选择。但令她心疼的是，本月工资的 1/3 都将用于停车。赵菲算了笔账，按照新标准，以每天最少工作 8 小时计算，现在一天要交停车费 115 元，比原来多支出 90 多元。此外，由于小区停车位不够，赵菲原本租用小区外的停车位。该车位月租也从原来的 300 元涨到了 600 元。这样算下来，每月停车费支出约是原来的 3.5 倍。停车费的增加使工薪阶层不好过，主要是因为公共交通的不便利。如果公共交通能够满足他们的出行需求，那么这种困扰自然就会消除。

但是用经济手段达到公共目的这种方法是可行的，我们可以看到市中心停车量和车流量的降低。虽然在高峰期还是会拥堵，但拥堵时长明显变短。而且经济手段相对而言更加灵活，在其他条件可以满足的情况下，经济手段是最高效的调控手段。

4. 城市规划

无论是“限购”“限行”还是提高停车费，对于有车族而言都是一种折磨，而且也并不能从根本上解决拥堵问题。“限”字诀绝不是交通拥堵问题解决的关键，关键在于完善的公共交通、合理的道路规划和城市建设。北京市的公共交通还没有到顶峰，对于道路和城市建设也有很长的路要走。在这些问题中，找到主要症结、分清其中的轻重缓急才是关键。当下政府需要做的是尽快发展城市副中心，将城市职能分散开，减轻中心地区的道路压力。对于城市支路的建设应该更加紧迫，对于主干道的建设可以先放缓进行。但是这绝不是一朝一夕就可以完成的，在这种情况下，进行短期的“限”“禁”和运用经济手段减少车流量就是缓解交通压力的最好方法。

同时，在大数据、云计算高速发展的当今社会，将科技成果引进道路治理也成为政府可以选择的一个方案。政府可以和地图软件商合作，运用各个路段的实时监控进行拥堵程度计算，进行“拥堵预警”，并进行引导分流。不管是北京市还是其他城市都欠缺对于具体拥堵路段的预防和疏散，如果能够在城市规划、限制车流量的同时进行具体路段的车辆控制，则可以把拥堵扼杀在萌芽阶段。备受争议的拥堵费就是在这种前提下进行的进一步举措，也是运用经济手段分流车流。

交通拥堵费在 20 世纪 70 年代就被提出来，但目前很多国家依然在研究阶段，真正实施的只有伦敦、多伦多、特隆赫姆等城市。在 2014 年北京发布的《北京市2013—2017年清洁空气行动计划重点任务分解2015年工作措施》将征收拥堵费列入重点工作措施，之后又多次提出对拥堵费进行可行性研究。交通拥堵费是指向在高峰时段行驶在拥堵路段的车辆征收额外费用，利用价格机制对车辆在城市道路网络时空上的分布进行调节，以达到治堵的目的。其理论架构分为静态拥堵道路收费（边际成本定价理论）和动态拥堵道路收费（排队论）。

新加坡是最早征收交通拥堵费的国家。随着科技的发展，1998 年 9 月，其征收方式由人工收费转为电子收费系统收费，运用电子设备来代替人工哨兵。伦敦于 2003 年开始征收拥堵费，除公交车、警车、救护车、市政工程车辆、残疾人所乘车辆以外，其他车辆在工作日 7：00—18：00 时段进入中心城区都需要支付费用。斯德哥尔摩从 2007 年开始征收交通拥堵费，其在征收拥堵费的同时还大力加强公共交通建设，提倡绿色出行，可以说是利用拥堵费治堵最成功的一个城市。

那么这些城市除了征收交通拥堵费，还有哪些配套措施呢？据统计，利用电子系统收费以来，新加坡市中心的车流量减少了 13%，高峰时段的平均车速提高了 20%。2014 年，新加坡高速公路的平均车速为 64.1 千米/小时，中央商务区和市区主干道车速为 28.9 千米/小时，均达到陆交局所制定的标准，但是这种成效并不仅仅只是拥堵费的功劳。新加坡有一项除了交通拥堵费之外每个车主还必须面对的政策，即拥车证政策。在新加坡，拥车证每月拍卖，目前小型私家车的车牌大概是 5 万新元（约合人民币 30 万元），有效期只有 10 年，到期需要重新购买。而且新加坡购买车辆的价格也并不便宜（车辆的进口税高达市场价的 45%），所以对普通民众而言，私家车算是一项奢侈品。在这种情况下，新加坡的小汽车保有量被压缩到了极低的程度。另外，新加坡是一个人多地少的国家，但是其建国初期便有合理的城市规划。新加坡曾在建国初期聘请联合国专家，用 4 年的时间编制了整个新加坡范围概念性的未来 30~50 年城市空间布局、交通网络、产业发展等规划，其街区和道路设计合理、规范，一步到位，同时考虑车辆和行人的长远需求。1991 年，政府又在现有规划的基础上进行修编，此后，每隔十年，政府都会修编一次城市建设规划，并制定新的目标。目前，新加坡有约 12%的土地用于建造道路，而用于建造住屋的土地则只占 14%。因此新加坡虽然地少，但政府在规划时留出了足够的空间让人们居住和生活，同样也有更多空间应对随着城市发展而需要对城市交通规划做出的调整。但新加坡并不一味追求道路扩建，而是将更多精力放在公共交通建设上。据统计，新加坡公共交通在高峰时段所承担的出行总量比例达到 60%左右；而北京全时段选择公共交通的整体比例则在 50%。正是由于这些措施，新加坡的拥堵程度才一直保持在可控范围之内。

伦敦市内的地铁网络非常发达，共有 11 条线路，运营里程达 400 千米，并且在大伦敦城市圈还拥有 300 千米的市郊铁路，这可以使在上班高峰期间，75%在中心区上班的人群通过铁路网络抵达目的地，节省了在路上拥堵的时间。另外，伦敦还大力发展公交车专线。目前在伦敦拥有近 300 千米的公交车专线，并且采用低票价吸引公众通过乘坐公交车的方式出行。在伦敦 18 岁以下的青少年都可以免费乘坐有轨电车和公交车。

瑞典的斯德哥尔摩经过多年的规划和建设，发展出了一套简易又便宜的租用自行车系统。租赁自行车的网店遍布全城，市民和游客可以在全城任何一个网点存取，非常方便。此外，市政部门重视自行车道的建设，也为推广自行车出行提供了条件。斯德哥尔摩的街道基本都留有一米多宽的自行车道，标志明显。并且规定，在自行车道上，自行车享有优先权，连行人都得让着骑车人。

交通拥堵费是一项行政收费，是政府部门由于社会管理的需要，根据国家法律、法规向公民、法人和其他组织收取的费用。其中最重要的是要有法律法规支撑，考虑法律依据的合理性，确保规则的有效性。但是拥堵费的征收是需要一定条件的，不论是新加坡还是伦敦，它们都有十分便捷的公共交通和合理的道路规划，这是利用拥堵费进行分流的一大前提。而在北京，人们没有可供选择的分流路段和公共交通。由于支路建设不足、公共交通饱和，北京市的私家车出行越来越成为刚需；同时，由于中国没有相关的法律基础，对于道路拥堵费的概念还比较模糊，法律法规的制定困难重重。所以目前的北京还没有实行的条件。但是在未来，拥堵税成为北京治堵的另一条路也并不是不可能。

（三）结束语

“堵城”治堵，路远且艰。面对日益严重的拥堵状况，一味地限制小汽车的数量是不能真正缓解道路拥堵的，最终还是要从疏通分流上入手。针对北京市的具体状况，通过对各种治堵手段的分析，我们发现北京市的疏通应该着重发展城市副中心、分散市中心区的城市职能，发展城区支路，同时加强公共交通的建设，为分流车流、疏通拥堵路段打下基础。

思考题：

1. 北京市该如何完善摇号购车政策以兼顾公平与效率?

2. 面对市民对于政府制定政策时忽视市民意见而产生的不满，政府该如何安抚?

3. “限”字诀的效力会慢慢变弱，这种情况下政府有没有必要提前征收交通拥堵费?

二、案例说明

（一）课前准备

（1）提前将案例正文发放到学生个人，要求学生提前熟悉案例内容，完成预习工作，并且积极思考，要对案例内容有自己的理解和看法。

（2）在讲解案例之前检查教室设备是否正常、教学工具是否齐全，保证上课的效率。

（二）适用对象

本案例适用对象为行政管理专业的本科生。

（三）教学目标

（1）本案例所描述的内容反映了政府制定的公共政策是否有效解决社会问题，以及政府在社会不断发展、环境不断变化的背景下，制定公共政策时应该怎样与时俱进，符合客观实际。

（2）本案例的教学目标是通过对案例内容的深度理解，全面分析，使同学们学习到公共政策的相关理论知识，通过学习案例，举一反三，真正掌握公共政策的相关知识。

（四）要点分析

本案例主要通过对政府政策的具体内容及实施效果进行讲述，并且在这个基础上来陈述自己的见解。

本案例主要讲述两个方面的内容：一是北京市政府缓解交通拥堵问题的各项政策措施的具体内容；二是对北京市政府制定的政策进行客观合理的分析评价，在此基础上提出合理的建议。

1）北京市缓解交通拥堵问题的政策措施

北京市是我国的首都、国际知名的大都市，人口众多。随着城市化速度不断加快，人民生活水平逐步提高，北京市私家车数量不断增长。这是北京市交通拥堵问题出现的大背景。北京市交通拥堵问题日益严重，不仅对北京市人民的日常生活造成许多不便，还使北京市每年蒙受巨大的社会经济损失，如何解决交通问题是困扰北京市政府的一个难题。

在城市布局方面，北京市不断扩建外环路疏解车流量。在城市道路建设方面，北京市也采取立体化道路建设，并且大力发展并提倡公共交通。这些都是在基础设施方面缓解交通拥堵问题的措施，并没有在源头上解决交通拥堵问题。

于是在 2010 年底，北京市采取了限制小汽车数量的政策，即摇号购车政策，通过限制小汽车增长的速度和数量来达到缓解交通拥堵的目的。同时辅以限行措施，分别有单双号限行和部分路段限行两种措施来减少交通高峰期的车流量。

在2018年，北京市政府还发布了《2018年北京市缓解交通拥堵行动计划》，在这份计划中，不仅在交通基础设施方面提出了详细的建设任务，也对摇号政策、限行政策做出了更加细致的规定。同时，这份计划还明确规定了每一项具体任务由具体部门负责落实，规定了任务完成的时限来保证计划的顺利实现。

2）对北京市政府缓解交通拥堵问题政策措施的看法与分析

北京市政府出台的摇号政策主要是以2010年出台的《北京市小客车数量调控暂行规定》及其实施细则为基础，其目的是实现小客车数量合理、有序增长，有效缓解交通拥堵状况。为实现这个目标，该政策规定小客车配置指标按照公开、公平、公正的原则，以摇号方式无偿分配。随着经济社会的不断发展，小客车日益成为北京市民的生活必需品，成为人们生活中不可或缺的一部分。《2018 年北京市缓解交通拥堵行动计划》在北京市普遍适用，对象是北京地区的所有组织和个人，这表现出政策的普适性。任何北京市内组织和个人在政策生效后，必须通过摇号取得小客车配置指标，才可以去购买小汽车，这体现了政府政策的强制性。该政策要求北京市的组织和个人必须符合一定的要求，办理摇号登记后，方可参与摇号，这体现了政策的需审核性。可见摇号政策是一个政府主导的公共政策。

经过研究之后，我们发现摇号政策并没有取得预想的成功，究其原因，研究组成员的一致看法是摇号政策存在两个方面的缺陷。一是北京市交通拥堵问题的根源是北京市日益增长的小汽车数量的需求远远大于北京市政府可以提供的道路基础设施的供给，从汽车增长的数量进行限制来减少当前的交通压力，并没有解决北京市庞大的小汽车数量对于道路交通的庞大需求，所以摇号政策没有解决公共基础设施供给不平衡的根本问题。二是摇号政策本身并不符合市场的规律，是一种政府干预市场的行为，摇号政策的目的也没有限制人们对小汽车的需求，而是政府资格审查，统一分配的方式限制了人们可以拥有的小汽车总数量，所以说摇号政策本身就存在缺陷和不足。限行政策可以看作摇号政策的一种变形，也是一种政府主导的公共管理政策，只不过形式和方式不同。前一段时间网络论坛上有人发表意见，认为限行政策是侵犯了公民的自由权，在这里我们不对限行政策的合法性置喙，我们认为限行政策的实质是从道路交通基础设施方面进行分配来缓解巨大的车流量压力。与摇号政策相互呼应，但同样也没有立足于解决汽车数量需求与公共交通供给的不平衡的根本问题。

3）对于实施交通拥堵税的看法

前面提到了造成交通拥堵的根本问题是私家车数量的需求与公共交通基础设施供给的不平衡，立足于这一点，缓解交通拥堵问题收到的效果会事半功倍。首先，经济水平与人民生活水平不断提高，减少人民群众对私家车的需求是不合理的。其次，政府在短时间内也不可能迅速增加公共交通的供给。所以我们认为减少人们在出行高峰期的驾车出行需求是可行的。通过征收交通拥堵税减少人们在高峰期出行，会在很大程度上减轻交通压力。

（五）课堂安排

1. 课前计划

提醒同学们对案例内容进行预习，对政策措施有初步了解，并且有自己的初步见解。

2. 课堂计划

（1）案例讲解（20 分钟）：运用多媒体设备讲解案例内容，对案例进行初步梳理。

（2）案例讨论（40 分钟）：要求同学们自由分组，对案例内容进行讨论，每一组都要讨论出本组对该案例的见解，讨论结束后，每一组派出一位代表发言，对本组的讨论成果进行总结。

（3）由同学们对讨论结果进行总结和评价（20 分钟）。

（4）由老师对本次案例讲解进行评价、指导和提升（20 分钟）。

3. 课后计划

根据课堂讨论，对老师的评价指导进行归纳总结，撰写完整的案例研究报告。

（六）其他教学支持

（1）需要多媒体设备进行案例讲解。

（2）需要可以容纳同学们进行讨论的教室。

第六章　生 态 治 理

第一节　生态治理的概念和内涵

"治理"是由美国学者乔治·华盛顿和詹姆斯·N. 罗西瑙首次提出的，它指当主体之间存在利益冲突时，而现行的规则制度之间又有缝隙，不存在此种问题的解决办法，需要通过一定的原则、规范、程序和规则来进行调节。党的十八大以来，生态治理上升到"五位一体"的国家战略层面上来。在十九大的报告中首次提出必须树立和践行绿水青山就是金山银山的理念。党和国家对生态治理的高度重视同样推动了学术界对生态治理的探讨和研究。随着发展中各类问题的出现，治理也逐渐被引入生态环境方面。

生态治理是一种节约资源的治理，我国资源紧缺，生态治理要求必须节约资源，使资源的利用效率最大化。生态治理是一种多元参与的治理，生态环境的复杂性使得单一的治理主体无法承担治理的重担，随着多元化主体社会的发展，各种社会力量也要求参与到生态治理中去。生态治理是一种良性互动的治理，多元主体在追求公共利益中达成一个良好互动的和谐关系。生态治理是一种通过善政走向善治的治理。善治指公共利益最大化的一系列管理活动和社会管理过程。善治包括严明的法度、清廉的官员、良好的行政服务、很高的行政效率。总的来说，生态治理是一种节约资源、多元参与、良性互动、通过善政走向善治的治理。

有学者认为生态治理的概念随着生态治理理论的发展经历了三个方面的转化。一是从治疗到预防，二是从局部治理到整体治理，三是从政府管制到多元治理[①]。虽然这些学者概括出的概念都十分确切，但这些概念大多从修复保护生态环境的角度展开，并没有涉及其他方面。在一定程度上，生态治理就是生态文明建设的具

---

① 史云贵，孟群. 县域生态治理能力：概念、要素与体系构建[J]. 四川大学学报（哲学社会科学版），2018，（2）.

体实践。生态文明的核心内容就是，在健康的政治共同体中，政府与社会中介组织、民间组织把公共利益作为最高的利益诉求，通过多元参与，在协商中得出关于公共利益的共识，从而做出符合大多数人利益的合法决策。这种多元参与、良性互动、诉诸公共利益的和谐治理形式，就是生态治理①。

实际上，生态治理涉及人类社会生活的多个方面，并不仅仅是环境方面。除了修复保护生态环境方面，生态治理应该包含更加广阔的内涵。从政治学的视角来进行研究，生态治理的价值与意义已经远远超过生态环境本身。生态治理并非单一的环境问题，它还涉及政治、经济等问题。不应该只从自然生态方面考虑生态治理，还应该多从政治生态、社会生态、经济生态方面考虑问题，力求建构自然生态—政治生态—社会生态—经济生态和谐发展的框架。我们可以从狭义与广义两种视角来解读生态治理的内涵。狭义的生态治理可能仅仅指环境上的生态治理，如对自然环境、资源的防治与修复。而广义上的生态治理就涉及自然、政治、社会、经济等方面。例如，通过多元参与、对话协商等治理方式共同商议涉及生态环境的公共事务，做出符合大多数人利益的决策，从而推动自然生态—政治生态—社会生态—经济生态的和谐发展。

自然生态方面的生态治理指修复生态环境，提高环境质量。政治生态治理则指营造良好的政治生态和从政环境。社会生态治理就是指社会不同个体良性互动从而构建一个更加和谐的社会。经济生态治理就是摒弃以污染环境来换取经济发展的理念，经济要可持续发展。要牢记树立绿水青山就是金山银山，金山银山比不上绿水青山的理念。

习近平生态治理思想有深沉的历史逻辑沿革和深厚的思想理论基础。在此基础上习近平生态治理思想有着深刻的理论内涵，主要可以从三个方面来进行概括，一是生态治理的国家战略论，二是绿色福祉论，三是国际责任论。这一思想体系为生态环境保护与经济发展指明了正确的方向。生态治理的国家战略论，就是从国家发展的长远角度来认识生态治理的理念，理解并贯彻落实中国特色社会主义事业“五位一体”的战略构想。生态治理是增强综合实力和国际竞争力的必由之路，也是实现全面建成小康社会目标的重要内容与根本途径。有成效的生态治理是体现我们党治国理政能力与水平的重要标志。生态治理的绿色福祉论就是通过实现良性的生态治理来满足人民群众对于美好环境的需求，进而不断增强人民群众的幸福感和获得感。随着经济社会发展水平的提高和人们生态环境意识的增强，生态环境权益成为人民群众最基本与最切身的权益。增强和保障人民的绿色环境福祉与生态价值诉求，是中国共产党践行全心全意为人民服务根本宗旨的

---

① 薛晓源，陈家刚. 从生态启蒙到生态治理——当代西方生态理论对我们的启示[J]. 马克思主义与现实，2005，（4）.

必然要求。在某种程度上来说，生态治理体现了以人民为中心的国家治理理念。习近平明确指出："良好的生态环境是最公平的公共产品，是最普惠的民生福祉。"[①]践行生态治理理念，就是要让人人都能平等地共享生态财富与绿色福祉。生态治理成效已经成为一个国家综合竞争力的重要组成部分和责任形象的重要体现。生态治理的国际责任论就是按照国际环境保护"公平但有区别"的责任原则，承担保护环境与修复生态的责任与义务。习近平有关生态治理的重要论述，深刻体现了中国作为负责任大国的卓越政治智慧和责任担当意识。地球是人类仅有且共有的，应当倡导和推进全球生态环境的共同治理。

第二节 生态治理的目标

社会公正是生态治理的目标。社会公正是社会的政治利益、经济利益和其他利益在全体社会成员之间合理地分配，它意味着权利的平等、分配的合理、机会的均等和司法的公正[②]。社会公正不仅仅指人们公平地分享物品，还包含平等享有教育、医疗、保健、住房、个人的自由表达和政治权利。社会公正是社会主义的本质要求，是衡量社会全面进步的重要尺度。

从生态文明的角度来理解社会公正，就是人与自然之间的公正、当代人之间的公正、当代人与后代人之间的公正。生态治理必须坚持公正的原则。自然生态的治理可以保障人们都享有美好的生态环境，增强人们的幸福感，满足人们对良好生态环境的需求。进一步讲，环境治理的目的是使人类赖以生活的世界重新焕发出勃勃生机，生态环境治理的根本目标是通过各种行之有效的方式修复环境，这是人类赖以生存的空间获得安全的可能与基石，也是人类谋求可持续生存的土壤不断获得再生的基础。

政治生态治理可以营造良好的从政环境，提高从政人员的素质。营造良好的政治生态环境是化解社会矛盾的根本途径。近年来发生的一系列群体性事件，表面上看是偶发事件，但从更深层次看，其实是政治生态的问题。有的党政机关及公职人员不作为、缓作为、乱作为，使得群众投诉无门，群众反映的问题长时间得不到回应，从而导致"小事拖大、大事拖炸"。营造良好的政治生态环境可以保障群众的政治参与和表达。

---

① 习近平十谈"绿色发展"：良好生态是最普惠的民生福祉[EB/OL]. http://m.people.cn/n4/2018/0403/c190-10767643.html，2018-04-03.

② 薛晓源，陈家刚. 从生态启蒙到生态治理——当代西方生态理论对我们的启示[J]. 马克思主义与现实，2005，（4）.

社会生态的治理可以让社会环境更加和谐，人民生活更加幸福。例如，扫黑除恶可以打击黑恶势力和违法活动，减少危害公共安全的恶行，保障人民的权利。社会生态治理可以营造良好的社会环境，从而减少社会中的违法行为。

经济生态的治理，对污染环境的企业进行处理，不以环境的破坏为代价来发展经济。绿色发展经济使人们在享受经济发展的同时，还能够享受美好的生态环境。

但目前我国的自然、政治、社会、经济生态治理中仍然存在一些问题需要解决。

目前，对于我国而言，实现社会公正涉及五个方面。一是实行公正的政治，包括公正、公平、公开的政治参与，以及建立公正的监督机制；二是建立法律面前人人平等的法治，抑制司法腐败；三是建立公正的经济运行机制，实施公平竞争原则；四是保障公正的新闻报道，要推动新闻媒体的公正监督、公正报道、公正经营；五是发展能体现社会公正的文化教育事业，推动文化道德重建、强化义务教育、鼓励文教事业的公平竞争。只有这样，才能更好地实现生态治理。

第三节　生态治理的原则

"欲知平直，则必准绳；欲知方圆，则必规矩。"原则是办事情处理问题时所依据的基本准则和大致方向。把生态文明建设融入中国特色社会主义经济建设、政治建设、社会建设之中，全面提升物质文明、政治文明、精神文明、社会文明、生态文明，全面形成绿色发展方式和生活方式，人与自然和谐共生，在习近平新时代中国特色社会主义思想的指导下提升生态环境领域国家治理体系和治理能力现代化水平。

（一）自然生态治理的原则

习近平新时代中国特色社会主义思想高度重视生态思想的创新与发展，提出了加快生态体制文明改革，建设美丽中国的战略目标，全面促进生态文明建设，把我国建成富强民主文明和谐美丽的社会主义现代化强国。

党的十八大以来，习近平总书记总结的关于保护自然生态环境的六大原则是在长期历史发展过程中总结的具有实践经验和现实意义的，是深刻而具体的。

第一，坚持人与自然和谐共生，坚持节约优先、保护优先、自然恢复为主的方针。祖国山川秀丽，幅员广阔，奔腾不息的长江黄河延伸出的动脉缠绕着九百六十万平方千米的土地，滋养着中国人民，我们要像保护眼睛一样来保护我们的环境，把环境治理放在一个绝对性地位的高度，生态环境独此一份，没有其他替代品，必须高度重视。

第二，绿水青山就是金山银山，贯彻创新、协调、绿色、开放、共享的发展理念。必须要调整产业结构和布局，处理好经济发展和生态环境之间的关系。生产力的发展不能以牺牲环境为代价。

第三，良好生态环境是最普惠的民生福祉，坚持生态惠民、生态利民、生态为民。

第四，山水林田湖草是生命共同体，要统筹兼顾、整体施策、多措并举，全方位、全地域、全过程开展生态文明建设。

第五，用最严格制度最严密法治保护生态环境，让制度成为刚性的约束和不可触碰的高压线。

第六，共谋全球生态文明建设，深度参与全球环境治理，形成世界环境保护和可持续发展的解决方案，引导应对气候变化国际合作。中国作为一个有担当的大国，会积极主动承担起生态环境保护的责任，为世界环境保护添砖加瓦。

（二）政治生态治理的原则

2014 年 12 月 13 日，习近平总书记在江苏调研时明确提出了“全面从严治党”，强调“全面从严治党是推进党的建设新的伟大工程的必然要求”[①]。在阐释其含义时，指出“全面从严治党，核心是加强党的领导，基础在全面，关键在严，要害在治”[②]。打铁还需自身硬，良好的党内政治生态是执政党建设的基础，必须提高党内的纯洁性。

第一，坚持从严治党的原则。党内政治生态是指各方政治主体、政治活动和政治关系所形成的相互作用、相互影响、相互制约的政治发展环境[③]。我国是工人阶级领导的、以工农联盟为基础的人民民主专政的社会主义国家，中国共产党是中国特色社会主义事业的领导核心，我们坚持中国共产党的领导。打铁还需自身硬，党内必须坚持从严治党，净化党内风气，才能更好地贯彻党管干部，成为中国社会的中流砥柱。

第二，坚持领导带头的原则。政治环境的复杂性和多元性是其他环境所不能

① 习近平在江苏调研[EB/OL]. http://politics.people.com.cn/n/2014/1214/c1024-26204764.html，2014-12-14.

② 习近平. 在十八届中央纪律检查委员会第六次全体会议上的讲话[M]. 北京：人民出版社，2016.

③ 王希鹏，宫铭. 净化党内政治生态的框架分析与推进理路——学习习近平净化政治生态思想的体会[J]. 思想理论教育导刊，2018，（3）.

比拟的，领导带头，以身作则，才是最好的表率作用。领导干部积极带头参加学习，积极主动参与学习和劳动，发挥先锋模范作用。其身正，不令而行；其身不正，虽令不从。领导干部带头讲党性、讲政治、讲操守，做守纪律讲规矩的模范，在党、爱党、忧党、为党，才能在一个地区一个单位培养令出如山、令行禁止的良好风气。

第三，坚持依法依规的原则。“没有规矩，不成方圆”，尤其是在政治领域容易发生贪污腐败，面临诱惑众多，难以抵抗。必须建立健全法律法规，让领导干部不敢越雷池一步，牢牢把握住红线、底线。打击一切暗黑行动，让罪恶都曝光在阳光下面，用法律法规牢牢约束官员行为。

第四，坚持标本兼治的原则。正如习近平所提出的“坚持‘老虎’‘苍蝇’一起打”，严厉整肃政治生态，绝不放过一个贪官，我们治本就必须要从治标抓起，杜绝任何侥幸心理。

（三）社会生态治理的原则

以社会公平正义为第一原则。社会的公平正义一直以来都是人民的追求，自古以来就有“不患寡而患不均”的社会公平取向。公平正义是中国共产党人矢志不渝的崇高追求。作为一个发展着的历史范畴，公平正义在不同的历史阶段有着不同的理论内涵与实践模式。在建设小康社会的伟大历史进程中，鲜明地贯穿着中国共产党人一脉相承又不断发展着的公平正义思想主线①。司法机关是维护社会公平正义的最后一道防线，政法战线要肩扛公正天平、手持正义之剑，以实际行动维护社会公平正义，让人民群众切实感受到公平正义就在身边。

以多元参与为第二原则。社会治理不是一个政府一个政党的事，而是全体社会成员的共同责任，必须构建以政府为主导力量，鼓励多种力量共同参与的社会治理格局。

以法制原则为第三原则。正如政治生态治理的原则一样，社会治理同样需要法制的力量，正义也许会迟到，但永远不会缺席，法律的裁判官是最公正的。在法律面前，人人平等，不存在关系户和裙带关系。

（四）经济生态治理的原则

坚持可持续发展的原则，这是从处理好经济与环境保护关系角度来展开的。生态环境是一个不可再生的物品，原来粗放型的经济发展严重破坏了我们赖以生

---

① 董亚男. 公平正义的时代意涵与实践策略[J]. 社会科学战线，2019，（6）.

存的环境，必须处理好两者之间的关系，经济发展和环境保护可以同时做到，鱼和熊掌也可以兼得。

鼓励对外招商引资，营造经济发展的良好氛围原则。经济发展才是硬道理，商业领域的发展所带来的税收收入是政府主要财政收入，政府积极为商业发展营造良好的环境。

坚持创新驱动的发展原则。以创新驱动发展，对我国提高经济增长的质量和效益、加快转变经济发展方式具有现实意义。从某种意义上说，创新驱动发展战略就是国家巧用科技创新手段，有效支撑、引领我国不同产业深化发展，实时转变经济发展方向与模式，深化调整经济结构体系，促进综合国力、核心竞争力二者同步提升。科技创新具有乘数效应，不仅可以直接转化为现实生产力，而且可以通过科技的渗透作用放大各生产要素的生产力，提高社会整体生产力水平。实施创新驱动发展战略，可以全面提升我国经济增长的质量和效益，有力推动经济发展方式转变，对降低资源能源消耗、改善生态环境、建设美丽中国具有长远意义。实施创新驱动发展战略，加快产业技术创新，用高新技术和先进适用技术改造提升传统产业，既可以降低消耗、减少污染，改变过度消耗资源、污染环境的发展模式，又可以提升产业竞争力。

第四节　生态治理的方法

自然环境治理领域：首先要做好环境生态的防护工作，即做好污染防治工作，从政府监控、发动民间力量、利用信息技术等多个手段来防止污染企业偷排乱排的行为，从源头上遏制污染。其次要做好污染治理工作，对被污染地区采取技术手段治理，运用协同治理手段，动员多个地方政府合作治理。最后要对治理地区进行保护，防止再污染行为的出现，避免陷入污染—治理—再污染的怪圈。

政治生态领域的治理，必须先从党内生态环境抓起，严格净化党内风气，党内生态文明直接影响到政治生态环境的纯粹性。要进行思想教育工作，绝不能让一个党员干部在思想上掉队，党员干部必须牢记全心全意为人民服务的宗旨。必须立好规矩，加强监督、监管，切实落实健全法律机制，加强人才队伍管理。

社会生态领域的治理，必须要以维护社会公平正义为起点。司法是维护社会公平正义的最后一道防线。必须进行司法体制和运行机制改革，确保依法独立公正行使审判权和检察权。建立领导干部干预司法活动、插手具体案件处理的记录、通报和责任追究制度；健全行政机关依法出庭应诉、支持法院受理行政案件、尊重并执行法院生效裁判的制度；建立健全司法人员履行法定职责保护机制。优化司法职权配置，推动实行审判权和执行权相分离的体制改革试点；统一刑罚执行体制；探索实行法院、检察院司法行政事务管理权和审判权、检察权相分离；变立案审查制为立案登记制。必须保障人民群众参与司法，完善人民陪审员制度，扩大参审范围；推进审判公开、检务公开、警务公开、狱务公开；建立生效法律文书统一上网和公开查询制度；等等。

经济生态治理，必须要为经济的发展创造良好的环境，让一切创造社会财富的源泉充分涌流，充分培养创新型人才，在全社会大力支持创新思想的发展，让创新引领时代的发展，让人才、资本、劳动和技术等要素相互交融，共同发展，全面促进优质的经济生态环境发展。

加快构建一个包括生态、政治、社会和经济方面的文明体系，建成生态优美、政治清明、社会公正、经济发展的美丽中国。

案例 以我之命，愈你之疾，何所惜?

一、案例主体

摘要：珍稀动物因为其本身珍贵稀少而称珍稀。人们对珍稀动物、装饰品、衣物及药材的需求，使走私贸易量不断攀升，走私手段日新月异。动物走私已成为仅次于毒品和武器贸易的全球第三大犯罪产业。本案例对广州海关破获的一起穿山甲鳞片走私大案进行深入挖掘分析与探讨，通过查阅相关新闻报道、视频等资料梳理穿山甲鳞片走私事件始末，探讨了全国海关对动物走私事件的治理查获途径。旨在通过国家强制性管理条例法律相关知识解决珍稀动物保护问题，为珍稀动物保护提出建议。

关键词：珍稀动物；走私；保护

（一）引言

2018 年 9 月 26 日，广州海关通报破获一起穿山甲鳞片走私大案，2018 年 7 月至 8 月连续在货运渠道查获夹藏走私的穿山甲鳞片，查扣穿山甲鳞片达 7.26 吨。这是广州海关 2018 年查获的最大一宗走私濒危动植物及其制品案。据悉，2018年1~9月，广州海关立案查办走私濒危动植物及其制品刑事案件9宗，先后查获走私穿山甲鳞片 7.26 吨、卢氏黑黄檀木材 100.22 吨、蟒蛇皮 67.52 千克和走私象牙及其制品一批。

从 7 月到 8 月连续查获的走私穿山甲鳞片，数量惊人，次数频繁，说明了穿山甲鳞片走私事件不仅仅是一次两次的走私活动，而是已经形成了一条固定的黑色穿山甲鳞片走私产业链。这些穿山甲鳞片经过非洲“老刘”一系列穿山甲鳞片利益链受益人员的层层运送，在每一层都形成丰厚的利润，运至我国已形成巨额利润。

动物走私事件屡禁不止，已经严重危害到珍稀动物的生存。广州海关本次查获的穿山甲鳞片走私案件引人关注。笔者通过查阅相关新闻报道、视频等资料梳理穿山甲鳞片走私事件始末，尝试发掘珍稀动物走私的途径、手段，旨在为解决珍稀动物保护问题提出建议。

（二）数万吨穿山甲鳞片走私事件简要介绍

1.“顺藤摸瓜”扩线截获逾 7 吨穿山甲鳞片

2018 年 7 月 11 日，通过风险分析、布控，广州海关隶属云浮（罗定）海关现场关员在对一票申报进口的花岗岩毛板进行查验时，发现申报重量、货物装载情况异常。打开货柜后，发现花岗岩毛板下藏有大量白色编织袋。经现场清点，共发现夹藏白色编织袋 113 包，每袋装有约 20 千克穿山甲鳞片，重约 2 260 千克。

货运渠道查获如此数量的濒危动物制品，在全国海关亦属罕见。广州海关迅速成立以肇庆缉私分局为主要力量的专案组，连夜控制案发现场和相关人员。经对比大量单证和电子数据，专案组顺藤摸瓜，先后在广州某码头扩线截获以同样手法夹藏走私进境的两柜穿山甲鳞片，分别重约 2 693.5 千克、2 308.5 千克。至此，该案查获穿山甲鳞片总重已达 7 262 千克。在公安机关的大力协助下，专案组相继抓获吴某、杜某、刘某、梁某等 4 名犯罪嫌疑人。

2. 抽丝剥茧调查取证精准锁定团伙主犯

经侦查发现，涉案团伙成员之间分工明确，中间环节多，通关环节“一对一”单线联系，如果一个环节出现状况，整案线索随时中断。涉案人员的反侦查意识也较强，案发后，相关犯罪嫌疑人迅速销毁证据资料，抓捕过程中拒不开门、阻挠破案。主要犯罪嫌疑人刘某到案后避重就轻，提供虚假姓名和电话号码迷惑缉私办案人员的视线。

历经一个多月的缜密侦查，专案组人员克服重重困难，前后出动办案人员 100 余人次深入调查，抽丝剥茧，核实走私团伙运作关键环节，查证犯罪事实。2018 年 8 月 17 日，肇庆市人民检察院批准对主要犯罪嫌疑人刘某执行逮捕。

3. 走私分子挖空心思花岗岩毛板夹藏伪装

经查，2017 年，犯罪嫌疑人刘某从曾在非洲某国打工的梁某处了解到，一名长期在非洲打工的“老刘”声称非洲有大批穿山甲鳞片出售，国内外差价大。刘某便让梁某前往非洲了解行情并联系货源。由此建立了一个“老刘”在非洲收购穿山甲鳞片、装船发回国内，货物抵达国内码头后，刘某指使杜某找报关公司以花岗岩毛板伪报进口的走私链条。

经华南野生动物物种鉴定中心鉴定，涉案穿山甲鳞片为树穿山甲、大穿山甲及长尾穿山甲鳞片，均被列入《濒危野生动植物种国际贸易公约》附录Ⅰ，禁止进行国际贸易。据濒危动植物保护专家介绍，一只穿山甲身上有 0.4~0.6 千克鳞片，走私 7.26 吨穿山甲鳞片，意味着有 1.2 万~1.8 万只穿山甲遭遇毒手。据海关办案人员介绍，穿山甲鳞片“黑市”价格高达 5 600 元/千克，而犯罪嫌疑人在非洲收购的价格仅为 340 元/千克，十多倍的差价令他们铤而走险。

（三）巨额利润，不断诱使走私分子铤而走险

广州 7·11 走私案的背后环环相扣的是盗猎者—双方联系人梁某—“老板”刘某—不法报关公司—消费者，这五个环节和自然生物链的结构大同小异，无论是缺少了哪个环节都不能再继续。生态链和走私链在结构和层次上是大体相同的，同是层层递进环环相扣，无论缺了哪个环节都会停止不能再继续，走私链的停止是人类的幸事，但若是生态链断裂，那么生态环境将遭到重击，失去生态平衡会使人类生活环境变得恶劣，人类会得到自然的惩罚。如今，保护生态环境是人类的头等大事，破坏环境带来的灾难正慢慢显现，各国政府都在用实际行动来倡导人们保护生态。

我国政府在 1987 年就出台《国务院关于坚决制止乱捕滥猎和倒卖、走私珍稀野生动物的紧急通知》，严禁猎捕珍稀野生动物。因科研、展出等特殊情况需要猎捕国家保护动物，必须严格按照国家规定，报经主管部门批准。要加强野生动物栖息环境的保护，在自然保护区、禁猎区、禁渔区，严禁渔猎和其他破坏自然环境的违法活动。加强野生动物及其产品经销和出口管理。经营野生动物及其产品，必须实行许可证制度，具体办法由林业部国家工商行政管理局制定。严禁非法买卖和出口国家规定保护的珍稀野生动物及其产品。因科研、交换、赠送、展出、表演等出口珍稀野生动物及其标本，除明确须经国务院批准的以外，应按规定，报主管部门批准，并由中华人民共和国濒危物种进出口管理办公室核发《允许出口证明书》。海关凭《允许出口证明书》和国家规定的其他有关文件查验放行，否则不得出口。我国政府正在用实际行动保护着生态环境。

我国刑法规定，走私国家禁止进出口的珍贵动物及其制品的，处 5 年以上 10 年以下有期徒刑，并处罚金；情节特别严重的，处 10 年以上有期徒刑或者无期徒刑，并处没收财产。

在我国，走私者面临的处罚不可谓不严重，轻则倾家荡产，情节严重的更会面临多年监禁。然而当今，仍存在许多“梁某”“刘某”之流，为了利润不惜违背国家法律，铤而走险，为了利润前仆后继。

由于不正确的饮食观念、消费观念，缺乏保护珍稀动植物的理念，人们对药用或可用作工艺品的珍稀动植物及其制品有着强烈需求，从而形成了一个规模相当大的珍稀动植物制品消费市场。但是我国政府和国际上早就规定了动物保护

法，人们在国内求而不得就把目光投到了走私这条路上。资料显示，从 20 世纪 90 年代后期开始，珍稀野生动植物及其制品逐渐成为走私犯的“新宠”。

相关法律显示，我国早在 1981 年就加入了《濒危野生动植物种国际贸易公约》，并制定了野生动物保护法等有关法律法规。根据规定，没有取得国家濒危物种进出口管理机构核发的《允许进出口证明书》，禁止贸易、携带、邮寄珍贵稀有野生动植物种及产品进出我国国境。

但是仍有不少人迷信食用野生动物能大补身体。巨大的需求带来无限的利益诱惑。走私珍稀野生动物带来的巨额利润，不断诱使走私分子铤而走险。此外，非洲及东南亚地区部分国家，在当地可自由买卖某些濒危野生动植物及制品。例如，象牙制品买卖在非洲就属合法交易。面对一些境外宽松的供应市场与境内巨大的需求，珍稀动植物走私屡禁不止。

（四）珍稀野生动物走私如何防控

无论是国际还是国内，许多爱护动物的人们正在思考着如何能帮助这些动物摆脱枪口，动物的生存得到了各个国际组织的重视，如何禁止猎杀走私动物就成为最热门的话题。

笔者总结了当今走私保护动物犯罪的防止和控制对策。预防走私野生动物犯罪方面，一要截源，即防止潜在的走私野生动物犯罪者获得野生动物。二要改善林区农民的交通与通信等生活设施，帮助林区农民提高经济收入。

在控制走私野生动物犯罪方面，首先，要进一步加强森林公安队伍建设，同时整合森林公安机关、海关、反洗钱机构等司法资源，以提升打击走私野生动物犯罪的能力。其次，要加强森林公安刑侦基础业务建设，强化森林公安搜集和研究野生动物犯罪等情报的能力。最后，要加强对走私野生动物犯罪执法工作的监督。在预防与控制走私野生动物犯罪时，森林公安机关要加强与国内海关、工商、边防、地方公安、银行等部门的合作。同时加强同周边国家和地区的野生动物执法机构、野生动物保护组织间的协作，共同打击跨越边境的走私野生动物犯罪集团，遏制走私野生动物犯罪。

（五）结束语

事件虽过去已久，人们的视线也早就转去了别处，但这个案子还存在许多让人深思的问题。如何更大力度地保护那些正在草原上、森林里和大海中自得其乐的动物们？如何更好地保护人类赖以生存的自然环境？如何能让人们和动物找到最好的相处模式？走私案似乎是每时每刻都会发生，它的范围还超过了土地的界限，还发生在天空上、大海中！查处的这些走私动物的案子让人知道了有不少保护动物死去的现实。根据现在我国的法律，走私被发现后刑罚是非常重的，为何人们甘心冒这个大风险？是否该加重走私案中的盗猎者和参与者的处罚，以严厉的刑罚威慑那些存在不法心思的人，以他们付不起的代价来束缚他们？从此可见，走私事件的有效控制还有很长的路要走。

思考题：

1. 为什么面对判刑，走私者还会选择走私？走私者是否了解残害动物对生态的影响？
2. 在互联网时代人们能否把互联网和保护动物连接起来？
3. 政府对缴获走私品的处理存在什么问题？
4. 如何提高人们对保护动物的意识，让动物们逃离餐桌？
5. 打击濒危动物跨国走私，政府应该怎么做？

二、案例说明

（一）课前准备

（1）如果授课对象为全日制本科生或研究生，则需要教师提前将案例正文发放到班级群里，要求学生自主预习，对案例事件有大概的了解，并对案例后的问题进行思考。如果授课对象为政府工作人员则不做此要求，只要求学生课前自行上网了解万吨穿山甲鳞片走私事件即可。

（2）检查上课的多媒体教室是否能够正常使用、教学工具是否齐全，保证上课效率。

（3）做好学生的组织动员工作，课前将全班学生分为6组，每组选出一名组长，组长负责组织并召集小组成员，记录并汇总小组讨论的内容，最终在课堂上汇报并展示本小组研究讨论的成果。

（二）适用对象

本案例主要用于地方政府管理课程，也适用于管理类的本科生和研究生；适用课程为公共管理学、行政管理学、公共事业管理等。

（三）教学目标

（1）探索政府对珍稀动物走私治理体系的构建。在万吨穿山甲鳞片走私事件中，通过广州海关对此次珍稀动物走私事件的应对与处理，使学生了解政府对贩卖走私事件的处理方式，分析政府如何完善贩卖走私事件的应对机制，以便提高政府应对贩卖走私事件的能力。

（2）通过组织学生阅读案例，使学生了解走私贩卖事件的相关法律及相关政府工作人员的权责。

（3）通过组织学生讨论案例，锻炼学生解决问题的能力，并为综合能力的提升打下良好的基础，更好地将理论与实践相结合。

（四）要点分析

1. 面对法律的制裁，为何盗猎者和走私者还是会选择铤而走险？

首先，“没有买卖就没有杀害”，有珍稀动物的“消费者”，就会有相应的“供给者”。由于不正确的饮食观念、消费观念及保护珍稀动植物理念的缺乏，部分人对药用或可用于制作工艺品的珍稀动植物及其制品有着强烈需求，从而形成了一个规模相当大的珍稀动植物制品消费市场。

其次，野生动植物的走私活动之所以屡禁不止，这和背后巨大的利润脱不开干系。从东南亚一些国家收购 1 只穿山甲每千克要 100~200 元，平时到达内地市场则要 600~700 元，而春节前后可涨至每千克 1 200 元左右，这意味着每只穿山甲的售价在 9 000 元左右，旺季甚至可以上万，而这还不是经过厨师烹饪后吃到食客嘴里的最终价格。与高额的收益相比较，法律所规定的刑罚在盗猎者、走私者眼中似乎不值一提。

最后，相关政府部门执法不严也是野生动物走私猖獗的一个重要原因。野生动物的走私并未引起有关部门的足够重视。部分政府工作人员在执法过程中未严格按照法律规定履行职责，存在执法不严，违法不究，从轻处罚的现象。

2. 政府对缴获走私品的处理存在什么问题？

一般来说，我国海关对于查获的走私物品，有以下五种处理方式：第一，公开拍卖。对国家法律法规没有特殊规定的罚没货物和物品，海关都会实行公开拍卖，这是海关处理罚没物资的主要方式。第二，定向转卖。主要是国家规定的专卖商品，如走私成品油、走私香烟、走私光盘生产线等。第三，移交主管部门处理。主要是对查获的文物、毒品等统一移交给行政主管部门处理。第四，转交给中国红十字会。主要是对查获的侵犯知识产权的货物、物品，拆除商标后转交给中国红十字会用于社会公益事业。第五，销毁处理。主要对查获的洋垃圾、废旧汽车、盗版光盘、淫秽物品、非法宣传品等，进行无害化销毁处理。但在实际生活中，仍有部分执法部门不按规定履行职责。其中最主要的问题在于对走私动物的处理未按照法定程序进行，对该立案的未予立案，仅罚款放行，执法手续不完备，对没收的动物不清点、不核对、不鉴定登记，更没有将收缴的野生动物移交主管部门。

3. 打击濒危动物跨国走私，政府应该怎么做？

野生动物保护是否得当是衡量一个国家科学文化水平和精神文明程度的重要标志之一。因此，防范与打击珍稀动物及其制品跨国走私任重道远。

1）海关

首先，海关应一如既往地保持高压态势。珍稀动物及其制品走私犯罪，不仅威胁到我国相关地区的生态环境安全，还可能引发部分官员腐化、野生动物资源可持续发展战略受干扰及其他一系列非传统安全问题。为此，中国政府对濒危物种及其制品走私一贯持“零容忍”态度。这种高压态势应继续保持。

其次，海关要与时俱进地调整防范策略。珍稀动物及其制品走私犯罪已达到一个触目惊心的新高度，其走私手法不断翻新，走私渠道多元化，查缉难度日益加大，海关野生动物打私工作形势更加严峻。为此，中国海关应与时俱进，适时调整对珍稀动物及其制品走私的打击与防范策略：第一，依托风险信息“大数据”，构筑立体防控体系，强化对珍稀动物及其制品走私的分析评估力度，提高打私精准度。借助历史申报数据，多方面、深层次挖掘摸索珍稀动物及其制品申报规律与特征，构建异常申报行为常态化监控模式。加强对珍稀动物及其制品重点走私人群和渠道信息的分析和掌握，有的放矢地加大对来自重点地区旅客行李物品的查验力度，提高对珍稀动物及其制品走私查验的针对性。第二，密切与地方珍稀动物及其制品鉴定机构的合作关系，建立与检验检疫部门的快速响应机制，以便加快查获疑似珍稀动物及其制品的鉴定速度，保证鉴定结果的准确性。第三，充分发挥各级执法机关职能作用，加大宣传力度，提升珍稀动物保护的全民法制意识。还应特别建议海关、旅游部门等各相关单位在关键环节、场所做好舆论宣传，使珍稀动物保护意识深入人心，切实教育民众、震慑犯罪。第四，建立健全海关、边防和森林公安等多部门协作联动机制，加强在信息通报、核查遣返、侦查办案等方面的密切配合，加大联合执法力度，适时组织专项打击行动，完善区域性执法合作机制。此外，还应加强珍稀动物及其制品走私边境地区的物理隔离设施的建设，增加不法分子的走私难度。

最后，深化细化国际合作内容。随着海关深度参与全球化的进程以及海关职能范围不断扩大，海关对珍稀动物及其制品走私的国际合作亦应深化与细化。如今野生动物走私装备齐全，分工明确，走私链条庞大复杂，趋于高度组织化。为此，国际社会应各司其职，在巩固以往国际合作基础上，深化细化各政府间组织共同协作内容，尤其加强对珍稀动物及其制品走私源头国、目的国和中转国之间的执法合作，加大联合打击力度。具体而言，消费国应加大查缉走私和消费引导力度，原产地加强物种保护，在防盗猎、出境环节加大打击力度，中转地则应加大查缉力度；深化与细化国际合作，还应包括加强情报沟通，建立信息共享平台，探索建立珍稀动物资源保护司法解决机制。继续参与或发起全球性、区域性国际联合执法行动，适时开展控制下交付等境内外联合办案，实施境内外协同打击，以有效提升中国海关国际影响力。此外，还应就珍稀动物及其制品走私犯罪取证难、鉴定难等问题，有针对性开展专题培训和交流研讨，在国际范围内形成统一的珍稀动物及其制品走私防控体系，切实履行国际公约义务和边境保护职能。

2）森林公安机关

要进一步加强森林公安队伍建设，同时整合森林公安机关、海关、反洗钱机构等司法资源，以提升打击走私野生动物犯罪的能力；另外，要加强森林公安刑侦基础业务建设，强化森林公安搜集和研究野生动物犯罪等情报的能力。进一步提升森林公安发现走私野生动物犯罪、收集案件证据、查缉嫌疑人的侦查能力。森林公安机关还可以通过对那些有从事走私野生动物犯罪嫌疑或迹象的高危人群的监控，特别是走私野生动物犯罪团伙骨干成员的监控，及时发现其犯罪证据和动向；森林公安机关可以通过对走私野生动物犯罪情报进行分析，及时发现走私野生动物犯罪中的新特点和规律，进一步提升森林公安打击走私野生动物犯罪的侦查能力。

3）监察机关

要加强对走私野生动物犯罪执法工作的监督，特别是进一步完善包括公益诉讼在内的社会公众对森林公安执法工作进行监督的管道。由于走私野生动物犯罪是跨越边境的犯罪，往往野生动物的源头与消费市场不会同时位于一个国家境内，因此，在预防与控制走私野生动物犯罪时，森林公安机关要加强与国内海关、工商、边防、银行等部门的合作，并建立定期交流机制与重大案件情报及时交流机制，及时发现走私野生动物及其他野生动物犯罪的线索和情报。同时加强同周边国家和地区的野生动物执法机构、野生动物保护组织间的协作，共同打击跨越边境走私野生动物犯罪集团，遏制走私野生动物犯罪，以实现生物多样化、维护共同的生态环境。

（五）课堂安排

本案例计划安排三节课时间（100分钟），主要包括以下四个部分。

项目	用时	教学内容
第一部分	20分钟	讲述珍稀动物走私贩卖管理的相关知识，扩展学生对该类型管理的了解。借助PPT和板书（10分钟）与学生进行简单的问答互动。例如，请3~5名学生举例说明身边有哪些珍稀动物的走私贩卖事件，又有哪些属于走私贩卖管理（10分钟）
第二部分	20分钟	结合案例，引导学生分析珍稀动物走私贩卖产生的原因，从违法者、政府、消费者等角度，引导学生进行多角度分析，最后对学生的分析进行简要的总结评价
第三部分	50分钟	根据小组分组，让小组学生针对案例的思考题进行思考和讨论（20分钟），然后让每个小组的小组长代表本小组展示讨论结果，教师对学生讨论的结果进行板书。所有的小组讨论成果展示完毕后，教师先补充学生思考不到的地方，再对各小组的总结进行评价和补充（30分钟）
第四部分	10分钟	在课程即将结束时，简单回顾本节课的内容，让学生留下印象。布置课后作业，如做案例后的思考题、写本次课程的心得体会等

（六）其他教学支持

（1）场地支持：可容纳所有听课学生的无阶梯教室，以及足够多的可移动桌椅，以便小组成员坐在一起更好地进行交流与互动。

（2）交流平台支持：有可上传案例相关资料的该课程班级微信群、QQ群。

（3）其他必要的设施条件：电脑、投影仪、麦克风等辅助设备，以便在案例教学过程中配合播放案例相关的视频、照片和其他材料。

第七章　党 建 治 理

第一节　党建治理的概念及内涵

党建治理是一个复合词，由“党建”和“治理”组成；党建治理是一种政党治理，特指中国共产党的自身治理；党建治理是目标和途径的统一，党建是方法，有效的政党“治理”是目的。

20世纪90年代以来，西方治理理论兴起。西方学者们赋予了原意为“控制、引导、操控”的治理新的内涵，指“官方或民间的公共管理组织在既定的范围内运用公共权威维持秩序，满足公众需要”。治理的目的是在各种不同的制度关系中运用权力去引导、控制和规范公民的各种活动，以最大限度地增进公共利益。有效的治理追求“善治”的目标，包含合法性、法治、透明性、责任性、回应性、有效性、参与、稳定、廉洁、公正的价值追求①。

21 世纪初，伴随西方治理理论的传入，治理一词被中国学者们广泛应用。一些学者在吸收借鉴西方治理和善治理论、反思世界大党衰退的现实、探讨执政转型和政党现代化，逐渐提出了政党治理理论。政党治理是指在政党的主导下，在党内由政党同普通党员及党的各级组织、在党外由政党同国家政权机关和社会组织共同组成的多元治理主体通过协商、互动、对话、合作等方式形成的、以巩固执政为目标的整合过程与协调机制②。可见，政党治理理论在治理主体上强调多元化，在治理方式上强调协同性、动态性，在治理目标上有巩固政党执政的要求。事实上，政党治理理论的研究更多的是对中国共产党如何实现自身有效治理的探讨，为新时期党的建设提供新的理论依据与实践依据，服务于巩固党的执政，促进党的现代化。

我们希望用“党建治理”来特指中国共产党自身的政党治理。党建，即党的

---

① 俞可平. 全球治理引论[J]. 马克思主义与现实，2002，（1）.

② 刘先春，柳宝军. 近年来国内学界政党治理研究述评[J]. 当代世界与社会主义，2016，（3）.

建设，是党为保持无产阶级先锋队性质，加强和改善党的领导，提高党的凝聚力、吸引力和战斗力而进行的自身建设①。党建包括政治建设、思想建设、组织建设、作风建设、制度建设等具体内容。党建治理的基本含义是在新形势下，由中国共产党主导的多元治理主体，通过实施全面从严治党，加强对党员、干部、各级党组织的治理，以提高党的长期执政能力、先进性、纯洁性和建设新时代马克思主义政党为目标的持续治理过程（图 7-1）。

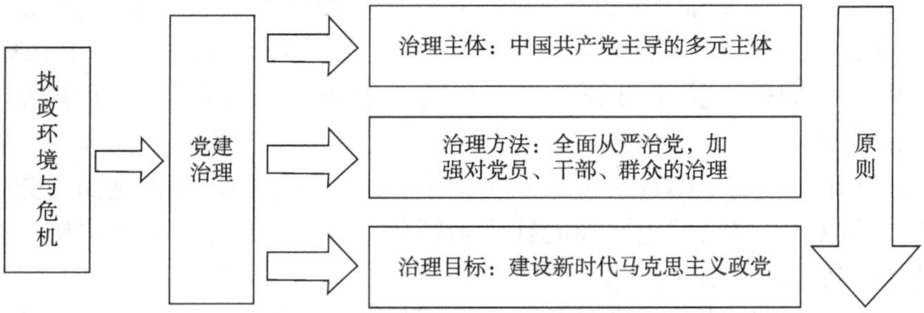

图 7-1 党建治理框架结构图

一是党建治理要回应新形势下的复杂执政环境和执政危机。新形势下，中国共产党面临复杂的执政环境，党内政治生活也出现了一些突出问题，思想不纯、组织不纯、作风不纯等问题尚未得到根本解决。“打铁还需自身硬”，要应对“执政考验、改革开放考验、市场经济考验、外部环境考验”和“精神懈怠危险、能力不足危险、脱离群众危险、消极腐败危险”，始终走在时代前列，成为主心骨和领导核心，中国共产党就必须加强党的建设，实现自身的有效治理②。

二是党建治理的方法是全面从严治党，加强对党员、干部和各级党组织的治理。治国先治党，治党必从严③。全面从严治党要求坚持和加强党的领导，“以加强党的长期执政能力建设、先进性和纯洁性建设为主线，以党的政治建设为统领，以坚定理想信念宗旨为根基，以调动全党积极性、主动性、创造性为着力点，全面推进党的政治建设、思想建设、组织建设、作风建设、纪律建设，把制度建设贯穿其中，深入推进反腐败斗争，不断提高党的建设质量”④。

三是党建治理的主体是以中国共产党为主导的多元主体。在中国共产党内部，党建治理的主体是党的干部、党员和党的各级组织；在外部，还要将国家

① 秦玉琴. 新世纪领导干部百科全书（第 1 卷）[M]. 北京：中国言实出版社，1999.

② 习近平. 全面贯彻落实党的十八大精神要突出抓好六个方面工作[J]. 求是，2013，（1）.

③ 习近平. 在庆祝中国共产党成立 95 周年大会上的讲话[M]. 北京：人民出版社，2016.

④ 习近平. 决胜全面建成小康社会 夺取新时代中国特色社会主义伟大胜利——在中国共产党第十九次全国代表大会上的报告[N]. 人民日报，2017-10-27.

政权机关、社会组织、参政党、人民群众纳入其中，实现各主体之间的对话合作与协同共治。其中，党建治理起主导作用的是中国共产党，最重要的是党的干部、党员、各级组织的“自我革命”；党外的其他主体参与中国共产党的自我治理。

四是党建治理的目标是提高党的长期执政能力、先进性、纯洁性，建设新时代的马克思主义政党。提高党的长期执政能力、先进性和纯洁性是应对新形势下党内党外复杂环境的要求，也是党建治理的直接目标。建设“新时代的马克思主义政党”是根本目标，即要“把党建设成为始终走在时代前列、人民衷心拥护、勇于自我革命、经得起各种风浪考验、朝气蓬勃的马克思主义执政党”①。

五是党建治理的原则：坚持以人民为中心的根本原则；坚持党要管党、从严治党的基本原则；坚持习近平新时代中国特色社会主义思想的指导原则；坚持底线思维与最高目标相结合的原则。

通过比较可见，党建治理包含政党治理的共性，但也有其特殊性，这是由于党建治理形成于中国语境下，深深扎根于中国特色社会主义的实践，中国共产党在领导革命、建设、改革的过程中确立了它的长期执政和领导核心地位。“一个政党，一个政权，其前途命运取决于人心向背”①，中国共产党是一个马克思主义政党，也是一个“使命型政党”，其人民性、先进性、纯洁性以及在追求“人民幸福、民族复兴”的过程中不断取得的治国理政的优良绩效是其执政和政权合法性、稳定性的根本来源。新时代，“党要团结带领人民进行伟大斗争、推进伟大事业、实现伟大梦想，必须毫不动摇坚持和完善党的领导，毫不动摇把党建设得更加坚强有力”①。

第二节　党建治理的目标

“把党建设成为始终走在时代前列、人民衷心拥护、勇于自我革命、经得起各种风浪考验、朝气蓬勃的马克思主义执政党”，这是党建治理的目标。这一目标体现了中国共产党作为马克思主义政党的时代性、人民性、革命性、坚韧性和精神风貌。要坚持以这一目标为导向，不断提高党的建设质量。

“始终走在时代前列”，要求中国共产党顺应历史的潮流，完成历史所赋予的时代使命。新时代是一个比历史上任何时期都更接近实现中华民族伟大复兴的

① 习近平. 决胜全面建成小康社会 夺取新时代中国特色社会主义伟大胜利——在中国共产党第十九次全国代表大会上的报告[N]. 人民日报，2017-10-27.

梦想的时代，中国共产党始终保持先进性，肩负起时代赋予的使命，决胜全面建成小康社会，乘胜而上，开启富强、民主、文明、和谐、美丽的社会主义现代化强国新征程。

“人民衷心拥护”，要求中国共产党保持人民性。要始终坚持以人民为中心，坚持立党为公，执政为民，全心全意为人民服务，把人民对美好生活的向往作为奋斗目标，依靠人民创造伟业，才能收获人民的认同，赢得人民的衷心拥护。

“勇于自我革命”，要求中国共产党敢于刀刃内向刮骨疗毒，“着力解决党内自身存在的突出问题，不断增强党自我净化、自我完善、自我革新、自我提高能力，经受‘四大考验’、克服‘四种危险’，确保党始终成为中国特色社会主义事业的坚强领导核心”①。这是党不忘初心的自我批判和自我超越。

“经得起各种风浪考验”，要求中国共产党执政能力和本领高强，无论前进的道路上有怎样的风险和挑战都能成功驾驭，无论怎样的大风大浪都无法阻挡中国共产党领导人民星辰大海的征途。

“朝气蓬勃”，要求中国共产党领导人民干事业的精神面貌，是一种永不懈怠的精神状态和一往无前的奋斗姿态。

“马克思主义政党”，要求中国共产党始终以马克思主义为指导，始终是中国工人阶级的先锋队，始终是中国人民和中华民族的先锋队。

第三节 党建治理的方法

党的十八大，以习近平同志为核心的党中央将全面从严治党纳入“四个全面”战略布局，由此创立了党建治理的新气象和新局面。党的十九大报告对党的建设做了总体部署，即“坚持和加强党的全面领导，坚持党要管党、全面从严治党，以加强党的长期执政能力建设、先进性和纯洁性建设为主线”②。统筹协调推进党的各项建设，即“六大建设”的总体布局，提高党的建设和发展质量。也就是说，在宏观战略上要实现系统的党建理论体系的构建，在微观战术上实现“层层落实”，从源头防范治理到先进技术的创新，从顶层制度设计到“神经末梢”的坚决维护和实施，从而推进伟大工程建设走向胜利。

---

① 习近平. 在庆祝中国共产党成立95周年大会上的讲话[N]. 人民日报，2016-07-02.

② 习近平. 决胜全面建成小康社会 夺取新时代中国特色社会主义伟大胜利——在中国共产党第十九次全国代表大会上的报告[N]. 人民日报，2016-10-27.

（一）源头治理：党员思想教育

习近平指出："办好中国的事情，关键在党，关键在人，关键在人才。"① 加强党员及党员干部的思想教育是党建的基础性工作，在思想的源头上引导党员自觉遵守党章、党规、党纪，坚定共产主义远大理想的信仰和中国特色社会主义的信念，以期实现"四个自我"。因此必须重视并加强对党员的教育工作，逐渐树立、形成全党的精神支柱和精神动力。对党员教育工作应遵循"党要管党"的原则，管理好党员和党员干部；坚持党的政治建设为统领的原则，加强政治理论教育和党性教育，抓住党员的动态思想工作；坚持从实际出发、实行分类指导的原则，通过集中性教育培训与个体自学、在线学习等方式，增强"四个意识"，坚定"四个自信"，做到"两个维护"，以提高党员整体思想素质和政治能力，提高党性觉悟，从源头上实现不想腐、不敢腐、不能腐，抓住"关键少数"，才能上行下效；关注"绝大多数"，才能创造全体优良党员作风整体效应，保证党的先进性和纯洁性，使广大党员自觉践行为人民服务的宗旨，为共产主义崇高事业而自觉奋斗。

（二）框架治理：制度法规建设

治国必先治党，治党务必从严，从严必依法度②。从中国共产党创立以来，党内法规制度建设步伐持续跟进，如 2018 年一年就印发达 70 多部中央党内法规，"二五规划"中更是明确提出到建党100周年时，形成比较完善的党内法规制度体系的战略目标。为使思想建党和制度治党同向发力，推动伟大工程建设，必须将制度建设贯穿整个建构系统，深化党组织机构改革。在全方位推进党内法规制度建设和检察监督体系建设，扎紧将权力关进制度的这个笼子，更好地管权、治党、治吏的同时，做好与国家法律法规相互协调和前后衔接，并完善党内法规等规范性文件集中清理的工作，形成比较完备的党建治理制度体系，使党内生活、党务工作有章可循、有律可规、有法可依。"打铁还需自身硬"，做好顶层制度设计的同时，更要增强制度执行力。将党纪摆在前面，以零容忍的态度、全覆盖的方式惩治腐败；坚持完善党的领导体制机制，提高党的政治领导力和组织能力，增强党的执政本事，为全面从严治党的落实和纵深发展提供制度保障。

---

① 习近平谈做好组织工作：关键在党 关键在人[EB/OL]. http://news.12371.cn/2018/07/04/ARTI1530657673950302.shtml，2018-07-04.

② 宋功德. 全方位推进党内法规制度体系建设[N]. 人民日报，2018-09-27.

（三）创新治理：互联网+党建

新时代，党的建设环境和条件发生了深刻变化，面临着新情况、新问题和新挑战，更有可能遭遇新的危机，因此要用新的思维、方法和举措解决问题，增强防化风险与危机意识，突破传统的束缚，不断改革创新，打造新的党建治理模式。在信息化背景下，通过广泛利用先进的网络管理技术和模式，以“互联网+党建”的方式实现党建的创新治理。推动各地智慧党建大数据平台有条件地建立，整合各级党建信息平台与政务信息平台、实现共建共享；打通监督壁垒，培养积极健康的党内政治文化，创造良好政治生态环境；利用微信、微博及移动客户端等，建立“网上党校”，为广大党员干部学习教育提供便利的途径；借助互联网的优势，创新党建活动形式，丰富党建工作内容和形式，贯彻实行“三会一课”“三严三实”，推动“两学一做”及党的群众路线教育实践活动等。以“智慧党建”有效调整和分配各种资源，为人民群众提供便捷有效的亲切服务。依托平台的数据分析，实现信息多跑路，人民、党员少跑腿，实现党建标准化及高效化。

（四）精细化治理：基层党建工作

“基础不牢，地动山摇”，作为党组织肌体的“神经末梢”，作为依靠人民群众的基石，直接联系群众的重要纽带，基层党组织发挥着重要战斗堡垒和先锋模范的作用。由于基层党建工作纷繁复杂，各地情况也不尽相同，因此，坚持因地制宜的原则，根据各地实际情况进行改革创新、完善基层党建工作，构建基层党建治理体系，推进村党支部、街道社区、企业和行业单位党组织的左右协调，提升基层党组织统筹协调能力，做实“党建网格化”，促进党建的精细化治理。以基层党组织创新性引领基层治理，带动基层党员、人民群众和社会组织广泛参与民主政治生活，发挥一切能发挥的力量，推动解决基层党组织在贯彻党的路线方针政策时不到位、党组织涣散软弱、组织纪律松弛而造成脱离实际群众等问题；同时也要注意减轻基层党组织的压力和负担，提升党的群众组织力和社会号召力。“欲筑室者，先治其基”，基层党组织要坚决维护、落实中央政策和路线，发挥基层党组织的群众工作优势和党员先锋模范作用，引导基层各类组织自觉贯彻党的理论主张，保证基层党建治理的正确方向。

第四节　党建治理的原则

党建治理是一个系统性的工程，对于在建设的过程中应该遵循怎样的原则，很多学者从不同的角度分析，得出不同的结论。有“二原则”“三原则”“五原则”“六原则”甚至“多原则”之说，有科学性、民主性、制度性、法治性、现代性等原则①。中国共产党正处于新时代，应从时代、实际的角度出发，遵循相应的指导原则、基本原则、根本原则、底线与目标结合的原则。

（一）坚持党要管党、从严治党的基本原则

从严治党和党要管党是中国共产党成立以来党建设的基本原则和经验。新时代的全面从严治党意味着执政党全覆盖地处理内外部关系、不断解决内外矛盾。党要管党意味着党不仅要管好自己，更要增强和发挥党执政本领和党领导作用，发挥全党的集体智慧与力量。“治党”“管党”不是目的，而是要深切把握全面从严治党、党要管党原则中的科学性、合法性、合理性、民主性的统一，明确正确的方向，保证党的先进性、纯洁性及自我革命性和执政能力的建设。加强党的全面领导，以党的政治建设为统领，协调推进各项建设；坚持思想从严、执纪从严、管党从严、作风从严、治吏从严、反腐从严，创造更具韧性、本领更强的执政党②。

（二）坚持习近平新时代中国特色社会主义思想的指导原则

党的十九大报告指出：“新时代中国特色社会主义思想，是对马克思列宁主义、毛泽东思想、邓小平理论、‘三个代表’重要思想、科学发展观的继承和发展，是马克思主义中国化最新成果，是党和人民实践经验和集体智慧的结晶，是中国特色社会主义理论体系的重要组成部分，是全党全国人民为实现中华民族伟大复兴而奋斗的行动指南，必须长期坚持并不断发展。”③也就是说，习近平新时代中国特色社会主义思想是党建设的根本指导思想，是党建设的根本价值取

---

① 刘先春，柳宝军. 近年来国内学界政党治理研究述评[J]. 当代世界与社会主义，2016，（3）.

② 李景田. 改革开放四十年党的建设成就与经验[N]. 浙江日报，2008-12-01.

③ 习近平. 决胜全面建成小康社会 夺取新时代中国特色社会主义伟大胜利——在中国共产党第十九次全国代表大会上的报告[N]. 人民日报，2017-10-27.

向，是检验党的建设是非好坏的标准，推动正确有效的政策和战略的制定实施，有利于维护国家的长治久安。

实践事实证明，在马克思主义的指导之下，我们党始终焕发着强大的生机与活力。新时代推进党建设的伟大工程，必须确保在思想、政治行动上与以习近平同志为核心的党中央保持高度一致步调，深入贯彻落实新时代党建设的总要求和党的组织路线，增强理论思维能力，保持政治清醒。坚持中国特色社会主义思想理论的指导地位，遵循科学、客观的发展规律，实现党总揽全局、协调各方的有利局面。

（三）坚持底线思维与最高目标相结合的原则

习近平同志指出："要善于运用底线思维的方法，凡事从坏处准备，努力争取最好的结果，做到有备无患、遇事不慌、牢牢把握主动权。"①底线是不可触碰的红线和警戒线，坚持底线思维意味着要有忧患意识、自觉责任意识和风险意识。建设伟大工程，必须坚持底线思维，构建和完善制度体系和监督机制；坚持以人民为中心的自觉责任意识，提高风险处置能力，防范化解全面从严治党面临的危机和挑战；广大党员和干部要增强政治辨别是非的能力，坚定政治立场，廉洁自律，坚决抵制违反政治纪律和迫害政治安全的行为与意识，防范"低级红"与"高级黑"现象的出现。

习近平同志在全国组织工作会议上强调："提高党的建设质量，是党的十九大总结实践经验、顺应新时代党的建设总要求提出的重大课题。"②坚持以最高目标为指引，也就是说，进行伟大工程的建设需要着眼于目标，不断提高党的建设质量，确保我们党成为时代先锋、民族脊梁。实现"把党建设成为始终走在时代前列、人民衷心拥护、勇于自我革命、经得起各种风浪考验、朝气蓬勃的马克思主义执政党"③，带领全国人民实现中华民族伟大复兴的最高目标。坚持底线思维与最高目标相结合，从"根"到"叶"再到"实"，永葆党的先进性和纯洁性。

（四）坚持以人民为中心的根本原则

"不忘初心，方得始终。"中国共产党的初心和使命就是为人民谋幸福、为

---

① 中共中央宣传部. 习近平总书记系列重要讲话读本（2016年版）[M]. 北京：人民出版社，2016.

② 习近平. 在全国组织工作会议上的讲话[J]. 当代广西，2018，（19）.

③ 习近平. 决胜全面建成小康社会 夺取新时代中国特色社会主义伟大胜利——在中国共产党第十九次全国代表大会上的报告[N]. 人民日报，2017-10-27.

中华民族谋复兴。这个初心和使命是激励中国共产党人不断前进的根本动力，是党先锋队性质的根本保证，是坚持党的基本路线、基本方略的体现。习近平在党的十九大上指出："人民是历史的创造者，是决定党和国家前途命运的根本力量。"①也就是说，人民的立场就是中国共产党的根本立场。坚持以"人民为中心"的正确路线，就是坚持走正确道路，确保党顶层设计不断满足人民群众日益增加的对美好生活的需要，确保党的路线、方针、政策的落地生根、开花结果，从而推进党伟大工程的建设。紧紧依靠人民群众，聚集人民的智慧力量，建设人民拥护、信任的政党。

① 习近平. 决胜全面建成小康社会 夺取新时代中国特色社会主义伟大胜利——在中国共产党第十九次全国代表大会上的报告[N]. 人民日报，2017-10-27.

案例 长沙县“互联网+党建”推进基层党建治理创新

一、案例主体

摘要：长沙县隶属于湖南省长沙市，处于长株潭“两型社会”综合配套改革试验区的核心地带，是中央确定的全国 18 个改革开放典型地区之一。长沙县共有 1 031 个基层党组织，其中，44 个党（工）委、52 个党总支、935 个党支部及 43 个党小组，党员共计 41 310 名。近年来，长沙县积极发展“互联网+党建”模式，以微信为载体，开发建立“长沙县党建 O2O”服务平台，提高党员及时有效服务群众的效率，提升基层党组织的活力与组织力。目前，该模式被全国评为湖南省唯一的一个基层党建创新最佳案例，对全市、全省，乃至全国的基层党建创新都具有一定的启示意义。本案例对该模式的做法和成效进行分析概括，有助于引导学生深入理解新时代基层党建的创新，也为未来的党建创新提供新思路、新方法。

关键词：基层党建；创新；“互联网+”；民主建设

（一）引言

何为基层党建？

基层党建的目标是把基层党组织建设成为宣传党的主张、贯彻党的决定、领导基层治理、团结动员群众、推动改革发展的坚强战斗堡垒[①]。

何为基层民主？

基层民主是指人民群众在党的领导下，依据党的政策和国家法律，在各级机关单位和基层自治组织中依法直接行使的民主权利，基层民主包括政治、经济、文化、教育等各个领域。

基层民主的发展并不是独立运行的，它离不开基层党组织的建设，离不开基层党建的发展和进步，可以说基层党建与基层民主是相互依存、密不可分的关系。以互联网为代表的第三次科技革命，伴随着信息技术的指数式发展，给人们日常生活带来了巨大的转变。不知不觉中，互联网平台提供的创新型科技

① 本书编写组. 基层党务工作实用手册[M]. 北京：党建读物出版社，2017.

渗透于人们的吃喝住行和一切社会生活中。为顺应时代发展潮流，永葆我党的生机与活力，全方位提升我党在新时代新时期中的执政能力，保障我党全心全意为人民服务，在 2015 年 3 月 5 日，李克强总理于全国人大三次会议政府工作报告中首次提出“制定‘互联网’+行动计划，推动移动互联网、云计算、大数据、物联网等与现代制造业结合，促进电子商务、工业互联网和互联网金融健康发展”①。同年 7 月，国务院印发《国务院关于积极推进“互联网+”行动的指导意见》。该指导意见部署了 11 项重点工作行动，即“互联网+”创业创新、“互联网+”协同制造、“互联网+”现代农业、“互联网+”智慧能源、“互联网+”普惠金融、“互联网+”益民服务、“互联网+”高效物流、“互联网+”电子商务、“互联网+”便捷交通、“互联网+”绿色生态、“互联网+”人工智能等。中国信息通信研究院院长曹淑敏指出：“这些领域事关经济发展全局，或贴近人民群众关切，或创新变革潜力巨大；同时也是互联网能够发挥关键作用、融合大方向清晰、指导性非常明确的领域。”

湖南省长沙市长沙县共有基层党组织 1 031 个，其中，党（工）委 44 个、党总支 52 个、党支部 935 个，党小组 43 个，党员 41 310 名。2016 年 3 月以来，长沙县积极响应“互联网+”行动计划号召，运用互联网时代信息交流的方便快捷，推进基层党建活动的创新。其主要做法是以“微信”平台为基本载体，通过探索推行线上线下（online to offline，O2O）服务模式，把原先主要用于服务业的 O2O 商业模式（线上支付购买商品和服务，再到线下享受服务的模式）引入党建服务，实现“线上”点菜下单，“线下”接单服务，从而开启了“互联网+党建”的党建工作新格局。

（二）具体措施

加强党的作风建设是提高党的建设科学化水平的一项重要任务。以人为本、执政为民是我党长期的执政理念和一切工作的出发点和落脚点。习近平总书记指出，“人民是历史的创造者，是真正的英雄”②。民生问题无小事，只要与人民群众相关，就直接关系到群众对党和政府的信任与支持。长沙县认真贯彻落实马克思主义群众观和党的群众路线，坚持密切联系群众的工作方法，同时响应“互联网+”行动，创造性开发和研究党建 O2O 服务平台，充分发挥党建引领作用，广泛凝聚各方力量，以深入群众、融入群众，与群众打成一片，充分调动自身积极性和最广大人民对于党建工作和政治工作的积极性、主动性、创造性。

---

① 李克强. 政府工作报告[N]. 人民日报，2015-03-17.

② 习近平. 在庆祝中国共产党成立 95 周年大会上的讲话[N]. 人民日报，2016-07-02.

长沙县党建O2O平台探索开发时期，注重其功能性与服务性设计，强调其规范化与实效性。首先，印发相关文件以确保平台规范化管理。2016年12月，长沙县委印发了两个规范文件和两个操作手册，即《关于在全县开展党建O2O服务的实施方案（试行）》《长沙县党建 O2O 服务管理暂行办法（试行）》《镇（街道）党建 O2O 服务工作手册》《村（社区）党建 O2O 服务工作手册》。同时，镇（街道）建立健全党建O2O服务微信群管理制度、考核办法和奖惩制度，奖惩结合，切实保障党建O2O服务平台规范有序运行。其次，规定具体责任人以确保平台服务实效性。明确各单位、各镇（街）的第一责任人是党组书记（局长），主要责任人是分管党建的副书记，具体责任人则准确落实到其他班子成员。镇（街道）研究制定了符合本单位的对接办法，具体明确与镇（街道）、村（社区）、组（居、网格、片区）三级进行沟通交流，强调责任落实，注重维护群众利益，切实提高为人民群众办好事、办实事的水平。此外，还创造性地实行“四级四分”办事程序。“四级四分”办事程序，即按照“集中受理、分类办理、限时办结、过错问责”“谁主管、谁负责，谁办理、谁答复”“属地管理”等原则，县、镇（街道）、村（社区）、组（居、网格、片区）通过微信建群四级分组、信息传递四级分流、问题整理四级分类、事务处理四级分办以保障平台高效运行。

长沙县党建创新注重线上与线下相结合。虽然党建O2O服务模式已经能较好利用互联网方便快捷的特性倾听民意、了解民声，但长沙县并非舍本逐末，完全依托于互联网平台，只注重“线上”平台建设，而是把党建O2O服务平台作为重要通道，让线上线下同时运行，注重虚实结合和相互促进，真正在“线下”的生活中将百姓利益落到实处。简而言之，党建O2O服务平台能够真正有效实施的最关键之处在于让“线上”“线下”融合互动，实现群众“线上”下单点菜，干部“线下”接单服务。在“线上”方面，建立起四级“线上”微信平台。为实现全县微信“网格化”，组建县、镇（街道）、村（社区）、组（居、网格、片区）四级微信群，并要求各党政班子成员、科室站办所负责人、业务骨干、党员干部和人民群众分层加入微信群，以方便交流，促进沟通，提高效率。并依托“长沙县共产党员网”，开发建成以“长沙县党建 O2O”为核心，建立微信公众号，为党员干部群众提供在线服务，如学习教育、咨询求助、反馈问题、建言献策等。在“线下”方面，搭建起四层“线下”实体服务。为了防止“线上”与“线下”各自独立运行，无法真正对接落实的问题出现，长沙县在“线下”探索建立四级党建O2O服务站（办、点），设立党建O2O服务工作办公室、党建O2O服务中心、党建O2O服务站等，设置专门人员为群众提供服务，倾听民众心声、把握民众脉搏、了解民众诉求。

以人为本、执政为民是检验党的一切执政活动的最高标准。各级党组织和广大党员、干部要牢固树立马克思主义群众观，培养对人民群众的深厚感情，任何时候都把人民利益放在第一位，始终与人民心连心、同呼吸、共命运。党建工作应该优先惠及民生，以优良的党风凝聚党心和民心，带动政风和民风。长沙县党建 O2O 在“线上”组建平台管理员，在“线下”组建民生快递员。由熟悉党建工作的党员干部担任管理员，负责平台微信群和公众号的管理与维护，从各组表现优异的积极分子中选取民生快递员，负责走访联系群众并落实群众诉求，以实行点对点、面对面的服务，主动向精准扶贫、产业发展、民政救助领域推进，实时解决群众困难、答复政策咨询、申请各类救助。党建 O2O 服务平台还为党员干部提供更多党内组织活动平台，以丰富党员生活，提高党员素质。其开设“微党课”“微讨论”，编办“微故事”“微杂志”，随时随地组织党小组召开语音和视频会议，让党员干部随时能参与组织活动，提升党组织归属感和凝聚力。

为确保“线上”与“线下”工作衔接落实到位，长沙县委书记曾超群同志对党建 O2O 服务平台的开发研究工作曾多次做出重要批示指示，使其更具有明确的目标和方向。长沙县委组织部部长也曾亲自参与调研、统筹调度，推动党建 O2O 平台向更深一层、更进一步发展实践。如今，党建 O2O 服务平台已经被长沙县委在党代会报告中列为党建的重点工作和规划之一，并为其专门设立了长沙县党建 O2O 服务办公室，各镇（街道）对应成立党建 O2O 办公室，村设立党建 O2O 窗口等，使其更具规范化和专门性，以优化其工作与服务，真正落实到群众工作中。在硬件设施方面，党建 O2O 服务工作有专门的电脑设备，某些条件较好的地区还为管理员配备专用于党建 O2O 服务工作的智能手机，同时为所有的管理员和民生快递员进行流量补助，这一做法有效地保障管理员和民生快递员在党建 O2O 服务平台的工作执行中全心全意工作，而无后顾之忧。

除此之外，为扩大党建 O2O 平台的影响力，为方便群众深入了解平台功能与使用方法和积极监督配合党建工作开展，长沙县委制作了相应的宣传视频，详细介绍党建 O2O 服务平台的功能和基本情况，通过镇（街）宣传显示器进行实时播放。同时将宣传视频的内容精简化，配套印制服务宣传卡，分发到群众手中，并配合专门工作人员的讲解，为全体干部群众了解平台建设提供了诸多便利。长沙县委政务网站专门为党建 O2O 平台设宣传专栏，将党建 O2O 服务中的典型案例搜集汇编，以方便干部群众学习和查阅。目前，长沙县委已逐步把党建 O2O 工作开展情况纳入年底绩效考核，各部门和各街道每月工作情况都将予以通报和定期公布。对工作开展情况较好的部门、街道和党员干部个人进行公示表扬和发放奖励，对工作情况开展不佳的部门、街道和党员干部个人进行批评并实施一定惩罚，以奖惩制度促进工作高效发展。

（三）实施情况

长沙县党建O2O服务平台投入试点使用期间，引起了社会各界的广泛关注。2017年2月7日，中国浦东干部学院全国基层党建研究中心调研部主任、副处长黄颖和上海社会生产力发展研究中心高级研究员汤俊平到长沙县调研党建O2O服务模式，长沙县委组织部副部长刘桂良同志陪同参与调研。调研组先后来到田汉社区和浔龙河村，参与和感受党建O2O服务平台的服务质量，聆听党员干部和群众对党建O2O服务平台的基本工作情况的感受。相关负责人还对党建O2O工作的未来发展前景进行仔细说明阐述，同时对其可能出现的问题和创新方面的工作进行答疑解惑，进一步让相关调研组领导同志了解当前党建创新工作实施发展情况，并对长沙县党建创新工作提出进一步指示、批评和建议。2月8日上午，调研组来到开慧镇板仓社区，社区党员干部和群众进一步介绍关于党建O2O服务平台工作的体会和感受。相关负责人对当前党建O2O服务平台工作的现状、问题和发展方向进行了深入的解读和分析。对于当前党建工作存在的困难和问题，负责人提出了自己的见解，获得了领导干部同志的认可。

经过此次为期两天的调研，调研组走访长沙县党建O2O服务平台发展落实较好的几个镇和社区，对党建O2O服务工作给予高度肯定，鼓励相关负责人再接再厉，极大地鼓舞了相关党员干部和群众对党建O2O服务平台的建设信心。

长沙县党建O2O服务平台改变了传统的党建活动方式，为党员干部联系群众工作带来了改变，为基层党组织注入和添加了活力。新媒体与互联网科技的运用，将党建工作置于“远在云端”微信公众平台上，为党建工作节省了时间，提高了效率，同时又建立“近在眼前”的实体服务平台，以“线上”带动“线下”，两条线同时运行，它们不是平行的关系，而是相交，实现了功能性跨越。党建O2O服务平台突破了传统条件对于党建工作的时间空间限制，通过党建O2O微信群，无论党员干部身处何方，都能随时随地进行党建活动，每时每刻参与党员学习教育、接受党组织的管理和培训，真正有效打破时空界限，这是党建工作方法打破传统模式和思维，实现现代化的质的飞跃。如今的党建工作不仅仅是像过去那样是一场接一场召开形式化的会议、发言和表态，党建O2O平台的建立从根本上丰富了党内生活的形式，为党员干部拓宽了视野。可以说长沙县党建O2O服务平台既完成了对工作的部署、对精神的传达、对党性的教育，更成为基层干部、党务工作者交流、沟通和表彰实绩的重要平台，拓展了党建工作的深度和广度。在未来的发展中，党建O2O服务平台还将进一步扩大其功能性，真正成为一个综合性的党员干部活动平台。党建O2O服务平台为党员干部和人民群众的有效沟通架起桥梁，提高党建工作和党员服务群众的效率。

利用微信群、微信公众号、手机 APP 等网络平台，有效解决原本存在的工作难题。在传统的党建工作中，最困难的一步在于如何倾听更多群众真正的心声以及如何将政府和党员干部的方针决策准确及时让群众知晓，党建 O2O 服务平台较好地解决了此类问题。通过“线上”与“线下”的及时反映，信息的交换不再成为党建工作的一大难题，工作效率的提高不仅仅使百姓受益，也进一步提高党员干部服务群众的热情和工作积极性，真正将党建工作与民生问题相结合，提升了为民服务的质量。基层党组织的政治引领功能和组织服务功能也在党建 O2O 平台的实施过程中得到肯定和增强，党组织从“线上”走进“线下”，更走进了群众的心里。

党员干部要自觉坚持马克思主义群众观，坚持党的群众路线，提高做群众工作的本事和本领。当今社会，群众的利益诉求日益多样化，民主意识、法制意识和权利意识等日益增强。切实落实人民群众的知情权、参与权、表达权、监督权是党建工作的重点。党建 O2O 服务平台通过公开党员干部在工作办事中的回复、办理情况，切实保障人民群众的监督权、参与权、知情权和表达权，从而也能更好地激发党员干部的工作积极性和工作热情。党的十八大以来，中央政治局出台《十八届中央政治局关于改进工作作风、密切联系群众的八项规定》，反对“四风”建设成为群众路线教育实践活动的重要任务。群众通过党建 O2O 平台可以更好地监督党员干部的工作作风和日常生活，如有发现违反文件精神的行为，可以通过平台第一时间检举揭发党员干部，有效遏制“四风”问题反弹回潮。

长沙县党建 O2O 服务平台自上线以来，成为干部与群众联系、了解民意和倾听民声的重要通道，获得广大群众和媒体的广泛好评。长沙县成功探索商业 O2O 模式并运用到党建活动中来，建设党建 O2O 服务平台这一举措已被中国共产党核心期刊、“全国十佳文摘期刊”——《党建文汇》专题进行报道，《长沙晚报》《长沙通讯》《光明日报》也多次刊登和介绍，并被评为全国 30 个基层党建创新案例之一。

（四）结束语

党的十八大提出，“创新基层党建工作，夯实党执政的组织基础”①。党建创新不仅仅在于理论创新，最终的落脚点应该在于服务和贡献。近十年来，党建创新强调的是在理论创新上有新亮点、在研究领域上有新拓展、在学术见地上有

① 胡锦涛. 坚定不移沿着中国特色社会主义道路前进 为全面建成小康社会而奋斗——在中国共产党第十八次全国代表大会上的报告[N]. 人民日报，2012-11-18.

新观点、在研究方法上有新借鉴和在服务实践上有新贡献。因此，创新基层党建工作势在必行。

首先，长沙县党建O2O服务平台利用当前互联网信息时代的方便快捷，有效扩大党的工作覆盖面，有效减少党的工作障碍区和盲点，使党的基层组织工作和组织关系更加完整和科学。其次，长沙县以党建O2O服务平台作为载体，用一种当今时代更容易被党员干部和群众所接受和熟知的方式创新了党组织的工作行为和工作氛围，顺应了时代发展潮流和新形势，充分利用现代科学技术突出党建的时代性和创新性。总而言之，党建O2O服务平台较好地融合了党建与当今社会信息化元素，将"线上""线下"平台进行有机结合，坚持党的根基在人民、血脉在人民、力量在人民，最终达到深入实际、深入基层、深入群众，从而获得了群众的支持与好评。

除长沙县外，当前也有不少省、市、县等的各级党组织依托网站、微信或是其他手机系统和软件开展党建活动，可以说"互联网+党建"在全国范围内达到某种共识并取得了显著的效果。但这样的新模式还处于发展初期，一些问题和弊端尚未凸显，互联网的两面性也可能反映在新型党建工作中。例如，在工作时间使用手机端登录党建 O2O 服务平台，"互联网+党建"真正普及并完全落实仍需要很长时间的摸索与探究，这也将是未来一段时间内党建创新的关键点和难点。

思考题：

1. 试分析长沙县为开发党建O2O服务平台做了哪些准备工作。
2. 分析与传统党建方式相比，"互联网+党建"有哪些优势。
3. 结合所学知识，浅谈"互联网+党建"对党的建设有哪些机遇与挑战。
4. 分别从党建工作者与基层群众两个不同角度，评价党建O2O服务平台。

二、案例说明

（一）课前准备

（1）教师可在上课前一周，将该案例正文发送到班级群或者学生邮箱，以保证每个学生都能收到该案例。要求学生在课前预习案例正文，提前熟悉案例，并对思考题进行独立思考。

（2）要求学生在上课之前查阅相关资料，对"互联网+"及O2O模式等有所了解，以便能够深入地思考案例。

（3）课前要求同学们进行自由分组，将全体同学分成6个组，每组选出一名组长，并且由组长负责组织小组成员，根据独立思考结果，进一步进行小组讨论，记录内容，以便在课堂上进行汇报和展示。

（二）适用对象

本案例主要涉及基层党组织建设创新，适用于公共管理学、行政管理学、公共事业管理等相关课程，主要适用对象有基层党建工作人员、政府部门工作人员、公共事业管理人员，以及公共管理、行政管理等专业的本科生和研究生。

（三）教学目标

（1）试分析长沙县为开发党建O2O服务平台做了哪些工作。
（2）分析与传统党建方式相比，“互联网+党建”有哪些优势。
（3）结合所学知识，浅谈“互联网+党建”对党的建设有哪些机遇与挑战。
（4）分别从党建工作者与基层群众两个不同角度，评价党建O2O服务平台。

（四）要点分析

1. 试分析长沙县为开发党建O2O服务平台做了哪些工作

为顺应时代发展潮流，同时也为积极响应国务院对于“互联网+”行动计划的指示，长沙县基层党组织大胆创新，探索开发党建O2O服务平台，推动基层党组织的深化改革。首先，“互联网+党建”的创新，并不是凭空出现的，而是由经济形态不断演变而派生出的一种为党建改革、创新、发展创造无限可能的网络平台。长沙县党组织抓住此次互联网兴起的机遇，利用“互联网+党建”行动，将原本用于服务业的O2O商业模式，开发创造性地引入党建服务中去，提高党组织服务广大人民群众的效率，体现长沙县党组织的活力与朝气。

其次，2016年12月，长沙县委印发2个规范文件和2个操作手册，同时出台党建O2O服务微信群管理制度、考核办法和奖惩制度，以保障该平台能规范有序运行，此外，还规定具体责任人以确保平台服务实效。此项党建服务平台的创新，是由长沙县党组织的领导者和相关党建工作制定者、实施者共同完成的，经过切实考察当地民众的民情与民意，他们详细分析“互联网+党建”平台对民众学习、工作、生活产生的影响，并对所得主要矛盾提出具有合理性和可实施性的解决思路。

最后，在具体实施过程中，长沙县党组织在实施线上微信平台的同时，在线下建立一支由218名管理员与1 633名具体实施者组成的庞大队伍，落实到65 031户群众，做到线上与线下双向融合，打破传统条件限制。党建平台是我党与广大人民群众进行联系的重要载体和有效渠道，通过O2O模式的多重互动，使我党能够更加精准地全心全意服务于人民群众。

2. 分析与传统党建方式相比，“互联网+党建”有哪些优势

相较于传统模式的党建，“互联网+党建”具有如下几个明显的优势。

1）“互联网+党建”传播便捷迅速，传播内容直观丰富

相较于按照各层级依次进行传递，耗时长，费力多的传统党建宣传模式而言，党建 O2O 服务平台的线上宣传更具效率，更契合当代人民群众对于信息的提取方式，能扩大党宣传和传播的范围，并且，该平台使领导干部和人民群众利用手机或者电脑就可以轻松了解各类信息，同时预约线下办事，提高为民办事效率。例如，长沙县在实施该创新后的 5 个月内，四级微信群共计收到群众事项和诉求 14 637 项，办理办结其中的 14 100 项，解决率高达 96%。

2）“互联网+党建”的覆盖面广，交互性更灵活

仅通过报纸、广播、电视进行报道宣传党的思想路线和方针政策的传统党建，相较于这个信息爆炸的时代有些落后。对于党组织的重要决策，往往自上而下、逐层传递，每一层级都需要开展党内会议进行宣传和学习。在逐层传递的过程中进行传统模式的宣传，会造成资源的重复浪费、信息不对称和信息反馈不及时和不完整等情况。如果运用“互联网+党建”，每一层级都能及时且有效地传递信息，并且利用微信等平台宣传成本低、宣传效率高，有利于资源的合理配置。此外，O2O 的线上平台部分，不仅使党建的宣传方式多样化，还化被动为主动，使人民群众更容易理解接受信息。其中，线上平台提供的信息交互平台，形成人民群众直接对话党组织工作人员的沟通大平台。这样，党建工作者能在该平台积极地调动起群众的主观能动性，以便收集群众的思想动态，从而在一定程度上利于上级的决策和实施。与此同时，与线上平台并行的线下的信息交互效率也得到了提高，使得群众办事不绕弯子、兜圈子，让“信息跑路”代替“群众跑路”，解决办事难等民生问题，增加百姓幸福指数。

3）“互联网+党建”监督性更强

“互联网+党建”作为传统党建的一种延伸，这种模式利用互联网载体，将本应在传统党建的各项工作开展到互联网平台上，使得这个平台成为一个阳光、透明的监督平台。广大党员和群众可以通过线上平台对党员干部、党组织机构进

行日常监督，防止党员干部腐败违纪行为发生。在O2O的线上平台，开设反腐倡廉专题页面，由于互联网涉及面极为广泛、信息量庞大、传播迅速，使得网络成为一个监督力度强、威慑力度大的互动平台。这样，当互联网监督成为一种国民行动时，党员领导干部便能自发地、有意识地加强自我约束力，推进党风廉政政策和反腐工作，最终营造出清正廉洁的党组织环境。

3. 结合所学知识，浅谈“互联网+党建”对党的建设有哪些机遇与挑战

1）机遇

我国国家领导人高度重视互联网这一大平台。从胡锦涛同志到习近平同志，都在重要讲话中强调，要尽快掌握网络这个舆论场上的主动权，不可被边缘化。因此，为保持我党活力，顺应时代发展潮流，积极推进“互联网+党建”平台是正确的选择。长沙县有效借助手机微信平台，将党建事业与民生事业相结合，在微信平台提供各类信息查询服务，在网络上轻松解决各类民生问题，提高办事效率，增加党和政府的权威，使党真正做到为人民服务，我们政府也真正向着服务型政府迈进。

为推进党的民主建设，提供新渠道。在发展社会主义民主政治方面，我们应该清楚地认识到，我们仍存在着许多问题。例如，党员领导干部凭个人意志办事，没有树立正确的民主观念，或者认为民众素质不高而擅自决定等问题时有出现。未考虑到人民群众的根本利益，切实做到“从群众中来，到群众中去”，真正做到人民当家做主，需要倾听广大人民群众的呼声。同时，随着人民群众的民主意识的不断加强，人们迫切需要一个可以发表自由言论、表达自己意愿的平台。“互联网+党建”平台应运而生，在长沙县，人们通过线上微信平台可以第一时间获取政府动态信息，了解政治，表达民意，与上级组织进行沟通与交流，表达作为群众的意愿，提出建设性意见与建议，有利于决策者进行决策。

为巩固党组织的建设提供新途径。互联网具有虚拟性与交互性，它所建立的虚拟世界，将不同地域、不同主体进行连接，使信息传递脱离地域限制，从而达到聚合与扩散的双重作用。简单来说，就是将原本的层级结构转化成扁平化结构，实现各组织之间跨部门、跨层级合作与协调，以简化各类烦琐环节，增加办事效率。黄花镇党组织利用党建O2O微信群、微信平台开展精准扶贫、城市管理等多项工作，群众也能通过该平台办事，真正把党建融入民生，得到了较高的社会反响，加强了党组织的权威。同时，利用“互联网+党建”平台，对各级党组织和党员干部进行管理，有利于加强党组织的战斗力与凝聚力。

2）挑战

互联网的发展使党内民主建设面临难题。在这个日新月异的信息爆炸时代，人民群众接收到的信息多且杂，或难以辨别真假，或难以去选择。在这种情况下，人们容易混乱与迷茫，从而丧失分析与判断的能力，他们或依靠电脑自身或依靠专家进行信息的筛选，这就容易导致非理性判断。在互联网中的虚拟身份，使得某些用户故意散布虚假信息误导欺骗，直接影响人民群众的判断力，更有甚者遭到网络暴力。

互联网的发展对党组织建设提出新任务。由于互联网打破传统社交中时空的限制，具有普遍性、无限性、全球性等特点，使得人们在条件允许的情况下，畅通无阻、无拘无束地进行交流与信息传递，利用这个特点，党组织可进行宣传有利于国家发展的、地方稳定的政治思想等。但与此同时，这些特点也会在一定程度上造成公众对于组织观念的削弱，给社会稳定建设带来一定压力。此外，在这个虚拟世界中，党组织树立一个好形象至关重要，但如何做到公平、公正、公开确实是一个不小的挑战。

4. 分别从党建工作者与基层群众两个不同角度，评价 O2O 党建服务平台

党建工作者：对于长沙县的“互联网+党建”的创新，和党建 O2O 服务平台的投入使用，使基层组织党建工作不再单一，而是向多元化发展。“线上”“线下”的融合互动，实现群众在“线上”预约，干部在“线下”接单并提供服务，提高了为人民服务的效率。实时得到群众对工作人员的满意度评价，是对一线工作者的肯定，增加工作者的自我成就感；此外，群众的反馈评价，也有利于他们提高自身素质，使他们更好地全心全意为人民服务。然而，对于线上平台的工作者而言，目前电子设备（如电脑、手机）对工作者的诱惑极大，工作的效率低下也是亟须解决的一个问题。

基层群众：对于基层群众而言，借助新平台能够更快更有效地解决群众办事问题，这项惠民服务值得为党组织点赞。并且透过党建 O2O 服务平台，线上线下同时拉近群众与组织之间的距离，利用晒成绩、推亮点，将党建工作由虚转实，党建动态信息放在阳光下，在群众与干部之间架起一座桥梁，更好地进行沟通与交流。

（五）课堂安排

本教学案例计划安排的课堂时间为 100 分钟。建议课程的安排以及教学活动

顺序如下。

课前计划。思考案例结尾所提出的思考题，要求学生在课前完成案例阅读和初步思考，并且通过查阅相关资料收集与基层党建创新相关的信息，同学们自由组成 6 组，以便之后的课堂讨论。

（1）讲述传统方式的基层党组织建设相关知识，并与“互联网+党建”做出对比，扩展学生对于这两种类型的基层党建工作的了解。借助媒体工具（PPT）或者板书与同学们进行简单的互动。邀请 3 ~ 5 名同学，浅谈自己在暑假期间，在机关事务单位社会实践中，对于所接触到的基层党建的看法，以及当地党建与案例中所提到的长沙县“互联网+党建”的异同。（30 分钟）

（2）结合案例，引导学生分析“互联网+党建”与传统意义上的基层党建的区别，从信息传播方面、覆盖面、信息交互能力以及监督能力等方面，引导学生从多个角度进行详细分析，最后对学生的分析进行简单的总结概括。（30 分钟）

（3）根据课前所分成的 6 个小组，结合老师上课所讲，讨论“互联网+党建”对党的建设有哪些机遇与挑战，以及从多角度评价党建 O2O 服务平台。让每一个小组挑选一位代表上台发言，展示小组各成员经过思考和讨论后对思考题所得的成果。在所有小组展示完毕后，教师总结各小组情况，并给予评价，最后教师补充回答学生思考不到的部分。（30 分钟）

（4）在课程即将结束的时候，简单回顾本堂课的内容，让学生留下深刻印象。布置课后作业、思考题等，写一篇关于本次案例学习的心得体会。（10 分钟）

课后计划。要求学生按时上交案例心得体会，并进行批改反馈，鼓励学生多多关注基层党建创新。

（六）其他教学支持

（1）场地支持：可容纳所有学生的无阶梯教室、足够多的可移动桌椅，以便学生展开自由讨论和教师进行观察。

（2）必要的设备条件：可供板书的黑板与粉笔，教师讲课所用的电脑、投影仪、麦克风等辅助设施。

第八章　国防治理

第一节　国防治理的概念及内涵

20世纪90年代，治理理论在全球范围兴起；1995年，全球治理委员会对治理做出界定：治理是或公或私的个人和机构经营管理相同事务的诸多方式的总和；是使相互冲突或不同的利益得以调和并且采取联合行动的持续过程。治理同时涉及公私部门，以调和为基础，赖于持续的相互作用，是一个过程，不是一系列的规章制度、规则条例。格里·斯托克指出，治理偏重的是统治机制，而不是依靠政府的权威和制裁。国无防不立，民无防不安。国防作为维护国家的安全力量，是为防备和抵抗侵略，制止武装颠覆、恐怖分子等，保卫国家的主权统一、领土完整和安全所进行的军事活动，以及与军事有关的政治、经济、科技、外交、教育、文化等方面的活动。国防伴随着国家的产生而产生，为国家利益服务。一个国家，一个民族，最重要的是安全问题和发展问题；国防就是在国家发展和安全需要过程中产生的。根据《中华人民共和国国防法》的规定，我国的国防手段包括军事活动及与军事有关的政治、经济、外交、科技、教育等方面的活动。

习近平总书记指出："统筹发展和安全，增强忧患意识，做到居安思危。"[①]国防治理作为一个新的概念，是指在抵抗侵略、制止武装颠覆和恐怖分子等的同时，实现保卫国家的主权统一、领土完整和安全；国家通过调和，对和国防建设有关的政治、经济、文化、科技、外交领域所产生的相互冲突或不同利益采取行动的持续过程，以实现国家和社会全方位的安全。

无疑，国防治理是与政治分不开的。在当今全球化的大背景下，政治环境的稳定，必然伴随着国防治理同步进行；国防治理是服务于政治的，政治环境以国

① 习近平. 决胜全面建成小康社会 夺取新时代中国特色社会主义伟大胜利——在中国共产党第十九次全国代表大会上的报告[N]. 人民日报，2017-10-27.

防治理为基础。通过国防治理，保证政治环境的稳定，保证政治信息的安全。政治和经济相同，对一个国家来说是非常重要的，处于掌舵者的位置，只有保证政治的安全，才能更好、更快地发展；保证政治信息的安全，才能保证一个国家在国际活动中更具有话语权和主动权；另外，政治上的熟练能够为国防治理的推动奠定好的基础，使其更好地服务于政治。

一个国家的社会经济要想持续稳定良好发展，必然需要稳定的社会环境，国防治理离不开经济的发展，经济的发展也离不开国防治理；经济的发展推动国防治理的不断前行，国防治理保证经济良好持续发展。没有永恒的朋友，也没有永恒的敌人，只有永恒的利益。经济作为不可缺少的物质条件，要想持续稳定发展，离不开社会环境的稳定。国防治理带来的国家和社会安全，是经济发展的前提。国防治理的开展必以物质为基础，同时也需要物质条件来不断提升硬件水平，保证国防治理不会落后于时代，也同时保证国防治理信息的时效性，从而保证国防治理水平随时代的发展不断提高，更好地服务于经济。

文化作为一个国家的精神活动及其产品，具有历史的烙印，是智慧的象征，国防治理是文化发展和不断创新的前提条件，保证文化的发展创新有一个稳定的社会环境，也可保证文化能够在人们认识世界、改造世界的过程中转化为物质力量，推动社会发展。文化的产生离不开人类政治、经济的活动，文化是人类创新活动永恒拓展的载体、创新水平提升的工具、传播的手段。因此，保障一个国家的文化安全，防止文化霸权的压迫是必不可少的。一个国家的物质文化、制度文化、行为文化、政治文化、经济文化、精神文化都是文化在不同领域下的反映，是宝贵的财富。首先，国防治理可以为文化的发展和创新提供一个稳定安全的环境，保证文化的发展持续性；其次，国防治理保证文化信息的安全，防止渗透，也是在很大程度上树立了民族文化自信心；最后，国防治理为文化提供了一道安全屏障。一个民族，只有物质和精神都富有，才能自尊、自信、自强地屹立于世界民族之林，也只有文化安全才能保证精神富足。

科学技术是第一生产力，很大程度上决定了一个国家在国际上的地位；科学技术是国防治理的基础，要想保证国家和社会全方位的安全，先进的科学技术是万万不可或缺的。科技如果转化为生产力，会大大提高生产效率，从而推动经济的发展，超过资金、劳动力给经济带来的发展；保证科技文化的安全，是在这个以和平与发展为主题的世界中势必而为的，科技强国是必然的选择，现代科学技术水平已成为国际政治斗争中的一个筹码和大国地位的象征，而保证科技文化的安全，是国防治理的重要内容之一。科学技术广泛应用于政治、经济、文化、外交等多方面，科技水平在很大程度上决定了政治、经济、外交的发展水平，同时科学技术已成为综合国力的重要内容之一，保护科学技术的安全是必要的。

在全球化和经济化的推动下，外交对一个主权国家在参与国际事务中的作用越来越重要。综合国力是一国外交的基础和后盾，外交的主导原则是主权平等，完善的国防治理是一国外交基础和后盾的保证。经济、文化、科技、体育等领域的官方对外联系，以及被称为“人民外交”或“国民外交”的各类民间对外交往，是对外交的重要和必不可少的补充，但也受综合国力的制约。国防治理为综合国力的发展和增强提供基础条件，同时国防建设作为外交的坚实后盾之一，在国防治理下，可以更好地、多方位地为外交奠定基础，也会不断推动综合国力的发展。

第二节　国防治理的目标

捍卫国家主权和统一、维护国家的安全、保卫国家的领土完整是国防治理最基本的目标。国防治理，以国防建设为基础，保证国家和社会的安全，实现基本的守土安全，是国防治理最基本的目标，也是一国发展最基本的要求。只有达到守土安全的基本目标，才能谈之后的经济、文化发展。

做好国家外交坚实的后盾是国防治理的重要目标。经济全球化的发展下我国已经跻身中等贸易依存度国家行列。一旦对外交往的渠道受到阻碍，就会失去安全、失去和平发展的空间，在贸易保护主义抬头的逆全球化发展趋势下，拥有强大的外交后盾才能在外交中掌握足够的发言权和主动权，更有力地维护国家利益。同时也才能更好地处理国际关系变化所带来的冲击，把好舵，航行得更稳更远。

保证社会全方位的安全，经济安全、政治安全、文化安全、科技安全等是国防治理的最高目标。从守土安全上升到总体安全的国家安全观，国防治理下，不仅仅是守土安全，在时代和社会不断发展进步的今天，国家安全早已不只局限于最初的守住国家主权安全以保家卫国和维持社会治安稳定，单纯守护领土安全已经无法应对国家安全发展需要。全球化趋势的主导下，政治、经济、文化、科技之间的关系越来越密切，在一定程度上直接决定了国家安全，因此，涉及的领域内容大大扩展，国防治理便应运而生，以守土安全为基础，保证经济、政治、文化、科技多方面的安全，是集中体现了以习近平同志为核心的党中央探索中国特色国家安全发展道路的理论自信和制度自信，是强军兴军，建设世界一流军队的必由之路，是巩固军政军民团结，决胜“两个一百年”奋斗目标、实现中华民族伟大复兴的中国梦的关键一招，也是每一位公民提高全民国防意识都应该明确的职责使命和国防担当。

总的来说，国防治理是为了保证国家的安全及社会的安全，是为了适应在时代的不断变化下，不断更新国家安全的内涵，由最初的守土安全上升到总体安全的国家安全观，不仅包括看得见的默化于心的安全，还包括在网络发展环境下，看不见的更需要保护的地方的安全。国防治理可以弥补国防建设覆盖面不完全的缺陷，国防建设是对国家主权及领土安全的重视，然而随着社会的发展，越来越多的方面也需要国防的保护，但由于能力不够，要求达不到，无法胜任，因此，国防治理这一新概念应运而生，解决这一问题，弥补缺陷，从而在更高层次，更全面地保证国家安全，推动国家经济发展。

第三节　国防治理的原则

在社会主义现代化建设背景下，目前，我国国防治理最大的特征是具有系统协调性，即现代国防建设是一个以科技为龙头、以经济为骨干、以科技文化为血肉、以国际外交为表现，通过总体性的战略布局谋求国家和平与发展的有机体系。国防治理不仅包括军事实力的提升，同时还包括政治、经济、外交等其他形式的建设。

在飞速发展的现代社会中，国防治理已经不单单只局限于军事发展这一个领域的理论与观点，而是与我国国民经济、上层政治、社会文化、科技教育及国际关系与外交等领域密切相关的一系列治理理论与体系，因此，对于国防治理应遵循的原则，将从以下几个方面来探讨论述。

第一，要正确处理国防建设与经济建设的关系，即要遵循国防建设与经济建设相互影响、相互制约并相互促进的原则。

经济建设和国防建设都是国家建设的重要方面，是一个不可分割、互为依存的矛盾统一体。经济实力的提升是国防发展的重要基础，只有国家的经济实力不断增强，国防建设才能有更大的发展空间；同时国防建设又是国民经济稳步发展的重要后盾和支撑，只有国家的国防实力不断增强，经济建设才能有更加强大的安全保障。随着21世纪以来世界局势和国际关系的变化，以及我国改革开放以来确立的“以经济建设为中心”的党的基本路线，我国的国防建设不再以战争为主，而是以保卫国家安全、促进和平发展为主。在这一中心思想的指导下，我国开始从改革开放前的“军民结合”“以军为主”的国防建设理念转变为国防和军队建设服从以及配合经济建设的理念。

第二，要正确处理国防建设与政治建设的关系，即要遵循国防建设始终处于正确的政治方向指导下的原则。

坚持党的领导和建设一支忠于党、忠于人民的现代化军队是建设强大国防的根本保证。同时政治也是国防巩固的根本，离开了正确政治的指导，国防建设就会迷失方向。国防建设使得政治工作有强有力的力量保障，没有强大的军事力量做政治活动的后盾，国家在国际社会和外交活动上就没有话语权，此二者紧密联系，缺一不可。

国家为了规范国防建设，制定并出台了相关国防法规。国防法规是由国家立法机关制定的并以国家强制力保证其实施的，用于调整国防体制、武装力量建设、国防科技建设、战争动员体制、国防生产、全民防御和国防教育等方面社会关系的法律规范的总称。国防法规是国家国防政策的法律体现，是指导国防活动的行为准则，并且是国家法律体系的重要组成部分。这正好体现了我国对于国防建设正确的政治指导，有利于加强我国国防实力建设，顺利实现国防现代化。

第三，要正确处理国防建设与文化建设的关系，即要遵循大力发展军事文化建设以及军民融合、解放思想的原则。

军事文化建设在我国现代军事实践活动中彰显着重要作用，已经成为影响和提高部队战斗力的重要因素之一，并且国防建设中军事文化建设与中国特色社会主义总体布局中文化建设的密切程度进一步加强，对我国社会的文化建设起着积极作用。同时，在我国国防建设的过程中，也要坚持中国共产党群众路线的领导方法和工作方法，即从群众中来到群众中去，军民要共同解放思想，迈出军民融合的一大步。随着现代社会工业化和信息化步伐的加快，政府作为传统意义上单一的治理主体，不能面无巨细地进行国防治理，涉及专业知识和技能的领域就需要社会各界的广泛参与，而这将会激发国防建设与社会文化建设进一步的发展潜力。

第四，要正确处理国防建设与科教建设的关系，即要遵循国防建设与科教发展相结合的原则。

“科教兴国”战略是指全面落实科学技术是第一生产力的思想，坚持教育为本，把科技和教育摆在经济、社会发展的重要位置，增强国家的科技实力及向现实生产力转化的能力，提高全民族的科技文化素质，把经济建设转移到依靠科技进步和提高劳动者素质的轨道上来，从而加速实现国家的繁荣强盛。国防建设离不开科教建设，在新时代，我国科技和教育的发展将会对我国未来的国防建设产生深远影响，国防建设的各种新式武器的研发离不开高新技术和新兴工业的发展，科学技术是建设强大国防的根本动力；而高科技的传承与创新又与教育密不可分，所以要牢牢遵循国防建设与科教建设相结合的原则。

第五，要正确处理国防建设与国际外交之间的关系，即要遵循不断深化国防治理改革，使其与外交相适应的原则。

国防与外交互为前提，有国防才有外交，只有国家军事实力强大了，国家的外交地位才会提高，才能保证在国际外交上不受欺辱；同理，如果没有外交，一个国家也很难正确地发展好国防，缺少了国与国之间的沟通与协商，便很难准确定义国与国之间的利益矛盾，国防就难以取得长远发展。

第四节　国防治理的方法

国无防不立，民无防不安。现代国防建设仍以军事准备为基本形式，与此同时，政治、经济、科技、外交等非军事领域的斗争也愈演愈烈，国防治理的作用日益凸显。根据《中华人民共和国国防法》的规定，我国的国防手段包括军事活动以及与军事有关的政治、经济、外交、科技、教育等方面的活动，我国的国防治理自然也涉及政治、经济、外交、科技、教育等领域。为了在新时代继续建设富强民主、美丽和谐的中国，在保卫国家安全同时促进和平发展，我们必须重视国防治理。

首先，要全面统筹协调经济建设与国防建设。

全面统筹经济建设与国防建设，要做到优化经济建设与国防建设的资源配置与流通，在满足中国社会经济稳定发展的前提下深化国防建设的改革与治理，实现国防治理过程的规范化与透明化。同时，将习近平总书记关于经济建设和国防建设辩证关系的重要论述落实到实践中，加快形成全要素、多领域、高效益的军民深度融合发展格局，促进经济建设和国防建设协调发展、平衡发展、兼容发展。

其次，国防建设要遵守国家制定并通过的一系列国防法规。

要使国防建设与军队建设主动融入社会经济与法律法规的发展建设进程当中，自觉遵循国防经济规律和现代科学技术信息化条件下的建设规律，遵守国家制定并通过的一系列国防法规，保证国防治理的政治方向正确与手段合法。要坚持顶层设计的科学决策与民主决策，提高国防治理的决策合理性，决策结果要建立在实事求是的客观事实基础上。

再次，要坚持实施军民融合发展战略，坚持正确的国防治理观念。

坚定实施军民融合发展战略是党的十九大提出的明确要求，在2015年，习近平总书记首次提出把军民融合发展上升为中国国家战略。军民融合就是把国防和军队现代化建设深深融入经济社会发展体系之中，全面推进经济、科技、教育、人才等各个领域的军民融合，在更广范围、更高层次、更深程度上把国防和军队现代化建设与经济社会发展结合起来，为实现国防和军队现代化提供丰厚的资源和可持续发展的后劲。军民融合发展战略在当今现代化国防治理中具有重要的借鉴意义。

最后，要坚持科教兴国战略，重视科技和教育在国防治理中发挥的作用。

科学技术是第一生产力，我国的国防建设一刻也离不开科技的发展，离不开教育的繁荣。国防治理现代化是社会主义现代化的重要内容，为了防御霸权主义，在当今国际局势下保卫国家领土与人民的安全，促进国内社会经济的稳步发展，必须加快尖端科技和高新武器的研发，这就要求我们要在“科教兴国”的同时，重视“科技强军”，实现“科技卫国”。在国防现代化中科技是第一战斗力，没有高科技的军事装备和军事手段，没有高科技武装起来的高素质的军队和工程技术人员，就没有现代化的国防。必须坚持科教兴国的发展战略，为新时期的国防治理添砖加瓦。

案例　构建军队联合作战指挥体制——以战区制改革为例

一、案例主体

摘要： 以信息技术为核心的高科技的迅速发展，改变了传统的战争形态，直接带动了军事技术领域的巨大变革。传统的武器装备、军队编制、战术理论、作战方式等正在取得突破，世界新一轮军事革命已然到来。信息的快速便捷、跨时空、全天候等巨大优势给军队联合作战指挥体制的构建提供了可能，美俄欧日等世界军事大国积极将信息革命的巨大成果运用于本国的军队建设中，尤其是着力于构建一套科学合理、高效运转、适应现代战争的联合作战指挥体制。党的十八大以来，党中央和中央军委根据复杂多变的国际形势和军事革命的浪潮，适时地推动新一轮国防和军队改革。2015 年的中央军委工作会议，正式吹响了国防和军队改革的号角；2016 年中国人民解放军战区成立大会召开，军改如火如荼地进行。以战区制改革为重点的解放军联合作战指挥体制改革成效在随着改革的推进逐步凸显，虽然改革并非一帆风顺，面临着来自多方的压力和考验，但是军队联合作战指挥体制的构建已是人心所向，大势所趋。

关键词： 联合作战指挥体制；军队改革；大军区制；战区制

（一）引言

随着信息技术在军事领域的运用，信息化战争形态已经凸显，“多打少”的战争时代逐渐过去，“快打慢”的战争时代特征正在凸显，只有建立安全可靠、高效便捷的作战指挥体系，才能实时准确把握战场时机，实施有力精准及时的作战部署，为战争的最终胜利提供重要保障。深刻认识指挥对抗在现代战争中的重要作用，加快构建平战一体、常态运行、专司主营、精干高效①的联合作战指挥体制是贯彻落实改革强军战略，建设一支招之即来，来之能战，战之必胜的新型人民军队的必然要求，也是顺应现代战争形态的重要方面。

2018 年 9 月下旬，俄罗斯近 40 年以来规模最大，代号为“东方-2018”的军

---

① 习近平. 加快构建具有我军特色的联合作战指挥体系[N]. 人民日报，2016-04-20.

事演习结束，在这场规模空前、声势浩大的战略演习中，解放军的军委、战区两级作战指挥体制成功通过战场考验，成功组织了陆空联合作战行动。军演有效地检验了联合作战指挥体制改革在战场条件的应用，改革的效果让参演官兵深有感慨，也让友国部队赞叹不已。战区制改革牵引着人民军队联合作战指挥体制的变革，发挥着“牵一发而动全身”的重要作用，通过改革，制约联合作战的体制机制正在破除，部队联合作战的效能正在凸显，军队面貌焕然一新，组织体系更加完善，制度设计更加合理。

（二）联合作战指挥体制演变历程

联合作战指挥体制是指通过提高军队作战指挥效率，整合军队力量，统一行动，互相配合，为实现军队联合作战，减少不必要的伤亡，扩大战争成果而建立起来的一系列军队组织架构和制度体系。由于联合作战指挥体制是新事物，处于探索状态，因此在国际上仍然没有与之对应的专业术语，各国的称呼有所不同，但其军队建设和改革所追求的目标、权力分配都凸显着军队联合作战这一特征。例如，美军称之为“作战指挥链”；俄军称其为“作战指挥体系”；日本自卫队由于《和平宪法》的制约，规避使用“联合作战指挥”的敏感术语，而是采用了“联合运用体制”这一委婉的名称。而中央军委工作会议指出，联合作战指挥体制是本轮军队改革的重中之重。解放军使用了“联合作战指挥体制”这一具有概括性和包容性的称呼来为其改革正名。尽管各国对其称呼有所不同，但是其改革方向和目标具有一致性，那就是和平建设时期，练兵备战，优化部队建设管理；战争时期实现各军种力量的统一调配，实施信息化条件下的联合作战，以达到减少自身伤亡，重创敌军战场的效果。

军队联合作战最早开始于1781年的约克敦战役，该战役也被认为是世界上最早的联合作战。在联合作战指挥体制的探索发展中，美国远远走在世界各国前面，美军通过数次不断的战争来检验军队改革效果，破除军队旧体制障碍，以维持其世界上最强军力。第二次世界大战以来，美军力量广泛分布在全球各大洲，占据海峡、航道等重要位置。海湾战争、科索沃战争、伊拉克战争等多个局部战争为美军积累了大量战争实践，以及提供检验新战法、新武器的战争实验地，促使美国不断根据战场的变化来对军队进行改革，其中美军的联合作战指挥体制改革更是其中的重要部分，走在世界各国军队改革的前列，其改革带来的巨大成效为美军进行全球作战提供了体制机制的优势。因此，我们将以美军为例子，阐述联合作战指挥体制改革的演变历程。

雏形期：1947~1949 年。第二次世界大战时期，为适应反法西斯同盟国联合作战，共同策应同盟国之间的军事行动的需要，美国总统罗斯福倡议建立起“美英参谋长联合体”，指定特定人员来领导战争行动。之后，垂直指挥机构代替了参联会，使各个军种集中于一名参谋长的指挥下；第二次世界大战以后又进一步改革军队的联合作战指挥体制，确立了国防部为主体的领导指挥体制的地位，设立参联会主席和联合参谋部，实现了军队战略指挥上的统一[①]。但是，这轮改革不彻底，军种仍然掌握指挥权，各军种之间的联合仍存在问题，改革遗留的突出弊端也在之后的朝鲜战争中显现。

成熟期：1953~1958 年。该时期，关键是从法律层面进一步解决军种干预作战指挥，导致军队作战指挥混乱，缺乏统一的指挥的问题，因此特别颁布了《1958 年国防部改组法》，同时，时任国防部部长的尼尔·麦克尔罗伊大力推动军队作战指挥链改革。改革重塑了新的军队指挥体系，不仅建立了总统—国防部部长—参联会—联合司令部和单一军种司令部总司令的作战指挥链，而且建立了总统—国防部部长—各军种部长—各作战司令部的特种司令部的军队建设管理链，从根本上实现了作战指挥权和建设管理权的相对分离，打破了部队传统“训战合一”的旧体制机制，确立了总统和国防部部长对作战司令部直接指挥的关系，将军种排除在作战指挥链外，有利于部队的统一指挥。但是这轮改革也存在不少的缺陷，由于军种权力广泛，拥兵自重，使得军种得以利用行政资源影响各司令部的决策和行动，干扰作战指挥工作，各军种之间各自为战的状况仍然存在，往往使得军队联合作战指挥的效果不尽如人意。

完善期：1986 年至今。这轮改革实施了《戈德华特—尼科尔斯法》等相关法律配套措施，从法律和实际两方面，牢固确立了战区的联合作战指挥权，大大强化了参联会主席的权力，将军种彻底排除在作战指挥链之外；并且对军官联合作战能力的综合素质要求严格，需要经过层层考核和具有一定的基层经验，选人用人机制偏向培养懂得指挥联合作战的军事人才，更加完善具体。改革的彻底性和坚决性，激发了各军种人员学习掌握联合作战能力的热情，极大地提高美军联合作战指挥机制的效率，改革的成效在之后的海湾战争中大大显现，得到了战争的真正检验。

美军联合作战指挥体制三次改革的完成，不仅破除了美军作战指挥体制性障碍，明确各机构职能分工，实现了联合作战指挥权统一，为美国全球军事行动奠定了基础，而且由于改革效果显著，在世界上掀起了国防和军队改革的浪潮，俄罗斯、中国、北约等国家、军事集团也在本组织内进行了相应的军队改革，收到了一定程度的效果。

---

① 王卫星. 战争实践倒逼美军联合作战指挥体制改革[J]. 军事文摘，2016，（7）.

（三）进行战区改革的原因

1. 旧军区体制的弊端

1949~1999 年，我国处于探索建设社会主义的阶段，尽管在科技和军事等方面有所发展，但由于经济发展不稳定，走了不少弯路，经济发展缓慢，国防投入被限制，军队缺少足够的资金来购买装备和培训人员，机械化作战能力落后。再加上国内基础设施落后，铁路公路系统尚不完善，军队难以实现跨区域、机械化的大兵团作战，只能使各个军区都成为一个独立的军队作战指挥系统，进行分区防御，以应对本地区战略方向的威胁。进入21世纪，经济、科技持续高速发展，综合国力显著提高，国防投入也持续增加，大大提高了军队的装备水平，改善了官兵待遇，也为部队的信息化作战指挥打下了坚实的经济和科技的基础。同时，铁路公路航空等基础设施领域发展迎来了春天，基础设施建设飞速发展。截至2016年底，中国铁路营业里程达12.4万千米，居世界第二位；高铁营业里程突破2.2 万千米，占世界高铁运营里程的 60%以上，居世界第一位。铁路公路四通八达，解决了制约大规模兵团跨区域作战的障碍，因此改革旧军区体制的各项条件已经满足，改革势在必行。

大军区制、四总部制、大陆军制的运行，实际上是大陆军主义的体现，不符合当今世界海陆空力量协同发展的实际，制约了各军种之间平衡发展。改革前，有海军和空军以及第二炮兵司令部，不设陆军司令部，军四总部领导均由陆军将领出任，陆军在诸军种中地位显赫，拥有优先发展的优势。另外，四总部、各军种司令部、各军区司令部等多方机构并存，指挥命令下达缓慢，机构臃肿，“将多兵少”、职权混合，没有专门的作战指挥机构，再加上实行“战建”一体的体制，作战指挥权和建设管理权混合，大大减弱了军队战时作战能力，削弱了应对突发战争的能力。军政结合，建用一体的旧体制难以适应瞬息万变的战争需要，更不用说实现军队联合作战的目标了。因此，必须对旧有军区制进行改革。

2. 严峻复杂的国际形势以及我国的国家安全需要

世界处在前所未有之大变局中，国际格局发生深刻变化，形势严峻。单边主义和贸易保护主义及民粹势力不断膨胀；中东局势问题久拖不决，旧有矛盾尚未解决，新的争端正在发生，美俄欧沙土伊等利益相关方互相博弈；欧洲诸多难题缠身，希腊债务危机，欧盟离心化，难民危机，恐怖主义活动等问题严峻。

国防力量是国家发展稳定，人民安居乐业的基石，面对波诡云谲的国际形势和严峻的周边安全形势，必须对原有军队体制进行改革，必须建立一支反应快速、作战勇猛、能打仗、打胜仗的联合作战力量，来保卫国家安全。

3. 实现改革强军战略目标的要求

国际格局深刻变化，当今世界形势又处在“十字路口”上，是“对抗”还是“合作”摆在了世界人民面前。面对严峻复杂的安全形势，新一届党中央站在民族复兴和国家富强的战略高度瞄准新军事发展前沿，适时地提出了新的国家发展战略，即实现伟大复兴的中国梦。国家发展战略的提出，要求必须拥有足够强大的军事力量来保障国家拥有一个和平稳定的发展环境，因此，改革强军战略呼之欲出。尤其是国防和军队建设被纳入全面深化改革的布局中，将军队建设摆在国家战略层面，将军队建设发展与民族复兴、国家富强紧密联系在一起。中央军委主席习近平强调：全面实施改革强军战略，坚定不移走中国特色强军之路。会议的召开，明确了改革强军战略的重点方向，明确了构建联合作战指挥体制是本轮军队改革的重中之重的地位，战区制改革不仅关乎我军能否破除旧有军区制度的体制性障碍，构建平战一体、常态运行、专司主营、精干高效的联合作战指挥体制，也是关系本轮军队改革是否成功的关键。

4. 打赢信息化战争的必然要求

信息化战争是信息时代的基本战争形态，是敌我双方争夺信息领域控制权的新的模式。进入21世纪以来，得益于高技术的迅猛发展，军队作战正在朝着信息化作战迈进，信息越来越成为影响战争胜负的关键因素，越来越成为衡量一个国家军队战斗力的重要标准。军队武器装备和作战形式不断革新，干扰与反干扰、侦察与反侦察、摧毁与反摧毁的新的对抗形式不断出现，如军队无人机、精确制导炸弹、定向高能粒子武器的研发，现代战争正在由机械化战争向信息化战争转变，战争形态和战场条件的巨大变化对军队的作战指挥提出了严格的要求，“多打少”的战争时代已经过去，“快打慢”的战争时代已经到来，信息化条件下的作战，要求战场信息精确高效，及时在指挥链上传送。设立战区将大大缩减军队的作战指挥层次，缩短信息流程，使中央军委的指令能够快速到达各战区部队，确保作战指挥链的连贯、通畅。

（四）改革的主要内容和特点

1. 主要内容

一是战区辖区重新划分。原七大军区——沈阳军区、北京军区、兰州军区、济南军区、南京军区、广州军区、成都军区被撤销，重新划分为五大战区——东部战区、南部战区、中部战区、北部战区、西部战区。

东部战区领导和指挥江苏、浙江、安徽、福建、江西五省和上海市范围内的武装力量，并将联合指挥部设在南京。现任司令员为何卫东，政治委员是何平。

南部战区领导和指挥广东、海南、广西、云南、湖南、贵州六省和香港、澳门范围内的武装力量。司令部设在广州，现任司令员为袁誉柏，政治委员为王建武。

中部战区领导和指挥北京、天津、河北、山西、陕西、河南、湖北七省市所属的武装力量，其范围包含了原北京军区的全部和济南军区的一部分，司令部设在北京，陆军机关设在石家庄。现任司令员为乙晓光，政治委员为朱生岭。

北部战区领导和指挥辽宁、山东、吉林、黑龙江、内蒙古 5 个省区所属的武装力量，战区机关设在沈阳，陆军机关设在济南。现任司令员为李桥铭，政治委员为范骁骏。

西部战区是面积最大的战区，领导和指挥甘肃、宁夏、青海、新疆、四川、西藏、重庆七省区市所属的武装力量，主要应对南亚和中亚方向的威胁，战区驻地为成都。赵宗岐和吴社洲分别担任现任西部战区司令员和政治委员。

五大战区辖区的重新规划，战区职责任务明确具体，利于统一调配各战区军事力量，弥补了限制军队区域联动，全方位作战的地理缺陷。

二是重设战区机关，整合机构职能。

建立军委和战区两级联合指挥部，统筹指挥战区内各军种各作战部队力量，撤销了四总部制度，实行军委多部门制。明确军委和战区以及各军种的职能，军委负责重大战略方向的决策，战区负责军队的指挥作战，各军种负责部队的建设管理，提高军队练兵备战能力，即“军委管总、战区主战、军种主建”的格局，实现“军委—战区—部队”作战指挥体系和“军委—军种—部队”的建设管理体系的相对分离。战区制的构建符合了现代组织结构中垂直管理的形式，改革后的作战指挥链，军队的扁平化管理形式得以显现，这为减少信息流通层级，缩短信息传递长度，保障信息的及时性和准确性提供了良好的体制条件。

2. 主要特点

一是自上而下，强力推动。党的十八届三中全会上，中央明确提出了决定深化国防和军队改革的举措，正式吹响了军队改革的号角，随后又于 2015 年“9·3”大阅兵之际，宣布裁军30万人的决定。2015年中央军委改革工作会议上提出了改革的总目标，即2020年前在领导管理体制和联合作战指挥体制改革上的突破性进展，明确指出军队要努力实现打赢信息化战争的要求。为大力推进军队改革的进行，实现强军目标，中央成立了中央军委深化国防和军队改革领导小组，习近平任组长。多次视察部队，视察军委联合作战指挥中心，反复强调联合作战指挥体制的重要性，检验军队联合作战指挥能力。

二是有法律法规的保障，以及有相应的政策制度的遵循。2016 年下发了《关于深化国防和军队改革期间加强军事法规制度建设的意见》以及习近平主席关于建设中国特色社会主义人民军队的系列重要讲话，都为开展联合作战指挥体制改革提供法律保障，为改革的进行提供了方向指导和根本遵循。

三是军队作战指挥体制与建设管理体制相对分离。建立了“中央军委—战区—作战部队”作战指挥体系，由原来的五层精简为三层。中央军委负责战略方向的决策和指挥，战区拥有实地指挥权，专司作战指挥，军种负责军队的建设管理。“建用一体”的旧体制被破除，军队的职能分工明确，目标具体，各司其职。

（五）改革面临困难和挑战

改革就是要改掉旧事物，改掉旧制度，改掉不符合生产关系的那些部分。改革的过程是漫长的，势必要触及旧势力集团的利益，以及其结果的不确定性，都给改革的进行带来不小阻力。

第一，新型军事人才缺乏。尽管联合作战指挥体制在世界上已经不是什么新事物，但是受多年来大军区制、大总部制、大陆军体制的束缚，人民军队缺乏熟悉联合作战指挥方面的人才，没有会指挥、懂打仗的高素质的人才，难以赢得信息化战争的胜利，最终会被淘汰。美军在联合作战指挥人才的培养上较为成熟，建立了一套联合军官培养选拔、晋升、任用的考评体系，对联合军官的培养要求严格，要求进入联合作战指挥岗位必须具备一定的资格，必须经过专门的军事学校培训等条件都保证着联合指挥军官的指挥素养和指挥能力。因此，军队联合作战指挥人才的培养应当借鉴外军的先进经验，结合军队实际探索出一套符合自身需要的联合作战指挥人才培养体系，不断挖掘作战指挥人才，加大培养力度，从制度上完善联合作战人才的选拔、考核、交流和任用体制。

第二，军队老旧思想的阻碍，思想固化，思想领域的转变适应不上组织形态的迅速变化。联合作战指挥体制虽然在国际上存在了相当一段时间，但对于解放军广大官兵来说，仍然是一个新事物，并且联合作战指挥体制所带来的思想观念的转化相对于以前而言有较大不同，大部分干部和士兵也只是有所耳闻，未曾经历过。构建联合作战指挥体制最终是人来完成、来运用、来实践，它需要让广大官兵了解和明白并融入联合作战指挥体制所带来的变化之中，它深刻改变着传统的组织指挥形态和部队编制，改变工作方式和作战模式。所以，指挥人员指挥观念的解放和创新至关重要。思想是一切工作的先导，理念对存在有反作用，做好部队思想转化工作可能会比单纯的组织制度构建和编制变动更加困难，如果思想领域远远落后于组织形态的变化，那么改革工作必定是付之东流。当在组织中推行全新的价值观和思想时，阻力的作用会十分明显。而运行时间超过六十年的大军区制的理念以及带来的工作方式和价值观念，对全军官兵恰恰是有着深刻影响的，加上对联合作战指挥体制的不了解，容易造成思想混乱。要积极倡导全军官兵不断解放思想，更新观念，学习先进作战理念，把握军队改革的精神，学习和领会中国特色强军思想，加快思想观念的更新和统一。

第三，战区联合作战指挥体系复杂，改革力度大，体系重构难度大。一方面，构建联合作战指挥体系不是对旧有指挥体系进行小修小补，也不是一切推倒重来，而是对原有的组织架构和制度体系进行创造性重构和结构性调整，意味着全军上下的组织结构、制度体系、人员安排都面临着重新组合的挑战，难度较大。不仅会引起新的矛盾，引起部分官兵的不满和消极情绪，降低士气，而且面临着激发旧有矛盾的风险，处理不当，会使改革效果大打折扣，得到反作用。另一方面，解放军联合作战指挥体制改革属于跨代发展，这是因为解放军的指挥体制在改革之前，已经落后于世界先进水平，没有相当的过渡期，改革变动大。应当看到，美俄军队特别是美军联合作战指挥体制改革前后经历三个不同的阶段，历经数次战争，跨越数十年，美军属于代内改革，具有改革的基础，循序渐进，改革的难度较小。所以必须重视大多数人的意见，争取“最大公约数”实现问题的解决，必须不断解放思想，拓宽思维，着眼未来，用明天甚至后天的眼光解决昨天和今天的联合作战指挥问题。联合作战指挥体制并不是所有功能的简单相加，也不是功能的完全分离，它体现的是系统功能之间不断分化和整合的结果，即我们常说的“职能主导型”指挥机构编配架构的机理所在。必须要按照流程主导的理念和联合作战的任务，进行组织结构设计、职能部门调整和组合，排除阻碍指挥作战、军队建设的因素，将各军种力量和领导指挥力量融合配置到部门中，实现指挥体系的合理构建，使指挥效能超常叠加。

第四，有关作战指挥职能和建设管理职能两者的分离程度掌控难度大，分离程度带来的效应有待验证。构建战区联合作战指挥体制就是要塑造军队“战”的目的，就是军队发展要着眼于练兵打仗，“以战为主”的职能。但是，与之相关联的就是部队的建设管理职能是“完全分离”还是“相对分离”，而“相对分离”的控制程度怎样才比较合理，这都是比较具有争议性的问题。从美军的改革过程来看，战区掌握具体的作战指挥权，在联合作战指挥中占据着主导地位，是改革的基本准则和方向。对于“战建”的“分”与“合”，成为诸多国家军队改革的讨论焦点。

（六）结束语

纵观解放军联合作战指挥体制改革，通过对美俄等国军队改革经验的借鉴及巨大改革成效，我们可以看出指挥体制发挥着军队“大脑”的重要作用，“大脑”好不好使、清不清楚，直接关系着“身体”的其他部分能否准确无误地进行各项动作。所以，联合作战指挥体制改革相当于给军队换上了一个智能高效的“大脑”，来统筹军队的作战指挥和建设管理，使军队发挥出最大的战斗力。解放军联合作战指挥体制改革的进行，将信息化时代下的指挥理念和先进技术引进军队中，极大改变了旧的军队体制和军队面貌，从体制上破除了军队作战指挥的障碍，重新焕发军队战斗力。通过改革，“党指挥枪”原则的优越性更加凸显，进一步保障党对军队的绝对领导力，为实现人民安居乐业、国家富强，实现中华民族伟大复兴中国梦保驾护航。改革进入深水区，改革也会面临更大的阻力，需做好打硬仗磨难关的准备。

思考题：

1. 结合国际形势分析当今军事改革的时代背景。
2. 为何军区制向战区制转变是历史的必然？
3. 简述战区制改革的重大意义。
4. 联合作战体制下军种的作用应如何定位？如何处理好战区主战与军种主建的关系？

二、案例说明

（一）课前准备

（1）如果授课对象为全日制本科生或研究生，则需要教师提前1~2周将案例正文发到学生班级群里，并告知学生，让大家注意查收，提前熟悉案例内容，并收集与本案例相关的政策、文件和资料，独立完成案例正文后的思考题，为课堂讨论做准备。

（2）要求大家提前按照 4~8 人分成若干小组，各小组选取一个组长，组长的职责就是组织课堂中的小组讨论，并安排小组成员在课堂上汇报讨论的结果，有助于加深学生对军事方面知识的理解和锻炼学生的综合思维能力以及团队协作能力。

（二）适用对象

本案例主要适用于公共管理课程，适用于公共管理类本科及研究生、MPA 学员。本案例也适用于具备一定公共管理基本知识并对公共政策分析有兴趣的非专业人士、学生和实际工作者学习使用。

（三）教学目标

（1）通过组织学生阅读案例，使学生加深理解，掌握相关知识。

（2）通过组织学生讨论案例，加深其对国家军队建设和国防建设的理解，以及对政策的执行的理解。

（3）通过组织学生系统学习案例，提升学生分析和理解现实政策决策和执行问题的能力，为其综合能力的提升打下良好基础。

（四）要点分析

1. 结合国际形势分析当今军事改革的时代背景

根据时代背景来分析一个国家的军队发展需要通过改革来不断适应时代的发展，从而能打胜仗。网络科技的发展和经济全球化的推行，对军事领域产生重要影响，技术对一场战争的胜负起着至关重要的作用。为了适应时代的发展，提高军队实力，需要提高军队的技术水平和管理水平。

目前，存在的国际形势也促使我们进行军队的改革来适应社会的发展。第二次世界大战结束之后美国就开始不断地进行军事改革，组建了国防部，并成立了空军，这也是美国的重大军事改革措施之一。1986 年，两位美国议员又牵头出台了国防部的改组法，进一步深化发展了美国军队的改革，为美军未来的军事地位打下坚实基础。海湾战争结束之后，美国通过反思这场战争，又开始了新一轮的改革。以此能够看出，第二次世界大战结束之后美国的军事改革是不断向前推进的，这也是美国在世界上能够成为超级军事大国的根本原因。

再从俄罗斯来看，俄军在叶利钦时代进行了改革，但是力度不大。俄罗斯的改革没有取得什么成效，1999 年北约空袭南联盟期间，俄罗斯在军事上可以说是无所作为的。叶利钦在 1999 年 12 月 31 日，也就是 1999 年的最后一天辞去了职务，那么换上了谁呢？普京。俄罗斯铁腕强人普京面对着俄罗斯军事发展的颓势，上任之后对俄罗斯的军事进行了大刀阔斧的改革。经过十年的军事改革，俄罗斯在 2008 年改革之路上取得了重大的成效。

不难看出，世界上的军事大国美国、俄罗斯都在进行着军事改革，并且取得了成效，最突出的标志就是军队的战斗力得到了提升。

中国可以说是在这样一个时代背景和国际环境之下来进行的军事改革。在结束“文化大革命”之后，我军就走上了改革之路。20世纪80年代，我们搞了一次百万大裁军，对军队的懒散和战斗力低下等现象进行了轰轰烈烈的改革，并且提出要从数量规模型向质量效能型方向转变。但是最终这些改革取得的成效并不是十分理想，因此在原有改革的基础之上，以习近平同志为核心的党中央率领我们又走上了一条新的改革之路。

2. 为何说军区制向战区制转变是历史的必然？

中华人民共和国成立时期，军区组建的主要职能在于维护国内稳定和领土主权完整与安全，但随着国内外安全形势的变化，中国对军事区域划定开始向军事行政管理区发展。这种划定重在军事行政管理，军队由统帅机关统一指挥作战，以应对全面战争为主。1985 年，中国政府决定裁减军队员额 100 万。随后，中央军委决定将 11 个大军区调整为 7 个大军区。

我国这种军区体制很特殊，军区既担负管理，也指挥作战；军区主要管理辖区内的陆军，也承担一些其他军种的管理任务；军区主要指挥辖区内的陆军，其他军种主要由本军种的领率机构指挥。这种体制也是我军近年来适应战争发展而改革的对象，改革成效依然无法满足现代战争的需要，足以表明，军区体制已经严重制约了中国军队作战能力的提高。

现今，国际环境发生着巨大变化，中国发展受到世人瞩目，同时中国安全受到的外部威胁悄然发生变化。威胁中国安全的因素向多元化方向发展，影响中国的安全因素正在由简单变得复杂，而且强度也日益严重。另外，全球“热点”集中于亚太地区，亚太地区“热点”集中于中国周边，中国周边“热点”集中于中国东部的西北太平洋近岸地区。中国在亚太地区受到的威胁正在日益上升已成为不争的事实。

除此之外，如今战争形态不断变化，信息化战争开始萌芽，局部战争将成为未来大国面临的主要战争样式，战略性武器不断出现，“体系”对抗越来越成为主导性军事博弈的样式。

面对这种严峻的安全形势，中国只有组建特别能战斗的力量，才能应对可能出现的危机，军区制改革成为历史发展的必然。

从世界军事强国的准备看，战区体制也被用于军事准备手段维护各自国家的战略目标。例如，美国自第二次世界大战以来，就开始建立战区制度，并且区域不断向全球扩展，目前美国已经将全球范围内除南极大陆之外的所有地方划入战区。俄罗斯经过多年的改革，也将军区体制改为战区体制，目前，俄罗斯建立了4个战区。俄罗斯战区是按不同的战略方向进行划分的。在这方面，我国与俄罗斯相同，按战略方向来确立不同的战区，但我国战区与俄罗斯战区还略有不同，我国在确立战区时还设立了中部战区，其作用是既可以独立应对危机，同时又可以对其他战区提供支持。这是我国战区体制的特色。

从战争规模看，我国面临的战争正从全面战争向局部战争转变。中华人民共和国成立初期，国家实力弱，同时又面对强敌。我国面临的战争被判断为可能是全面的战争。冷战后，随着我国综合国力的不断增强，我国由地区性大国向世界性强国发展，面临的战争也由全面战争向局部战争转变。这种具有战略性影响的局部战争可以由拥有战略性力量的战区来“应对”，这是推动组建战区的一个重要因素。

除了上面所提到的，事实上，战区与军区还有相当大的区别。例如，军区着重于陆军作战，其他军兵种配合；战区则重在联合作战，这种联合是各军兵种的融合，真正体现了体系作战的特点。基于这种认识，我国的陆军集团军将打破军区制下的布局，转而向满足战区制作战构想的方向展开新的布局，这也是近来陆军第27集团军从河北移防山西的重要原因。同时，陆军集团军的规模也将随着战区制的建立进行调整，以满足战区作战的需要。

3. 简述战区制改革的重大意义

建立战区、组建战区联合作战指挥机构，是党中央、中央军委和习主席着眼实现中国梦强军梦做出的战略决策，标志着我军联合作战体系构建迈出突破性、历史性一步。习主席发布训令，深刻阐述建立战区的重大意义，鲜明指出战区的重要地位和作用，对建设战区联合作战指挥机构提出明确要求、立起根本遵循。

我军现行的大军区领导指挥体制是历史形成的，已经稳定运行60多年，对推进我军建设发展、保证各项重大任务完成，发挥了十分重要的作用。但是，由于作战指挥与建设管理职能合一、建用一体，作战指挥职能不突出、联合作战体制不健全，联不起来的问题越来越突出，其局限性、滞后性日益凸显。联合作战指挥体制搞不好，联合训练、联合保障体制也难理顺，这已成为制约我军能打仗、打胜仗的体制性障碍。

组建战区联合作战指挥机构，从大军区制转变为战区制，使作战指挥职能和建设管理职能相对分离，在军委和战区层级，就可以更好地把诸军兵种力量统起来，构建起平战一体、常态运行、专司主营、精干高效的战略战役指挥链条，既符合联合作战统一指挥的要求，也符合军种专业化、体系化建设要求，必将为我军一体化联合作战能力的形成，提供根本性体制机制保障。

战区担负着应对本战略方向安全威胁、维护和平、遏制战争、打赢战争的使命，其指挥权责是中央军委赋予的。这是一体化联合作战指挥的必然要求，更是党对军队绝对领导的重要体现。所有担负战区作战任务的部队，不分军种兵种，都必须强化全局观念和联合意识，坚决服从战区指挥，确保战区指挥权责落到实处，确保联合作战能力形成并发挥最大效能。

使命在肩，战鼓催征。各战区要坚决听从党中央、中央军委和习主席指挥，时刻牢记习主席训令，时刻牢记使命，坚决贯彻党在新形势下的强军目标，坚决贯彻新形势下军事战略方针，坚决贯彻军委管总、战区主战、军种主建的总原则，建设绝对忠诚、善谋打仗、指挥高效、敢打必胜的联合作战指挥机构。要毫不动摇听党指挥，聚精会神钻研打仗，高效指挥联合作战，随时准备领兵打仗，以实际行动谱写人民军队光荣历史新篇章，向党和人民交出满意答案。

中国实行战区制，实质是为了提高打赢战争的能力，有力地降低“冲突性”战争爆发的风险，为维护亚太地区乃至世界的和平与稳定做出贡献。

4. 联合作战体制下军种的作用应如何定位？如何处理好战区主战与军种主建的关系？

首先，各军种的形成及其独立地位的确立是联合作战产生和发展的基本前提。没有军种就没有联合。高技术首先都装备在海军、空军、第二炮兵等军种，这些军种的高技术含量提高，在总体作战力量中的比重增大、地位作用突出，各军种有能力独立组织独立作战，这样才能为联合作战创造联合的基础。

其次，各军种优势互补形成整体合力是联合作战产生和发展的主要动力。在信息化条件下，任何单一军种都存在一定的局限性，无法独立取得高技术战争胜利，必须依靠多种作战力量，形成联合作战的整体合力，才能打赢战争。同时，联合作战不能削弱各军种力量，只有各军种力量更强大、特点更鲜明、优势更突出，联合作战才能更成功。

最后，军种建设由各军种负责，符合军队建设规律。每个军种性质不同，在作战中发挥的作用不同，其建设规律和方法也不尽相同。建立了作战指挥的军令与部队建设的军政分开管理的体制，一方面收权，把作战指挥权全部收到参联会，单独军种没有作战指挥任务；另一方面放权，把部队建设权全部下放给各军种，由各军种负责人事与行政管理、部队组建、战备训练、兵役动员、武器装备研制与采购、战场准备及后勤保障等日常建设，为联合作战部队提供合格作战力量。这种体制既保证了战时统一高效的作战指挥，又保证了平时按规律建设部队的需要。

（五）课堂安排

本案例的教学分为三个阶段进行（100 分钟）。

（1）课前阶段：要求学生提前熟悉案例，对案例有整体的把握和了解。

（2）课堂教学阶段：①熟悉案例，阅读案例正文，对案例正文中的关键信息做好记录，完成对课后思考题的初步思考。教师介绍案例正文部分，引入案例主体并提出思考题（20 分钟）。②针对思考题，安排分组讨论（4~8 人/组，30 分钟）。③进行小组结果展示（20 分钟）。④小组成员进行补充说明（10 分钟）。⑤教师进行总结提升（20 分钟）。

（3）课后阶段：要求学生单独完成对思考题的分析总结。

（六）其他教学支持

（1）场地支持：选择可容纳全部学生的无阶梯教室，配置足够多的可移动桌椅，以便小组展开案例分析与讨论活动。

（2）设备支持：可供板书的黑板及粉笔（或白板及白板笔），供学生展示讨论结果的纸，书写讨论结果的马克笔，教师讲课所要用到的电脑、投影仪和麦克风等辅助设备，在案例教学过程中可配合播放与案例相关的视频、照片和其他材料。

第九章　法律治理

第一节　法律治理的概念及内涵

众所周知，从古至今，无论哪一个国家都面临着治理，从目前来看，一个国家的治理包括法律治理、社会治理、生态治理、政治治理、公共经济治理等。不管是法律治理还是其他的治理，它们的本质上就是一种治理方式。法律治理，从字面来看，就是法律与治理的两者有机结合，其核心是强调以法律为核心的治理框架，而不再单纯强调单一的治理，是治理走向多元化的表现。法律治理概念中除了法律和治理这两个关键要素之外，还包括治理方式、治理措施、治理效果等内容。法律治理通过建立国家强制法律的方式，以国家强制力为保障，对违反国家法律的团体或个人行为进行惩罚与制裁，其目的就是使国家治理的行为可以有法律依据，且必须依照明确的法律制度，必须严格按照法律来执行，必须深究违法的行为，同时也要遵照客观事实及相应的程序来解决问题，也就是为了实现依法治国，体现人民意志和社会发展规律的法律治理国家。

但法律治理不能与法律等同，也并不是简单的依法治国。基于社会学理论的大视角，在结构—功能主义研究范式的话语实践中，法律被认为是国家进行社会治理的一种手段，发挥着其社会控制的功能。简单来说，法律就是国家进行社会治理的一种手段、工具或方式。而法律治理强调的是以法律为核心的治理框架，还包括一系列的治理方式、治理措施、治理效果、法律治理思维规则等内容。由此可知，法律治理与法律两者的含义差别很大，同时有法律未必有法律治理的现象也可以体现出两者的差别。法律治理以现有的国家法律为基础，捍卫现有法律的权威，尊重现行法律的效力，但不完全是对现有法律的死板恪守，一成不变。法律治理与依法治国的基本区别在于，法律治理是治理国家的基本方式，依法治国是国家政党领导国家治国的方略，但它们的共同目标都是为了实现法治国家的建设。依法治国强调依据法律、依据宪法来治理国家，法律治理强调以法律为核心的治理框架，从两者的基本区别、强调的核心来看，法律治理不能等同于依法治国，也不能把依法治国理解为就是法律治理。

法律治理需要有其依照法律遵循法律的强制性，也需要有顺应时代趋势适应社会的发展变革性，而不仅仅只是把法律治理局限在与现行法的关系上，仅仅理解为依法治国，对法律的机械运用，或理解为法律与社会关系的机械对应。在法律治理的过程中，也体现出其治理的思维规则、治理理念。以坚持党的领导为价值理念，以人民为中心、为人民服务的政治立场，以依法治国，建设社会主义法治国家为目标，维护社会公平正义，维护国家的安全稳定，通过建立系统完备的法律治理规范体系，高效公平的法律治理实施体系，严格的法律治理监督体系，为法律治理在处理社会问题中提供一系列保障的体系，体现法律治理在治理的过程中严谨严密的思维性。

法律治理是治理的一种方式，同时也是一种以法律治理为核心的法律治理机制，它不仅是为了解决某一特定的问题、某个严重的社会纠纷，还是为了改变在某些领域中缺失的法律治理，通过建立和运行一系列的法律规范，形成合法化合理化的一套治理框架，当国家出现治理困境时可以有着相应的机制支撑及时解决，促使社会更加安稳发展，而法律治理机制的构建需要注重程序的正当性，尽量使大多数人在情感上接受法律治理的规范。当大多数人在情感上认同法律治理的规范，人民相信法律治理程序的正当时，是真正的维护人民利益，保障了社会的公平正义，法律治理的作用或许会更加明显。

综上所述，笔者认为，法律治理是区别于其他生态、政治治理等的治理方式，不是简单地等同于依法治国和法律，而是以法律治理为核心的法律治理机制，包括一系列的治理方式、治理措施、治理效果、法律治理思维规则等内容。其内涵不仅是依照法律遵循法律的强制性，也需要有顺应时代趋势适应社会的发展变革性，以及在处理社会问题时所体现的法律治理思维性。

第二节　法律治理的目标

法律治理作为一种治理方式，在处理国家社会问题时，不断完善和补充缺失的相关法律制度，努力解决严重的社会问题与纠纷，致力于实现新时代社会主义法治中国建设的目标，促进社会转型，逐渐走向国际化。

（一）不断完善和补充缺失的相关法律制度

法律治理的核心在于法律制度的不断发展和完善，以此来适应新社会发展下的社会关系，保护新的正当利益。当前我国出现了新型的社会问题及矛盾，但在法律上还属一片空白，导致矛盾无法可依而无法解决。例如，高校性骚扰事件频频发生，虽然已在不断解决，但对于性骚扰的界定难以明确，存在法律责任难以划定等问题，相关的法律机制缺失，也缺乏正当的程序，因此需要法律治理，通过法律治理可以及时发现法律上的缺失，及时制定相关法律，完善相关的法律机制，从而解决社会矛盾，维护正当利益，以实现依法治国。

（二）解决社会问题与纠纷

社会的快速发展总会伴随新的社会问题及矛盾，需要法律的手段去治理。就目前我国出现的新问题，如随着大众物流业的发展，出现了用户个人隐私泄露问题、运输贩卖毒品问题等，其特殊的寄递方式隐藏着这些看不见的风险，所涉及的刑事法律风险也更加严重，给社会造成了较大的影响，也引起了社会大众的普遍关注。又如广场舞纠纷，由广场舞而引发的噪声、场地等纠纷引发的一系列社会问题，特别是“武汉高楼泼粪”事件引起了社会热议，成为社会焦点，然而我国关于广场舞纠纷的法律研究尚还缺失。想要处理好物流业、广场舞等问题与纠纷需要以法律手段为主，多种手段相互配合，通过法律强制来规范其行为，解决社会纠纷，维护公民的利益，法律治理尤为重要。

（三）实现新时代社会主义法治中国建设的目标

实现新时代社会主义法治中国建设的目标，离不开以法律治理的治国理政方式。习近平总书记说：“我们必须坚持把依法治国作为党领导人民治理国家的基本方略、把法治作为治国理政的基本方式，不断把法治中国建设推向前进。”①中国特色社会主义理论和实践的两大重要组成部分，一是依法治国，二是建设社会主义法治国家，两者都是我们党和政府管理国家与社会事务的重要方针。法律治理有利于推进我国依法治国，保障公民的权利和义务，维护社会公平正义，在解决社会纠纷问题的同时，贯彻党的路线，巩固党的领导，加快实现社会主义法治社会的建设。

---

① 习近平. 在省部级主要领导干部学习贯彻党的十八届四中全会精神全面推进依法治国专题研讨班上的讲话[N]. 人民日报，2015-02-03.

（四）实现社会转型，走向国际化

2017 年 10 月 28 日，党的十九大报告中明确提出了“中国特色社会主义进入新时代，我国社会主要矛盾已经转化为人民日益增长的美好生活需要和不平衡不充分的发展之间的矛盾”①的重大判断。我国正处于并将长期处于社会主义初级阶段，社会矛盾凸显，社会管理的风险越来越多，难度越来越大，法律治理可以作为一种方式去治理社会出现的矛盾和管理困境，促使社会稳定，减少和缓解社会矛盾，实现社会的再一次转型。全球化浪潮，国际化趋势，国家与国家之间的政策开放，矛盾和利益冲突，国际形象的损害和维护，都需要我国不断建立健全在国际上的治理机制和提高我国的治理能力，明确我国在国际上的国际权利与义务，推进我国国际化的发展。

第三节 法律治理的原则

法律治理的原则：一是坚持法治面前人人平等原则，区别于人治；二是坚持社会主义法治原则，其基本原则可分为实质原则和形式原则；三是坚持法律原则，具有至上性、透明公开性；四是坚持司法机关独立行使职权原则。

（一）坚持法治面前人人平等原则

法治原则是法治概念与法制的基本联系，法律原则旨在为通过法律制度实现法治概念提供基本指导方针。法治与人治是相关的。它按照民主原则使国家事务合法化，并且严格依法管理。17~18 世纪资产阶级启蒙思想家倡导民主原则。例如，洛克认为，政府应该通过正式颁布的法律来通知人们，这些法律平等对待每个人，并且不会因特殊情况而有所不同。潘恩也认为无论是专制政府还是自由国家，国王都是法律。核心思想是所有人在法律、法治面前一律平等，反对法律以外的一切组织和个人的特权。

既然资本主义国家的建立是资本的特权，那么资本主义国家就不能真正实现法治原则。资产阶级革命胜利以后，每个资本主义国家都实践了法治精神，宣布了在法律的面前人人平等。1791 年，法国宪法序言《人权宣言》宣布，法律是公

① 习近平. 决胜全面建成小康社会 夺取新时代中国特色社会主义伟大胜利——在中国共产党第十九次全国代表大会上的报告[N]. 人民日报，2017-10-27.

共意识的体现，全国人民有权亲自或由其代表参与制定法律。法律对所有人都是一样的，不受任何保护或惩罚；所有人在法律面前是平等的，所以他们可以依据自己的能力担任官职。但是资本主义国家中是以资本特权为主，资本主义是建立在资本主义对生产资料的占有上，实行就业劳动制度，资产阶级掌握政权。资本家关注自身利益，资本主义国家不能真正实现法治原则。

（二）坚持社会主义法治原则

资本主义国家的法治是资本特权法治，社会主义国家的法治是旨在消除特权的法治。社会主义国家政权的确立，进一步发展了法治原则。在社会主义国家，宪法是国家的基本法，具有最高的法律效力。它已经成为所有国家机关和所有公民的最高行为准则。宪法和法律都有深厚的民主基础。生产公共生产材料是强有力的后盾，不管是哪一个机关、组织或个人都必须依法行事。因此，社会主义法治原则是真正实现法治原则的前提。

我国是社会主义国家，是人民当家做主的国家，总目标是建设中国特色社会主义法治体系和社会主义法治国家。法治的基本原则可分为实质原则和形式原则。从实质原则上看，社会主义法治的实质性原则必须以党的基本路线为指导。这些原则包括生存、安全、自由、平等、人道主义、共同福利、正义、和平和发展。形式原则包括法院和检察院依法独立行使审判权和检察权。诉讼必须以事实为根据。公开审判，实行回避制度，实行两审终审制度。各民族公民都有权使用自己的民族语言文字进行诉讼。被告人有权进行辩护，法律适用应当一律平等。

（三）坚持法律原则①

法律原则包括法律具有至上性，是至高无上的。法治思想认为法律是治理国家的一种手段，强调法律是治理国家的最高标准。治理必须以法律至上原则为基础。法律的至高无上性表现在法律的普遍适用性、优先性和不懈努力性上。法律的普遍适用性意味着法律对该国主权范围内的所有人具有普遍约束力。国家机关、社会团体和公民个人都必须遵守法律，依法享有和行使法定的职权，承担和履行法定的职责和义务。法律优先适用是指当同一社会关系同时受到多种社会规范的调整时，法律规范的适用优先于其他社会规范。法律不得违背，任何人不得违反法律，违反法律的行为将受到法律的惩罚。

法律原则应当是公开、明确和可预测的。现代社会都在追求公平公正，没有

---

① 贝勒斯 M D. 法律的原则[M]. 张文显，等译. 北京：中国大百科全书出版社，2005.

绝对的公平，但要相对公平公正，法律治理也不例外。开放是法律治理的基本要求。法律宣传的基本目的是让每个人都了解法律，引导人们的行为。法律治理也应遵循法律面前人人平等。法律的规定应该是明确的，而不是难以理解或含糊不清的。法律的预期表明法律应该面向未来而不是过去。当然，法律面前人人平等，在我国是宪法确立的基本原则，也是中国治理的重要原则之一。《中华人民共和国宪法》第三十三条第二款规定，中华人民共和国公民在法律面前一律平等。法律面前人人平等是社会稳定的基石。

（四）坚持司法机关独立行使职权原则

在现代社会，司法机关不是解决纠纷的唯一机制，但它们是最基本的纠纷解决机制。司法独立行使权力可以指导人们的生活稳定社会。司法审判活动必须忠实于法律，不受政府和公众舆论的控制。如果政府干预司法，就会违反宪法和法律所确立的行政和司法分工，也会败坏法律的权威。不仅如此，还必须创造条件，保证司法人员依法独立行使司法权。司法机关依法独立行使其权力，不一定能保障司法公正，而是司法公正的制度前提。法律治理还应当遵守正当法律程序，必须有适当的法律程序，因为它能正确适用法律和法律指导。它要求公开程序规则和公开审理案件，以防止审理者的暗箱操作，必须公开和广泛地听取公众的意见，必要时必须举行听证会。当然，还有一点是没有人可以成为自己的判断者，不然任何判决和决定都被当作是无效的。每个人都有机会了解情况、说明理由和提出论点。法律治理必须要以宪法为中心，宪法在我国是根本大法，法治原则在不同国家和时代有着不一样的宪法体现形式。

第四节　法律治理的方法

实现法律治理，需要一个完整的法律规范体系、一个有效的法治实施体系、一个严格的法治监督体系和一个强有力的法治保障体系。需要坚持以人民为主体，人民是法律治理的主体和力量源泉。需要坚持科学立法，这是法治的必要前提和要求。需要严格执法，这是法律实施和社会稳定的关键环节。需要做到公正司法，司法在伸张社会的公平正义，维护法律的尊严和权威中具有不可代替的作用。

（一）法治必须首先形成一个完整的法律规范体系

一个有效的法治实施体系，一个严格的法治监督体系和一个强有力的法治保障体系，要以宪法为统帅，以民事刑事实体法、刑事诉讼、民事诉讼等诉讼法为骨干。我们要加强立法的规范性，应首先立法，以确保重大改革的合法性。重点是提高立法质量，提高法律法规的及时性和系统性，使法律体系更加完备、科学。世界上的事情不是很难立法，而是很难被法律所要求。对法治的监督更为礼貌，以确保各种法律关系的建立和处理符合法律的规范要求。所以要强化法治监督的意识，要取得权力就必须有责任，用权力来监督，违法行为就必须受到惩罚。为了保证法律体系，要求加强法律专业人员的建设和服务，加大资金投入。

（二）法律治理应坚持以人民为主体，人民是法律治理的主体和力量源泉

习近平强调："人民是历史的创造者，是真正的英雄。"[①]中华人民共和国成立以来，我们党坚定不移地推进社会主义民主法治建设。落脚点和出发点都是为了促进社会的公平，以保障人民根本权益。无论在中国还是在西方，我们都必须坚持法律面前人人平等。在法律面前人人平等是一个古老的法则。在 1954 年 9 月通过的《宪法》中再次明确：中华人民共和国公民在法律上一律平等。我们必须加强宪法的执行，维护宪法的法律权威。反对特权思想。法律面前人人平等要做到任何公民，宪法和法律保障所有权利，包括国籍、种族、性别、职业、家庭出身等。

（三）法律是治理的重要工具，而良好的法律是善治的先决条件

科学立法是法治的必要前提和要求。立法是否科学，关系到法治的方向和全局。首先要做到准确地把握科学立法的科学内涵，尊重社会发展的客观规律，立法要体现民主性、程序性和合宪性等基本的属性。我们必须坚持以人为本、立法为民的原则。维护人民群众的利益。运用系统的思维完善法律体系，围绕经济、政治、文化、社会、生态五大文明。

---

① 习近平. 在庆祝中国共产党成立 95 周年大会上的讲话[N]. 人民日报，2016-07-02.

（四）严格执法是法律实施和社会稳定的关键环节

政府作为国家的重要机构，其职能是执行法律法规，以实现公共治理目的。行政机关要带头严格执法，维护社会的稳定，各级行政机关严格执法的能力，会影响整个国家的法律实施程度。严格执法要做到整合执法机构的职能，不断健全基层执法组织制度，不同层级的执法机构要明晰其职能。还要不断地完善执法人员的管理制度，严格执法资格的准入制度、培训制度及绩效考核制度。严格执法要做到违法必究，对于违反法律的人，要加强这些人的法律意识。

（五）要做到公正司法

司法权是一项独立的权力，司法在伸张社会的公平正义，维护法律的尊严和权威中具有不可代替的作用。司法公正要做到独立审判和公开审判的公平，加强制度的建设，用制度确定司法活动的方式、程序和规则，不因人而异、随人而变，确保司法的公信力及威严，建设起社会主义法治文化。

案例　法治中国进行时，依法治国进入 2.0 时代

一、案例主体

摘要：法治强国是实现强国梦的重要保障，全面推进依法治国、加快建设法治中国是新时代党中央提出的全新要求。本案例回顾了法制建设的历史进程，分析了法制建设在从“无法可依”到“有法可依”、从“要人治不要法治”到“依法治国”、从各级党委“包揽司法行政事务”到检察院法院独立行使检察权和审判权等方面取得的巨大成就，并指出在立法、执法、司法、普法等方面仍然存在的一些不足。同时，从“一个”法治目标、“四个”法治方针、“五项”法治原则、“五大”法治体系、“两个三位一体”法治建设等方面阐释了法治 2.0 时代“法治梦”的丰富内涵和法治意义，彰显了新时代大智立法、依法行政、公正司法、全民守法领域取得的法治成效。旨在学习法律知识，提升法治观念，形成法治思维，谱写新时代全面依法治国新篇章。

关键词：法治中国；依法治国；法治 2.0 时代

（一）引言

从以前的“法制国家”到现在的 “法治国家”，从提倡“依法治国”到推进“全面依法治国”，看似是微小的差别，却是我国几十年来探索法治道路的艰辛成果。这也意味着我们国家从法制 1.0 时代进入了法治 2.0 时代，体现了党中央对依法治国的反思。为了实现这个伟大跨越，党和国家做了哪些努力？“法制”1.0 时代存在哪些问题？“法制”和“法治”有什么不同？如今的“法治”成效如何？都是我们应该思索探讨的问题。

（二）1.0 时代，回顾法制历史进程

1. 时代背景

中华人民共和国的成长和发展，一直伴随着中国法制的发展进步。中华人民共和国的成立开辟了中国历史的新纪元，同时也是中国法制发展的新起点。

中华人民共和国成立前夕，中国人民政治协商会议第一届全体会议召开，

通过了起临时宪法作用的《中国人民政治协商会议共同纲领》，以及至关重要的《中华人民共和国中央人民政府组织法》。这两个宪法性质的法律及之后的其他相关法律，奠定了中华人民共和国成立初期立法体制的基础。此后，我国陆续通过了《中华人民共和国土地改革法》《中华人民共和国婚姻法》《中华人民共和国工会法》《中华人民共和国惩治贪污条例》等一系列重要法律，并于 1954 年通过了中华人民共和国的第一部宪法，史称“五四宪法”。“五四宪法”是一部比较完善的宪法，是在《中国人民政治协商会议共同纲领》进行修改的基础上制定的。

此后，中国法制一直处于稳步发展状态。1978 年的十一届三中全会开启了中国改革开放历史新时期，同时也开启了中国法制发展的新进程。会议不仅结束了长达十年的全面否定法制的混乱局面，而且做出了健全民主、加强法制的重大决策。会上提出了“加强社会主义法制”的号召并制定了“有法可依、有法必依、执法必严、违法必究”的法制工作方针。至此，中国法制建设开始恢复重建，从轻视法制、否定法制，长期以政治运动治国转变为重视法制，通过逐步完善民主法制，以政策和法制共同治理国家。以十一届三中全会为起点，中国特色社会主义法制开始稳步发展。我们将中华人民共和国成立前后到中共十八大之前的这六十多年时间称作中国法制建设的 1.0 时代。

2. 阶段成果

1）从“无法可依”到“有法可依”

1949 年之前，我国长期处于混乱割据局面，政府崇尚武力治国，法律更是形同虚设。1954 年我国通过了中华人民共和国的第一部宪法，此后又陆续通过了《中华人民共和国土地改革法》《中华人民共和国婚姻法》《中华人民共和国工会法》等一系列重要法律，初步奠定了我国的法律基础。

十一届三中全会后的十年，我国真正实现了从“无法可依”到“有法可依”的巨大进步。1979 年 7 月 1 日，第五届全国人民代表大会第二次会议仅一次人民代表大会就通过了《中华人民共和国刑法》《中华人民共和国刑事诉讼法》《中华人民共和国地方各级人民代表大会和地方各级人民政府组织法》《中华人民共和国全国人民代表大会和地方各级人民代表大会选举法》《中华人民共和国人民法院组织法》《中华人民共和国人民检察院组织法》《中华人民共和国中外合资经营企业法》等 7 部法律。这便是中国法制史上著名的“一日七法”。

以“一日七法”为先导，1979~1984 年，我国陆续制定并颁布了 63 部重要的法律，其中包括《中华人民共和国刑法》和《中华人民共和国宪法》这两部意义重大的法典，《中华人民共和国刑法》的制定结束了自1949年以来我国司法实践中“无法可依”的尴尬局面，而《中华人民共和国宪法》则是反映现代民主和法治精神，符合中国国情，具有中国特色的，能够适应新时期社会主义现代化建设需要的宪法，确立了现代法治的基本原则：国家维护社会主义法制的统一和尊严。一切法律、行政法规和地方性法规都不得同宪法相抵触。一切国家机关和武装力量、各政党和各社会团体、各企业事业组织都必须遵守宪法和法律。一切违反宪法和法律的行为，必须予以追究。任何组织或者个人都不得有超越宪法和法律的特权。

至此，中国特色社会主义法律框架基本形成。

2）从“要人治不要法治”到“依法治国”

由于旧社会缺乏法治传统，加上20世纪50年代后期“要人治不要法治”的法律虚无主义盛行，我国民众普遍缺乏法律常识和法治观念。十一届三中全会后，我国法制开始恢复重建，党和政府相应地启动了全民法制宣传教育活动。

1985年11月22日，第六届全国人大常委会第十三次会议通过《全国人民代表大会常务委员会关于在公民中基本普及法律常识的决议》，开启了中国普法新征程。目前为止，我国已经先后制定了七个“五年普法规划”。中国的全民普法运动是中国历史和人类历史上规模空前和影响深远的法治启蒙运动，是一场先进的思想观念和文明的生活方式的宣传教育运动。

十一届三中全会以后，中国开始停止使用“以阶级斗争为纲”的工作方式，以法制作为治国理政辅助方式。但是直到20世纪90年代中期，国家对“法治”仍尚未解禁，法制也只是作为政策的补充，而没有真正用于国家管理。“法治”解禁，将依法治国作为“党领导人民治理国家的基本方略”直到21世纪末才得到官方正式认可。1997年，中共十五大报告鲜明地提出了“依法治国，建设社会主义法治国家”的治国方略。十五大报告指出，“发展民主必须同健全法制紧密结合，实行依法治国。依法治国，就是广大人民群众在党的领导下，依照宪法和法律规定，通过各种途径和形式管理国家事务，管理经济文化事业，管理社会事务，保证国家各项工作都依法进行，逐步实现社会主义民主的制度化、法律化，使这种制度和法律不因领导人的改变而改变，不因领导人看法和注意力的改变而改变。依法治国，是党领导人民治理国家的基本方略，是发展社会主义市场经济的客观需要，是社会文明进步的重要标志，是国家长治久安的重要保障。党领导人民制定宪法和法律，并在宪法和法律范围内活动。依法治国把坚持党的领导、发扬人民民主和严格依法办事统一起来，从制度和法律上保证党的基本路线和基本方针的贯彻实施，保证党始终发挥总揽全局、协调各方的领导核心作用”①。

1999年3月15日，第九届全国人大二次会议通过了宪法修正案，将“法治”正式写入宪法。宪法第五条增加一款，作为该条第一款，规定：“中华人民共和国实行依法治国，建设社会主义法治国家。”

3）从各级党委“包揽司法行政事务”到检察院法院独立行使检察权和审判权

十一届三中全会以后，我国陆续制定了《中华人民共和国刑法》《中华人民共和国刑事诉讼法》等法律，但能否很好发挥它们在恢复和重建社会秩序和法律秩序中应有的作用，在当时的情况下却无法得到很好的保障。为此，中共中央于1979年9月9日发出了《中共中央关于坚决保证刑法、刑事诉讼法切实实施的指示》。

该指示指出，刑法和刑事诉讼法的颁布，对加强社会主义法制建设具有特别重要的意义。它们能否严格执行，是衡量中国是否实行社会主义法制的重要标志。该指示严肃地分析和批评了党内存在着的严重忽视社会主义法制的错误倾向，指出：“在我们党内，由于建国以来对建立和健全社会主义法制长期没有重视，否定法律、轻视法律；以党代政、以言代法、有法不依，在很多同志身上已经成为习惯；认为法律可有可无，法律束手束脚，政策就是法律，有了政策可以不要法律等思想，在党员干部中相当流行”，“各级党委要坚决改变过去那种以党代政、以言代法、不按法律规定办事，包揽司法行政事务的习惯和作法。”②该指示要求各级党委要切实保证法律的实施，充分发挥司法机关的作用，切实保证人民检察院独立行使检察权，人民法院独立行使审判权，使之不受其他行政机关、团体和个人的干涉。

之后，党的第十五次全国代表大会提出了“推进司法改革”的战略任务，从制度和操作上实际保障司法事业的正常运行。以此为依据，最高人民法院、最高人民检察院制定了《人民法院改革五年纲要》和《检察改革三年实施意见》，对推进人民法院和检察院的机构设置和职能完善等工作有了一个细致的规划，对法院审判工作的程序法适用上有了更加严格的规定，检察机关对人大负责并受人大监督，在刑事赔偿等打击犯罪等方面的职能也日益健全。

---

① 江泽民. 高举邓小平理论伟大旗帜，把建设有中国特色社会主义事业全面推向二十一世纪——在中国共产党第十五次全国代表大会上的报告（1997年9月12日）[J]. 理论与当代，1997，（Z2）.

② 李雅云. 中国法治建设里程碑式的党的文件——纪念中共中央发布《关于坚决保证刑法、刑事诉讼法切实实施的指示》25周年[J]. 法学，2004，（9）.

3. 不足之处

1）立法不全

十一届三中全会以来，我国虽然已经初步建立起中国特色社会主义法律体系，但立法仍有不足，这也导致了许多检察机关和法院在某些案件的审理方面"无法可依"，让某些违法行为不能得到相应的惩罚。同时，这也导致了某些犯罪分子利用立法方面的不足和漏洞，"钻法律的空子"，肆无忌惮地进行违法活动；而执法人员由于没有法律参考，时常出现"无人管""不敢管"的现象，这也在一定程度上助长了犯罪分子的嚣张气焰。

除此之外，我国在违宪审查制度方面的不完善，导致了某些与宪法相违背的法律也能够正常使用，严重危害了公民权益。例如，2003 年的孙志刚事件，湖北青年孙志刚因为不合理的遣返制度，于广州某收容人员救治站被工作人员及其他收容人员殴打致死。之后，2003 年 5 月 14 日，三名法学博士俞江、腾彪、许志永向全国人大常委会递交审查《城市流浪乞讨人员收容遣送办法》的建议书，认为收容遣送办法中限制公民人身自由的规定，与中国宪法和有关法律相抵触，应予以撤销。孙志刚事件和三博士上书全国人大常委会事件，是中国公民首次行使违宪审查建议权，由此引发的关于全国人大应当尽快启动违宪审查制度的讨论，也对中国依法治国的进程起到一定的推动作用。

2）执法不严

尽管我国在制定了刑法、刑事诉讼法等法律之后也在不断完善相关法律，但执法不严的问题却一直影响着法律的公正实施。部分基层执法人员在执法过程中，"懒得执法""不敢执法""为业绩执法"等行为，使执法不严的现象时有发生。同时，"钓鱼执法"问题也一直存在。例如，广西永新孕妇事件，孕妇遭派出所钓鱼执法，执法人员甚至直言：想出去，再钓"下家"，执法人员甚至亲自开车送她去"钓鱼"，结束后才放她离开。[①]部分基层执法人员公然蔑视法律，带头"钓鱼"，充分反映了我国执法不严的问题。

3）司法不公

十一届三中全会前的十多年间，我国发生了一些冤假错案，有时候一个举报、一句"不当言论"甚至是一本书都能给人定罪。这一时期，司法行为在过程和程序上不民主、不依法公开，司法不公现象时有发生。十一届三中全会后，我国大力"拨乱反正"，审理各种冤假错案。同时，恢复重建法院、检察院等司法

---

① 广西永新派出所所涉钓鱼执法被调查孕妇或受害者[N]. 北京青年报，2014-09-09.

机关，加强立法，并出台相关政策保证司法独立。

但是，司法不公现象仍然存在。司法腐败从未消失，司法机关及司法人员徇私舞弊、枉法裁判和失职渎职导致的误判现象时有发生。司法软弱、司法专横也屡屡发生。例如，1994 年的佘祥林案和 1995 年的聂树斌案，两名当事人依靠“亡者归来”或“真凶现身”才得以洗清冤屈，聂树斌更是为此付出了生命的代价。

4）普法不足

在法制恢复重建之初，党和政府就启动了全民法制宣传教育活动，但民众对于法律的认识和信任浅薄，遇事用法律途径解决的更是少之又少。我国在普法方面任重而道远。

（三）2.0 时代，迈入“法治”新征程

1. “法治梦”助力“中国梦”

新时代“法治梦”的内涵是，到 2020 年法治政府基本建成，到 2035 年“三个共同推进”和“三位一体建设”的新任务基本实现。

新时代“中国梦”意味着要实现人民向往的美好生活，美好生活包含着个人层面的尊严生活、社会层面的稳定安宁、国家层面的长治久安，即“法治梦”。以十八大为起点的七年间，党中央对法治建设的失败教训进行了深刻的总结，颁布了《中共中央关于全面推进依法治国若干重大问题的决定》，成立了首个中共中央全面依法治国委员会，牢记“总目标”，指明“四个”法治方针，坚持“五项”法治原则，完善“五大”法治体系，推进“三位一体建设”……中国特色社会主义法治内涵得到丰富和完善，法治建设取得了重大成效。

2. “法治梦”的丰富内涵

1）“一个”法治目标

历代中国领导人都将“法”视为执政的重要法器。四十年前，邓小平同志曾尖锐地指出“要搞法制，还是法制靠得住些”；四十年后，习近平同志强调“法者，治之端也”，并于十八届四中全会上提出了建设中国特色社会主义法治体系、建设社会主义法治国家的总目标。

2）“四个”法治方针

“科学立法、严格执法、公正司法、全民守法”是新时代的法治方针，其中

科学立法是前提，严格执法是关键，公正司法是防线，全民守法是根基。新十六字方针是对十一届三中全会提出的旧十六字方针的补充和完善，针对我国现存的法治问题开出了“中国药方”。

3）“五项”法治原则

第一，坚持中国共产党的领导——“船重千钧，掌舵一人。”党和法的关系是统一的，我国法治建设最根本的经验就是将党的领导核心地位贯彻落实到依法治国的各个环节。第二，坚持人民主体地位——“治国有常，而利民为本。”保障人民群众的根本利益是法治建设的初心。第三，坚持法律面前人人平等——“不别亲疏，不殊贵贱，一断于法。”平等是法治的基本要求，保障法律的实体内容平等、程序公平和结果公正。第四，坚持依法治国和以德治国相结合——“法安天下，德润人心。”法律与道德是辩证统一的，社会主义核心价值观应全方位贯穿落实于法治建设。第五，坚持从中国实际出发——“对于一个手中只有榔头的人，他所看到的问题都是钉子。”从实际出发，要求适应新时代我国国情，打造有中国特色的法治，但也不意味着“关起门来搞法治”。

4）“五大”法治体系

第一，“营养土”——完备的法律规范体系，为推进科学立法工作和完善法治体系的新时代奠定了根基。第二，“方向盘”——高效的法治实施体系，为推进严格执法工作提供了新时代的行动指南。第三，“发动机”——严密的法治监督，为新时代实施透明、公开、阳光的法治增加了前进动力。第四，“防护栏”——有力的法治保障体系，通过道路、制度、理论、人才保障为新时代法治运行保驾护航。第五，“主心骨”——完善的党内法规体系，夯实了新时代全面从严治党的制度基础。

5）“两个三位一体”法治建设

全面依法治国，在方式上，坚持“依法治国、依法执政、依法行政”，在目标上，建设“法治国家、法治政府、法治社会”。我们应立足于百年未有之历史大变局中，分析主次矛盾，把握当前形势，学习新思想，坚持新道路，坚定新目标。首先，要发挥“关键少数”的带头引领作用，在法治建设进程中“关键少数”应将一切活动都限定在法的范围之内，接受全方位的监督，发挥“功成不必在我”的奉献精神，坚持一张蓝图干到底。其次，要开展法治宣传教育，增强全社会法治观念，改善“信‘访’不信法”“遇事靠闹”“小事小闹，大事大闹”的不正之风，形成社会共治的良好法治氛围。最后，从法治社会、法治政府到法治国家，统筹协调、各方参与、整体推进，实现“关键少数”和“绝大多数”对法治的普遍信仰，推动我国社会文明进步，为实现社会主义现代化强国梦奠定法治基础。

6）“三大”法治意义

（1）依法治国有利于党“掌好权”“执好政”“固好位”。中华人民共和国成立以来，法治地位在逐渐提高。党通过坚持不懈地探索如何更好地掌权、执政，积累了法治建设的宝贵经验，实现了依法治国和党的领导的辩证统一，坚持依宪执政、依法执政，使党的执政地位得到进一步巩固。

（2）依法治国有利于实现从“人治”到“法治”的转变。“人治”代表的是个人意志，维护的是个人利益，“法治”代表的是人民的意志，维护的是人民的利益。近年来，党越来越重视法治，法治成果越来越凸显，我国七十多年的法治建设，正是从“人治”到“法治”的过程，“法治”时代正在进行，中国正在向文明、美丽、和谐、稳定的社会主义现代化强国稳步迈进。

（3）依法治国有利于全面建成小康社会、推进“中国梦”。十八届四中全会第一次提出了全面依法治国的要求，并在社会主义现代化建设的总目标中融入了全面依法治国的总目标。通过党和人民的实践，实现了经济的高质量发展和改革的稳步推进，我国不断完善法治体系，不断树立法治权威，不断弘扬法治精神，“法治梦”正在推动“两个一百年”奋斗目标的中国梦的实现。

3. 新时代法治成效

1）大智立法：立法进程没有终点

2014 年 8 月，十二届全国人大常委会第十次会议对立法法修正案（草案）进行了初次审议，随后公开向社会广泛征求意见，12 月召开的全国人大常委会第十二次会议对草案进行了第二次审议。这是立法法实施 14 年后的首次修改。人们普遍认为，对这部规范立法工作的基本法的修改，将推动中国特色社会主义立法体系进入 2.0 时代。

（1）中国特色社会主义法律体系基本形成并日益完善。

党和国家始终与时俱进，响应人民群众的呼声和关切，对涉及群众切身利益的问题，做到立法工作相互协调，切实增进人民的满意感和幸福感。随着我国高铁行业的不断发展，霸座事件时有发生，究竟如何惩处也一直没有定论。原因在于目前尚无具体针对占座行为进行处罚的规定。因此面对“霸座男”“霸座女”的出现，火车乘警往往显得束手无策也就不难理解了。2018 年 9 月 30 日，《广东省铁路安全管理条例》审议通过。该条例明确规定，旅客应当按照车票载明的座位乘车，不得强占他人座位。另外，对扰乱铁路站车运输秩序且危及铁路安全、造成严重社会不良影响，以及严重违反铁路运输企业安全管理规章制度的失信行为进行记录，并按照规定推送全国和地方信用信息共享平台①。这个条例的出台真实体现了我国在立法领域没有终点，而且无数个“史上最严”法律出台也逐步完善了法律体系，一个个首部法律的实施慢慢地填补了立法空白，不论是在经济领域、政治领域还是在文化等领域我们国家都在日益完善法律框架。

（2）立法理念走向纵深发展。

在几十年的发展中我们探索出来一条具有中国特色，符合我国国情的立法道路。它以不违反上位法为前提，以尊重客观规律和顺应时代潮流为要求，深刻反映人民群众的利益和呼声，强调科学立法，强调开门立法。2019 年 3 月 15 日，十三届全国人大二次会议表决通过了《中华人民共和国外商投资法》，这部法律自 2020 年 1 月 1 日起施行。它的制定过程如下：在早前的外资三法不适应当前经济发展的背景下，全国人大尊重社会经济发展规律，多次征求社会各方意见建议后，形成《中华人民共和国外商投资法（草案）》，提请十三届全国人大二次会议审议。十三届全国人大二次会议表决通过了《中华人民共和国外商投资法》。该法的制定，充分体现了科学立法、民主立法、依法立法的理念和要求。

2）依法行政：法律的生命力在于实施

立法只是依法治国的第一步，现在中国特色社会主义法律体系日渐完善，但如果没有一个良好的执法者做到依法行政的话，再好的法律也只能停留在书面上。目前，我国主要从建设法治政府和改革行政体制方面等不断推进严格执法。

（1）法治政府建设的硕果累累。

2014 年“权力清单”进入公众视野，随后各级政府纷纷晒起了自己的“权力清单”。权力清单相当于政府部门的权力菜单，清单上有的必须执行、严格执行、公正执行，清单上没有的禁止执行，坚决做到法无授权不可为。另外，全国各地也在大力发展“互联网+政务服务”工作，让群众足不出户就能享受便捷的政府服务，还能依法行使监督权，推进法治政府的建设。2016 年，河南省公安厅就建立了全国第一个省级“互联网+警务”综合服务平台。在该平台上可以申办各项业务，真正实现足不出户，就可以享受警务服务。该公安厅不仅得到了人民群众的一致好评，还获得了“全国公安机关改革创新大赛金奖”等各种奖项。

（2）反腐力度只增不减。

法治 2.0 时代以来，我国政府做到不断完善责任追究配套制度，建立了重大决策终身责任追究制度、行政执法责任制等权力监督与制约机制，从体制上实

① 许勇. 率先立法顺民意——《广东省铁路安全管理条例》解读[J]. 人民之声，2018，（12）.

现了把权力关进笼子里。党的十八大以来，党中央以最坚决的意志、最坚决的行动扫除腐败现象，织密织牢反腐败的天网，“老虎”“苍蝇”一起打，使之无处藏身。2018 年各级法院审结贪污贿赂、渎职等案件 2.8 万件 3.3 万人，其中被告人原为省部级以上干部的 18 人，厅局级 339 人，县处级 1 185 人。加大对行贿犯罪惩治力度，判处罪犯 2 466 人。依法没收违法所得，对腐败分子形成有力震慑。①

3）公正司法：“在每一个司法案件中感受到公平正义”

（1）办案质量显著提升。

党中央推出了一系列新的制度规定。例如，建立司法机关内部人员过问案件的记录制度和责任追究制度，完善办案人员办案责任制，做到谁办案谁负责、不办案不插手，不准利用私人关系打听案件信息，做到公平公正；又如，全会提出健全司法人员履行法定职责保护机制，非因法定事由，非经法定程序，不得将法官、检察官调离、辞退或者作出免职、降级等处分②，保护了司法人员的权益，端正了司法工作者的办案态度，提高了办案速度，提升了办案质量，经得起人民的检验，上诉率显著下降。例如，“中央督导组下云南，彻查恶霸孙小果‘复活记’”大快人心。孙小果原是云南省昆明市令人闻风丧胆的恶霸，罪行累累，曾在 1998 年因强奸、侮辱妇女罪，故意伤害他人罪等多项罪名被处以死刑，却“亡者归来”，于 2010 年起使用别名在狱外活动数十年，堂而皇之开启“人生第二春”。经调查，是因其父母利用人脉、职权背后运作，通过修改年龄、“发明专利”、收买监狱领导等手段为他大幅度减刑。二十年前，执法、司法人员渎职腐败让恶鬼逍遥法外，令昆明市民脊背发凉、人心惶惶；二十年后，中央督导组进驻云南依法严惩、深挖彻查将恶鬼团队连根拔起，让全国人民眉头舒展、拍手称快。将孙小果案办成铁案，最重要的意义在于通过此案发现司法过程中的漏洞，使法律面前人人平等的基本原则贯彻到每一个个案，匡扶社会正义。

（2）冤假错案连续纠正。

冤假错案的出现严重损害了人民对司法工作的信心。对于以前出现的冤假错案，政法机关以“勇于承担，有错必纠”的决心切实纠正。各级法院按照审判监督程序再审改判刑事案件 1 821 件，其中依法纠正“五周案”等重大冤错案件 10 件。审结国家赔偿案件 1.5 万件。对生活困难当事人发放司法救助款 10.8 亿元，

---

① 周强. 最高人民法院工作报告[N]. 人民日报，2019-03-13.

② 习近平. 关于《中共中央关于全面推进依法治国若干重大问题的决定》的说明[N]. 人民日报，2014-10-29.

减免诉讼费 2.6 亿元[①]。“五周案”就是其中具有代表性的一个案例。1996 年 8 月，安徽涡阳村民周某某一家五口深夜被砍，其女当场死亡。周某 A 等“五周”被认定为案件的凶手。本来在一审时被认定为无罪的“五周”，却因被害人父亲在法院服毒自杀死亡后出现逆转，最终判处 2 人死刑、1 人无期、2 人 15 年有期徒刑。此后，5 人及其家属开启了长达22年的申诉之路。直至2018年4月11日，安徽省高级人民法院再审宣判，周某 A、周某 B、周某 C、周某 D、周某 E 五人获得无罪判决。从念斌投毒案、赵作海杀人案到佘祥林杀妻案等案件的改判，一件件冤假错案得到纠正，充分彰显了公正司法的决心，提高了全社会对司法工作的信心和放心程度。

4）全民守法：法治观念逐渐深入人心

（1）提高了普法效率。

“谁执法谁普法”制度明确了执法机关的普法责任，是法治宣传教育的一个创新。换句话说就是，该法律由哪个部门执行，就由哪个部门普及该法，切实将责任落实到具体部门。因此，各地探索了多种多样的、适合人民群众的普法形式。例如，天津市东丽区建立了案件资源库，通过收集典型案例，用生动具体案例代替枯燥专业性讲座进行普法；安徽省蚌埠市开通“龙子湖普法”“龙子湖区司法局”微信公众号，适时更新最新法律法规和案例信息；重庆市九龙坡区开展“巡回办案”“送法下乡”活动，组织法官进社区、入村社、到街镇开展法律咨询活动。这启示着我们普法只有充分结合时代特色，考虑群众的需求和理解能力，提高普法活动的吸引力，才能真正使普法活动具有效果。

（2）补齐了法律服务短板。

为适应新时代群众对公共法律服务的新要求，为群众提供更加及时精准普惠优质的公共法律服务，司法部提出要加强公共法律服务平台建设，将公共法律服务网络延伸至基层[②]。广东省惠州市仲恺高新技术产业开发区（简称“仲恺高新区”）在2017年12月就通过“法律超市”给居民提供一站式法律服务。仲恺高新区曾经落后的法律业务能力严重限制了人民对服务的需求，供需矛盾凸显。为解决这个难题，仲恺高新区结合实际在全市建立首个公共法律服务超市。通过“互联网+现实”的模式，以“线上+线下”相结合的方式为群众提供全方位的服务。线上通过法律超市网站、法律超市公众号等互联网形式实现“一网在手，服务不忧”，线下也设立了服务窗口，与专业律师事务所合作，长期派法律专业人员为人民群众提供咨询服务，同时还提供调解服务。法治 2.0

① 周强. 最高人民法院工作报告[N]. 人民日报，2019-03-13.

② 司法部《关于深入推进公共法律服务平台建设的指导意见》[J]. 中国司法，2018，（10）.

时代以来，一项项服务短板被补齐，一项项空白被填满，人民群众的法律服务获得感也日益提高。

（四）结束语

从中华人民共和国成立以来五次对宪法的修改历程、“法制”到“法治”一字的改变、旧十六字方针到新十六字方针的区别中可以看出，党和国家对法治新时代的不懈追求。虽然我们国家法治 2.0 时代成效显著，但还远不是一个法治强国。法治强国，一直是我们追求的目标，也是实现强国梦的重要一步。全面推进依法治国、加快建设法治中国是新时代背景下党对我们今后工作提出的要求。让我们在习近平新时代中国特色社会主义思想的指导下，紧紧围绕在党中央周围，在不断学习法律知识的基础上，提升自己的法治观念，形成法治思维，为书写新时代全面依法治国新篇章贡献自己的力量。

思考题：

1. 请分析我国法制 1.0 时代在法律治理上存在的不足及其原因。
2. 学“习”进行时：请同学们分享习近平有关依法治国的经典论述。
3. 请运用联系的观点试述立法、执法、司法、守法四者与依法治国之间的关系。
4. 请结合习近平主席签署发布的第九次特赦令浅谈德治与法治的辩证关系。
5. 请用以小见大的手法试述新时代如何更好地推进依法治国。

二、案例说明

（一）课前准备

1. 在进行案例教学之前，教师可提前要求学生对我国社会主义法制建设进程及相关理论思想进行了解，并将相关案例发送至班级学习群中，由学生自行查阅资料加深了解，熟悉内容，并对思考题进行思考。
2. 学生提前进行分组，4～6 人一组，以使得学生能够积极参与讨论，营造良好的学习氛围，更好地进行思考交流。
3. 检查教学场所多媒体设备是否正常运行，准备好上课所需资料。

（二）适用对象

本案例适用于公共管理专业全日制本科生和研究生及政府相关部门工作人员等；本案例主要适用于公共管理学、行政管理学及公共事业管理等相关课程。

（三）教学目标

本案例以我国法制建设的历程为主线，以十一届三中全会后的法制建设为起点，介绍了该阶段的法制时代背景、意义及成果，并结合案例分析了该阶段法制上存在的不足；接着又以十八大以来我国的“法治”新征程为切入点进行综合分析，以新时代的依法治国法治建设及所取得的成效与之前进行对比，以我国从“法制”到“法治”的转变对新时代我国社会法律治理的改观进行论述。以我国法律治理中存在问题及取得成效的相关案例来进行案例教学，主要想达到以下几个教学目标。

1. 了解我国法制建设的历史进程及所取得的成果

中华人民共和国的成立是中国法制发展的新起点。此后，中国法制一直处于稳步发展状态。而中共十一届三中全会开启了中国改革开放的历史新时期，同时也开启了中国法制发展的伟大进程，做出了健全民主、加强法制的重大决策。从第一部宪法到新宪法的多次修改历程、从“社会主义法制”到“社会主义法治”的一字之差改变，我国的法律制度在不断进步完善。在此案例中，我们详细介绍了中华人民共和国成立以来的法制建设历程，并将此称为中国法制1.0 时代。通过此案例的研究学习，可以让大学生对我国法制建设的历史进程有更进一步的了解。

2. 通过案例研究讨论了解我国在法律治理中存在的问题

十一届三中全会以来，我国虽然已经初步建立起中国特色社会主义法律体系，但在法律治理中依旧存在着不足。在本案例中，以 2003 年的孙志刚事件、广西永新孕妇“钓鱼执法”事件等为典型事件，让学生分析讨论，以发现我国曾在法律治理中存在的问题，如立法不全、执法不严、司法不公等问题，引起学生的思考，为如何更好地进行法律治理提出见解。

3. 深入掌握新时代社会主义法治理论

自十八大以来，以习近平同志为核心的党中央深刻总结了过去几十年间法治建设的失败教训，颁布了《中共中央关于全面推进依法治国若干重大问题的决定》，组建了首个中共中央全面依法治国委员会，高举“总目标”伟大旗帜，指明“四个”法治方针，坚持“五项”法治原则，完善“五大”法治体系，推进“三位一体建设”，等等。中国特色社会主义法治理论不断丰富和完善，法治建设也取得了重大成效。通过本案例的学习，学生能够不断加深对新时代法治理论的了解。

4. 通过对案例的分析深入了解我国现阶段法律治理所取得的成效，并能将理论与方法运用到现实生活中

习近平总书记于十八届四中全会上提出了建设中国特色社会主义法治体系、建设社会主义法治国家的总目标，此后，我国的法治内涵得到不断丰富和完善，法治建设也取得了巨大的成效。在本案例中，学生通过对高铁霸座行为的法律治理、政府建立“权力清单”、冤假错案得到纠正及全民普法等案例的探究，来了解我国在法律治理上所取得的新的成效。此外，通过对案例的分析，学生能够与实际相结合，深入掌握法律治理理论的核心内容，提高解决相关问题的能力，在实际生活中综合运用法律治理的理论知识与方法来解决问题。

5. 通过案例学习，使学生能在学习生活中提升法治观念

“全面推进依法治国、加快建设法治中国”是新时代背景下党对我们工作提出的要求。学习本案例，能让学生在以习近平同志为核心的党中央坚强领导下，在习近平全面依法治国新理念新思想新战略指引下，不断学习法律知识，提升自己的法治观念，形成法治思维，为书写新时代全面依法治国新篇章贡献自己的力量，为建设文明、美丽、和谐、稳定的社会主义现代化强国贡献一份力量。

（四）要点分析

本案例以我国从法制 1.0 时代到法治 2.0 时代的发展历程为主线，介绍了我国法治理论的不断发展完善，结合实际案例分析了我国在法律治理上存在的不足，最后又以案例展示了我国在新时代法律治理上的重大成效。

本案例的几个关键点如下。

1. 法制 1.0 时代我国法律治理上存在的不足及其原因

1.0时代是我国法制建设起步阶段，存在一些不足之处。第一，立法不全。我国在立法上依旧存在着不足，法律体系存在着一些漏洞。而立法不足则导致检察

院和法院在某些案件的审理方面“无法可依”，使得一些违法行为不能得到相应的惩罚，同时导致犯罪分子“钻法律的空子”进行违法活动。当初黑恶势力泛滥，很大的原因是其受到法律的约束较少。第二，执法不严。尽管我国制定了刑法、刑事诉讼法等法律，也在不断进行完善，但执法不严的问题却一直影响着法律的公正实施。部分基层执法人员在执法过程中会出现执法不严的现象。最典型的案例是广西永新孕妇遭“钓鱼执法”事件，基层执法人员公然蔑视法律，带头“钓鱼执法”，充分反映了我国执法不严的问题。第三，司法不公。尽管我国设立法院、检察院等司法机关，并出台相关政策保证司法独立，但是，司法不公、司法腐败现象仍然存在，司法机关及司法人员徇私舞弊、枉法裁判和失职渎职导致的误判现象时有发生。例如，1994 年的佘祥林案和 1995 年的聂树斌案，两名当事人遭受冤屈，司法的公正性在此完全没有得到体现。第四，普法不足。尽管在法制恢复重建之初，党和政府就启动了全民法制宣传教育活动，但民众对于法律的认识和信任浅薄，遇事用法律途径解决的更是少之又少。可见在普法上任重而道远。

根据对案例的分析，我们总结归纳了法制 1.0 时代存在的立法不足、执法不严等问题。那么造成这些不足的原因是什么呢？从孙志刚事件来看，湖北青年孙志刚因为不合理的遣返制度失去了生命，可以看出我国在违宪审查制度方面的不完善，导致了某些与宪法相违背的法律也能够正常使用，严重危害了公民权益。而导致“钓鱼执法”等执法不严问题出现的原因则是缺乏相应的法律监管机制，对执法人员的权力缺乏有力的监管，导致滥用执法权的现象出现，影响法律的公正实施。对于司法上存在的不足，其原因包括司法的不独立、不廉洁、不严格遵守程序等多个方面，从佘祥林案及聂树斌案可以看出，是由于司法机关及司法人员徇私舞弊、枉法裁判和失职渎职而导致误判现象，这些都是导致司法不公的原因。尽管我们在积极普法，但是由于宣传力度不够、宣传方式不当等原因，公众对于法治的了解程度依旧不够，法律意识淡薄。

2. 学“习”进行时：习近平有关依法治国的经典论述

（1）习近平总书记在庆祝全国人民代表大会成立60周年大会上发表重要讲话，引用“国无常强，无常弱。奉法者强则国强，奉法者弱则国弱”。这句典故出自战国韩非子的《韩非子·有度》，意为国家不会永远富强，亦不会长久贫弱。执行法度的人坚决，国家就会富强；执行法度的人软弱，国家就会贫弱。韩非子把“奉法”作为治乱兴亡的关键，认为各国皆有法度，关键是能否秉公执法。

由此可见，要让法治成为全民信仰就需要像这句典故一样，做到让“奉法者强”。放在新时代的背景下，就是要让领导干部和立法、司法、执法者，能够贯彻法治思维，加强依法决策、依法行政。只有严格执法，才能让人民群众感受到法治的力量，建立法治信仰。

（2）习近平总书记在党的十八届四中全会第二次会议上作重要讲话，引用了“立善法于天下，则天下治；立善法于一国，则一国治”。此典故出自王安石的《周公》一文，王安石不仅强调要立法，而且强调要立“善法”，而要使法“善”，就必须实行改革。

法律作为社会的基本规则，应该是有益于国家发展有益于社会治理的，这样的法才是善法。为立“善法”，国家要建立起符合本国国情、适用于社会实际的法律体系，同时以人为本，从人民群众的利益出发，维护公民合法权益。要建立符合新时代的时代特征的法律体系，从制度上、法律上解决国家发展中所存在的问题，促进法律治理。

（3）2016 年 12 月 9 日，习近平总书记在主持中共中央政治局就我国历史上的法治和德治进行第三十七次集体学习时发表了讲话，他指出：“法律是成文的道德，道德是内心的法律。法律和道德都具有规范社会行为、调节社会关系、维护社会秩序的作用，在国家治理中都有其地位和功能。法安天下，德润人心。法律有效实施有赖于道德支持，道德践行也离不开法律约束。法治和德治不可分离、不可偏废，国家治理需要法律和道德协同发力。”①习近平总书记关于“法安天下，德润人心”的重要论述，揭示了法治和德治的辩证关系，科学阐明了新形势下要坚持依法治国与以德治国，发挥法律治理与道德治理的协同作用，促进法治社会新发展。

（4）习近平总书记在《之江新语·弘扬法治精神，形成法治风尚》中提到“国皆有法，而无使法必行之法”。此典故出自商鞅的《商君书·画策第十八》，其意为国家都是有法律的，但是没有能保证这些法律一定得到遵遁的法。可以看出，要想让法律成为社会中人人能够遵循的规范，把法律深植于群众的心中，就一定要培育法治精神。建立法律很简单，但是将法律植根于心却具有很大的困难，因此，国家要加强对法律的推广宣传力度。培养群众的法治精神，发挥法律治理的作用。

3. 立法、执法、司法、守法四者与依法治国之间的关系

知识点：唯物辩证法中联系的观点。

唯物辩证法认为整体和部分是相互联系、密不可分的，同时又是相互作用

---

① 习近平：坚持依法治国和以德治国相结合[EB/OL]. https://www.xinhuanet.com/politics/2016-12/10/c-1120093133.htm，2016-12-10.

的。整体离不开部分，是由部分构成的，部分的功能及其变化影响整体的功能，关键部分的功能及其变化甚至对整体的功能起决定性作用。部分是整体的部分，离开了整体，部分就不成其为部分，整体的功能状态及其变化会影响部分。

“科学立法、严格执法、公正司法、全民守法”是落实依法治国基本方略的组成部分。四者与依法治国密不可分，缺一不可。科学立法是建设法治中国的前提，严格执法是建设法治中国的关键，公正司法是建设法治中国的防线，全民守法是建设法治中国的基础。同时依法治国的推进，有助于实现科学立法、严格执法、公正司法、全民守法，全面提高法治建设的质量水平，为建设富裕美丽幸福现代化提供坚强法治保障。下面重点讨论四者与依法治国的关系。

科学立法是全面推进依法治国的前提条件。古希腊亚里士多德说：法治通常包含两重含义，即已成立的法律获得普遍的服从，而大家所服从的法律又应该是制定得良好的法律。因此，依法治国的前提是有法可依。目前我国基本建立了社会主义法律体系，各个方面都出台了相应的法律法规。但是我们也应该看到，我国的立法工作仍存在不足，如部分法律可操作性不强，难以发挥效用，立法速度有待提高。

严格执法是全面推进依法治国的关键环节。《中共中央关于全面推进依法治国若干重大问题的决定》中提到：“法律的生命力在于实施，法律的权威也在于实施。”如果仅仅停留在立法层面，那么法律就不能发挥其应有的效力，成为“一纸空文”，甚至可能影响人民对法律的认同和信仰。作为执法的最重要的主体，行政机关必须依法执行，法无授权不可为，法定授权必须为。

公正司法是全面推进依法治国的重要任务。古语云：“理国要道，在于公平正直。”公平公正是现代社会人们普遍追求的价值观，在法律中更需要保障公平正义。而法律的公平正义需要靠司法来实现，良法还须良治。没有司法公正，良法就会成为恶法。习近平总书记也强调：“我们提出要努力让人民群众在每一个司法案件中都感受到公平正义。”①

全民守法是全面推进依法治国的基础工程。法律是人的法律。人民权益要靠法律保障，法律权威要靠人民维护。在当代推进依法治国的进程中，任何个人和组织都必须要在法律范围内活动，不能无视法律、违反法律或者超越法律。而是应该尊重法律、学习法律、拥护法律、运用法律。

4. 德治与法治的辩证关系

知识点：结合习近平主席签署发布的第九次特赦令，了解辩证法基本原理。

---

① 习近平主持中共中央政治局第四次集体学习[EB/OL]. https://www.cpc.people.com.cn/n/2013/0225/c64094-20583750.html，2013-02-25.

（阅读材料：国家主席习近平签署发布特赦令，根据十三届全国人大常委会第十一次会议通过的全国人大常委会关于在中华人民共和国成立七十周年之际对部分服刑罪犯予以特赦的决定，对九类服刑罪犯实行特赦。特赦是指国家元首或者最高国家权力机关对已受罪刑宣告的特定犯罪人免除其全部或部分刑罚的制度，此次再次实施，昭示了法治与仁政，树立了新时代盛世伟邦形象，将有助于更好发挥法治固根本、稳预期、利长远的保障作用，为实现“两个一百年”奋斗目标、实现中华民族伟大复兴中国梦筑牢法治基石。）

在我国法治建设的长河中，德治与法治是相辅相成的。德治侧重于道德教育与道德情感的作用，用于引导人们向善，向更好的自我发展，是内在的非强制性约束；法治侧重于以法的根据和准则来治理国家，制止人们行恶，及时惩治违法行为，是外在的强制性约束。法治治标，德治治本，二者虽是不同的治理手段，但其目的是相同的，为了缓和社会矛盾，保障国家长治久安。秦朝的灭亡、法家的衰败说明了刚性、极端的法治不利于缓和社会矛盾；德治者众多却没有一个朝代能仅凭德治巩固统治，历史的实践证明，当代法治国家、法治政府、法治社会的建设必须将法治与德治相结合，坚持二者的辩证统一，才能实现目的。

2019年6月29日发布的特赦令表示将在中华人民共和国成立七十周年之际对正在服刑的九类罪犯实行特赦，正是坚持德治与法治相结合的具体体现。特赦对象分以下九类：①参加过中国人民抗日战争、中国人民解放战争的；②中华人民共和国成立以后，参加过保卫国家主权、安全和领土完整对外作战的；③中华人民共和国成立以后，为国家重大工程建设做过较大贡献并获得省部级以上“劳动模范”“先进工作者”“五一劳动奖章”等荣誉称号的；④曾系现役军人并获得个人一等功以上奖励的；⑤因防卫过当或者避险过当，被判处三年以下有期徒刑或者剩余刑期在一年以下的；⑥年满七十五周岁、身体严重残疾且生活不能自理的；⑦犯罪的时候不满十八周岁，被判处三年以下有期徒刑或者剩余刑期在一年以下的；⑧丧偶且有未成年子女或者有身体严重残疾、生活不能自理的子女，确需本人抚养的女性，被判处三年以下有期徒刑或者剩余刑期在一年以下的；⑨被裁定假释已执行五分之一以上假释考验期的，或者被判处管制的。对于贪污受贿、严重刑事犯罪、恐怖活动犯罪、危害国家安全犯罪等特定情形的罪犯不予特赦。可以看出，是否能被予以特赦是基于对不同犯罪态势、犯罪具体情况与具有的社会危险性等方面的综合考虑，是协调运用“德”与“法”、“宽”与“严”两种手段的结果。基于道德的角度，释放具有较少现实社会危险性的有功者、军人以及符合特定条件的老年犯、未成年犯和女性犯人，凸显了国家和社会对罪犯的人道主义关怀；基于法治的角度，充分考虑了当前社会转型期较为严峻的犯罪形势和维护人民群众安全感、维护国家安全的需要，对上述特定对象不予特赦，恩威并施，以德化民，体现了新时期党和国家鲜明的法治精神。

将法律内化于心，道德外化于行，从而实现道德法治化，法治道德化，是当代法治建设的目标，这也说明了德治与法治的辩证关系是长期存在并将一直存在的，其辩证关系会随着社会历史的进步不断发展变化。应审时度势，顺势而为，坚持德法共治的科学治国方略，使之相互渗透、功能互补，在我国进入“两个一百年”奋斗目标历史交汇期的关键之年发挥良好的政治与法治作用。

5. 新时代如何更好地推进依法治国

知识点：以小见大的手法。

全面推进依法治国，是我们党从坚持和发展中国特色社会主义出发、为更好治国理政提出的重大战略任务，是事关我们党执政兴国的全局性问题。

党的十八大以来，我国立法工作取得了许多新的突破。全国人大及其常委会认真贯彻落实党中央关于加强党领导立法工作的意见，及时将党的路线方针政策和重大决策部署贯彻落实到立法中。为切实保障宪法的实施，设立国家宪法日、建立宪法宣誓制度并且健全宪法解释程序机制。2003 年的孙志刚事件，被称为中国“违宪审查第一案”。事件的发生暴露出我国在违宪审查方面的不足，同时也表明了我国立法的不完善。近年来，全国人大及其常委会加紧立法工作，与时俱进完善立法体制，充分发挥人大及其常委会在立法中的主导作用。为全面推进依法治国，我们必须加紧推进合宪审查，同时加强立法工作，完善法律体系。

推进依法治国，必须肃清执法队伍，理顺司法机关，保证严格执法、公正司法。2018 年的杭州保姆纵火案，引发全社会讨论，最后浙江省高级人民法院判处该保姆死刑，引起了法学界、司法实务界对死刑问题的探讨，但在现阶段，对于罪大恶极之人判处死刑以彰显公平正义的做法也显示了司法的公正。我们要进一步完善司法和执法机制，健全法律实施监督机制，真正做到“司法公正、执法必严、违法必究”。

同时，对于民众的普法宣传活动也很有必要。群众遇事不寻求法律途径解决而是聚众闹事，群众对于法律了解不够认识不足是首要原因。为推进依法治国，我们要进一步加强普法宣传教育，争取做到全民知法、懂法、学法、用法，建设社会主义法治国家。

（五）课堂安排

本案例课堂安排建议如下：

课前	教师提前发布案例信息，并提出思考题，要求学生提前熟悉案例，对案例有整体的把握
课堂安排（100分钟）	学生对相关案例进行阅读，把握关键信息，对思考题进行初步思考（10分钟）
	教师介绍引言部分，导入课题，引导学生对案例进行更深一步的了解，在多媒体设备上展示案例PPT，分析细节及关键要点，提出思考题（10分钟）
	针对所提出的思考题，安排学生以4～5人为小组进行分组讨论（30分钟）
	各小组选出代表上台对讨论结果进行展示（30分钟）
	教师针对各小组发言进行归纳总结，分析各组优缺点，更深层次地引导学生进行思考，对学生思考问题的方法思路提出建议（20分钟）
课后	要求学生查阅相关资料，根据课题讨论、教师指导和归纳总结，并结合自己的思考，撰写案例研究报告

该案例的板书设计大致如下所示：

教学板书设计	
1.0时代，回顾法制历史进程	案例分析
时代背景	广西永新孕妇遭“钓鱼执法”事件
取得的成果	孙志刚事件
存在的不足	
2.0时代，迈入“法治”新征程	案例分析
时代背景	依法治理霸座行为 反腐力度增加
理论成果	“权力清单”问世 普及法治观念
法治成效	纠正冤假错案

（六）其他教学支持

1. 场地支持：选择可以容纳全体学生的无阶梯教室，便于学生在课堂上进行自由讨论。

2. 必要的设施条件：可供板书的黑板及粉笔、电脑、投影仪、多媒体设备、麦克风等辅助设备。

3. 配合案例所需的新闻媒体的报道视频、照片等资料。

第十章　外 交 治 理

第一节　外交治理的概念及内涵

治理是一个非常广泛的概念，可以指组织机构的所有行为。这种广泛性意味着，治理一词通常会被更狭窄地定义，来指与某类组织相联系的、一个特定“层次”的治理或与某种活动或结果相关的一个特定“领域”的治理。外交是一个国家、城市或组织等在国际关系上的活动，笔者通过查阅外交史相关资料了解到，大多数史学家认为真正意义上的现代外交始于文艺复兴早期的意大利。当时，双边事务主要由职业外交机构代表国家进行协调处理，国家之间逐渐建立起由专门外交官开展职业外交的范式。然而，经济全球化和社会信息化的发展使得原本的国际环境发生了巨大变化，这一政府间职业外交范式受到了两股力量的冲击：一方面，双边关系的发展已经深入经济、文化、科技等其他深层次的领域，金融危机、恐怖主义等越来越成为外交议事日程中的关键问题，单纯依赖外交部门已经无法有效解决；另一方面，非政府组织在国际政治舞台上发挥着日益重要的作用，这不仅改变了国际政治的性质，也超出了传统的政府间外交范式。

治理指的是一种由共同的目标支持的活动，它所要创造的结构和秩序不是外部强加的。治理活动不以政府为唯一主体，也不仅仅依靠国家的强制力量，而是依靠多种互相影响的行为者的协作与互动实现。随着世界多极化与经济全球化深入发展，传统的外交治理模式已不能适应经济社会的发展要求，治理主体多元化及其协同配合成为外交治理实践的必然选择。建立全方位、立体化的外交布局，不仅要重视经济、文化、科技、体育等领域的官方外交，还应充分发挥民间外交的重要作用。只有真正实现政府与其他主体的良性互动，才能创造更加符合时代要求的外交治理“新格局”。综合国力是一国外交的基础和后盾，在全球化迅猛发展及非传统安全问题日益突出的情况下，中国必须不断提高自身的综合国力，促进外交治理能力的转型。

外交治理是指一国以综合国力为依托，运用各种手段，通过各种途径处理对外事务，改造国际环境及实现国家利益的过程。笔者认为外交治理的内涵包括以下四个方面：一是外交治理以“治事”为主要内容。现代外交活动以解决具体对外事务为导向，过程中无论是否产生矛盾或摩擦，都不对两国间关系造成重大影响，有利于国际秩序的整体稳定。二是外交治理强调机制化的合作。各国必须把共同协商确立的外交机制作为外交活动的最高准则；现代外交的发展越来越依赖于外交部门与其他专业政府部门建立顺畅的工作机制①。在整合各政府部门资源的基础上，建立全方位、多层次、立体化的外交布局，适应专业化、多样化的外交议题，解决国际关系中可能面临的各类问题。三是外交治理要求多元主体参与。复杂的国际形势要求各国打破单一政府部门外交的局面，注重发挥国际组织、社会部门和公民的积极作用，使民间外交成为国家整体外交的有机组成部分。重视开展人文交流，建立新型伙伴关系。四是外交治理谋求共同利益。传统外交过于强调相对利益，坚持零和博弈的游戏规则。随着世界多极化和经济全球化的深入发展，外交治理必将得到各国进一步的重视，许多对外事务已经与国内事务密切联系在一起，涉及的利益主体也越来越多元，越来越要求建立适当的机制将这些事务整合起来，充分发挥多元主体的协同作用。大国间应该捐弃意识形态或社会制度上的分歧，相互尊重彼此的核心利益，在更多领域开展真诚合作。国家间要妥善协调共同遵守的有关标准。其他国家之所以愿意接受这些标准，不仅因为它们寻求进入该国市场，也不是需要通过妥协与大国维持良好的关系，而是因为它们认识到建立在这些标准上的公正和开放的国际关系体系正是它们在全球化进程中获益的关键。这些合作有助于妥善解决各国面临的政治和经济问题，这是不以任何国家的意志为转移的客观趋势。

当代中国外交治理的逻辑体系：以“文明多元”为基本出发点，以“以人为本”为核心理念，以“正确的义利观”为指导原则，以“合作共赢”为主要实践途径，以共同构建“命运共同体”为追求目标②。这一外交治理的逻辑体系体现了中国大国外交的核心特征：和平、发展、合作、共赢。习近平提出并践行的“新型大国关系”理念，受到了国际社会的广泛认同，曾被欧洲各国奉为圭臬的大国斗争教条与冷战思维定式正被更加和谐健康的新型大国关系所超越。习近平在第七十届联合国大会的讲话中，公开全面地将人类命运共同体的内涵阐述为，“平等相待、互商互谅的伙伴关系，公道正义、共建共享的安全格局，开放创新、包容互惠的发展前景，和而不同、兼收并蓄的文明交流，尊崇自然、绿色发展的生态体系”③。

---

① 赵可金. 协商性外交：全球治理的新外交功能研究[J]. 国外理论动态，2013，（8）.

② 谢晓光，孙洪刚. 当代中国价值观指导下的中国外交[J]. 唯实，2017，（6）.

③ 习近平. 携手构建合作共赢新伙伴同心打造人类命运共同体[N]. 人民日报，2015-09-29.

人类命运共同体理念发源于中国传统价值观，超越了狭隘民族国家利益、国家间关系和意识形态，是一份用世界眼光思考人类未来的中国方略。

在如今充满不稳定和不安全状态的国际环境下，我们更需要从合作而非对抗、开放而非封闭、共赢而非独霸的角度来审视并解决纷繁复杂的国际问题，方能一起渡过难关，走出困境。中国作为一个负责任的大国，坚定不移地支持开放的世界经济体系，积极参与全球治理，努力打造利益共同体、安全共同体和人类命运共同体。

第二节　外交治理的目标

外交治理目标的设定是一个主观见之于客观的价值选择过程，它主要取决于一个国家对自身国力与外部环境的科学判断。在外交领域，一个科学合理的战略目标可以为外交活动指明方向，而一个急功近利的战略目标则可能导致外部关系的恶化甚至崩盘。外交治理目标的选择是由客观环境和主观认识两方面因素决定的。在外交治理的目的上，大国往往将其作为强化硬实力的辅助手段，主要致力于打造理想的国际形象；而小国外交的目的主要是获得国际社会的关注，促进他国对本国的了解。在开展外交治理的范围和程度上，大国往往强调"广"，而中小国家突出"精"。笔者认为外交治理的共同目标主要包括以下三个方面。

（一）创造稳定安全的发展环境

一方面，在和平中求发展是当今世界的潮流。建构和谐世界成为各国外交活动的重要一环。另一方面，弱国无外交，综合国力是一国外交的基础，提升综合国力也是一国外交的主要目的。各国通过外交活动以和平方式实现其对外政策，为自身和平发展创造有利的外部环境。只有自己强大了，才有能力维护自己的正当权益。

（二）维持和谐健康的国家关系

经济全球化的发展使得各国之间的联系越来越密切，相互依赖的程度也日益加深，建立和维系和谐健康的国家间关系在外交治理中的重要性不言而喻。大国关系是外交治理的重头。大国尤其是超级大国在国际格局中都有举足轻重的力量，甚至成为国际格局的一极，对国际事务的影响能力不言而喻。维持和谐健康的国家关系无疑是各国外交治理的重要目标。

（三）建立互利共赢的良性机制

与一些学者强调公共外交的目标是塑造国家形象的看法不同，笔者认为外交治理的目标是实现国家利益最大化。维护主权统一和领土完整是各国核心利益。此外，还有一系列的相关利益，它们因时间和空间的不同而有不同的呈现方式。但这些理念受到不同国家的政治结构、经济发展、宗教文化等因素的制约和影响，不同国家所理解的“和谐”有着不同内涵和外延，但维护国家利益是外交治理永恒的目标。

我国外交治理以推动构建相互尊重、公平正义、合作共赢的新型国际关系，推动构建人类命运共同体为总目标。新型国际关系是人类命运共同体的一个重要前提。当今国际局势遭遇贸易保护主义、民粹主义乃至种族主义的严峻挑战，充满不稳定和不安全因素，许多西方大国信奉丛林法则、强权独霸、零和博弈等原则，打着“人权高于主权”的幌子干涉他国内政，扰乱国际秩序。中国外交治理面临西方话语霸权与普世价值观挑战，不能指望“和而不同”就能息事宁人。面对国际体系和国际秩序中的不公正和不合理，习近平多次做出了旗帜鲜明的回应和批判，并且向世界各国提出了中国主张。中国是一个正在崛起的发展中国家，这必然会引起一些国家的防范，特别是作为超级大国的美国，面对中国的崛起，必定会产生某种疑虑和担忧。因此，在今后较长一段时期内，如何通过外交治理化解来自国际社会各种版本的“中国威胁论”，积极澄清、解释、沟通，让国际社会接受一个和平发展的中国，就是中国外交治理的合理目标。除了消除那些对中国不理解、误会甚至为了故意“寻找敌人”而强加给中国人民的“种种罪名”之外，中国政府还必须根据国内社会经济发展的要求和人民追求幸福生活的愿望，充分展现中国在国际社会中的国家形象。这既是中国社会发展的根本要求，也是全世界追求和平发展的共同愿望。

第三节　外交治理的原则

（一）坚决捍卫国家核心利益

中国外交政策是结合中国现实国情和国内外环境背景，始终以国家核心利益为出发点，坚持国家利益高于一切的基础来制定的。中国在国际交往中审时度势，先后提出和平共处五项原则，“一国两制”的实践运用，建立新的国际关系，建设人类命运共同体，以及一系列维护国家利益的外交战略。中国自古以来在周边外交中就存在睦邻友好的传统。和平共处五项原则是我国最初用来处理与周边国家关系的政策。现在“结伴不结盟”的政策，积极建立“伙伴关系”更是我国周边外交的积极响应。任何侵犯我国利益的行为都将受到我们的强烈反击。在全世界的注视下，中美贸易战加剧，美国推行贸易霸权主义，出尔反尔，忽略了中国的诚意和态度。无论面临多大的压力和困难，中国都将坚决捍卫国家的核心利益和人民的根本利益，永远不会放弃重大的原则问题。前一段时期，中印关系紧张。中国明确表示，印度必须立即撤回非法越境军，没有任何的谈判空间和商榷余地。最后，经过两个月的僵持，印度撤走军队，这次事件没有使用武力而取得胜利。能否维护和实现国家利益是衡量对外战略成功与否的标准。这两大外交事件充分证明了中国的国际地位和国际影响，中国已经是一头睡醒的雄狮，在政治、经济和军事上完全有能力捍卫国家利益。

（二）坚定走和平发展道路，合作共赢

“和平”，一是指国内和平，即国家内部和谐安定；二是指国际和平，即国家地区之间和平稳定。中国要想健康地发展，必须要求安定有序的国内环境和国际环境相辅相成。而“发展”则是指经济社会的发展和国家的综合国力增长符合人民日益增长的美好生活需要。和平和发展，是一个永恒的命题。中国坚持走和平发展道路，是时代发展的风向和人类社会前进的方向。不同政治、文化信仰的碰撞交流，加之影响地区稳定的不安全因素，国家地区之间摩擦和冲突不可避免。但中国是一个绝对有责任心的大国，中国的发展给世界带来的是机遇、是挑战、是进步，“中国威胁论”是绝对错误的，我们始终保持初心坚持走和平发展道路。中国的发展和强大不会威胁到任何国家，只会促进世界的稳定和繁荣。大国应该有一定的大国担当，而不能为了一己私利，牺牲全人类的利益。中国一直以来通过改革开放和国际合作的各种现代化和平合法的途径，带动周边国家和发展中国家共同发展，促进全球发赢。在面对人类社会发展的瓶颈期，各国应有以天下为己任的担当精神，积极承担责任，共享发展机遇，共同迈向人类社会美好未来。

（三）坚持又联合又斗争的原则

“又联合又斗争”是毛泽东主席在抗日战争时期提出的一个重要战略思想，

在风云变幻的复杂的国际社会被赋予了新的时代内涵。国际社会中利益的分歧总会导致世界各国有矛盾和冲突。每个国家都会维护自己的国家利益，在实现大团结大联合主题的过程中，世界各国总是选择牺牲集体利益，优先考虑自己国家的利益。美国总统特朗普上任之后，疯狂退群退组织，完全不顾经济、就业等方面对美国的反作用，与全世界为敌，对各国进行经济制裁。得道多助失道寡助，美国终会为自己的行为付出代价。经济全球化的社会，选择闭关锁国，断绝与世界的来往，终是杀敌一千自损八百。“斗争是团结的手段，团结是斗争的目的。以斗争求团结则团结存，以退让求团结则团结亡。”①既然斗争难以避免，那就只有通过斗争的方式，才能更好地实现大团结大联合的主题。中国对与美国的贸易摩擦始终怀着真诚的态度。但是非自有曲直，公道自在人心。在重大原则问题上我们绝不会让步。谈，我们大门敞开；打，我们奉陪到底。从维护中国主权、安全和发展利益，还有实现大团结大联合的主题出发，我们会综合联合和斗争两方面的政策，联合各国伙伴共同发展，共同进步，但绝不放弃我们的国家利益，以斗争求团结。

（四）通过协商谈判解决矛盾分歧

由于国际社会的复杂性和国际关系的多样性，矛盾和冲突是不可避免的，而解决国际社会矛盾的方式主要有“战争”和“和平”两种。战争方式只是短时间内的治标不治本，后期反而会加剧矛盾的升级。近年来中国实力的稳步增进引起了周边国家和世界大国的警惕和焦虑，美国、印度、日本等对华政策显现端倪。习近平主席提出：“沟通协商是化解分歧的有效政策，政治谈判是解决冲突的根本之道。”②国际上的矛盾纷争应该由国际社会这个大家庭来共同协商处理，每个合法国家都应该有发言权。任何矛盾和冲突，我们都主张和平解决，倡导对话沟通和协商谈判。各个国家的政策和制度都有其合理性，我们应尊重各个国家的社会制度和发展道路，不干涉他国内政，不颠覆他国政权。自古和则两利，分则两伤。没有多方的包容就难有理解，势必纷争迭起；没有开放的政策，就难有借鉴，必然故步自封；没有跨界文明的对话和交流，就没有稳定的国际秩序。中华民族一贯主张“以和为贵”，主张通过谈判解决冲突。中国通过协商谈判的友好方式，有效地维护了大团结和大联合主题，为建成中国特色社会主义强国营造了良好的国际环境。

---

① 毛泽东. 毛泽东选集（第二卷）[M]. 北京：人民出版社，1991.

② 习近平. 习近平谈治国理政（第二卷）[M]. 北京：外文出版社，2017.

第四节　外交治理的方法

（一）继承和弘扬中华民族优秀传统文化

中华民族优秀的传统文化正是当代中国大国外交理念发展的思想渊源和借鉴学习的智库。习近平总书记高度重视发展优秀传统文化，并对其打磨、加工，结合时代精神，形成符合中国大国外交的战略思想。古人留给我们的“以和为贵”“天下大同”“和而不同”的思想，这正符合习近平主席提出的构建人类命运共同体的理念。人类只有一个地球，必须维护和平、共同发展才能创造美好的生活。人类命运共同体理念逐渐为各国所接受。习近平在联合国提及的人类命运共同体的核心理念即“海纳百川有容乃大”。“中国在传统丝绸之路的基础上，创新性地提出一带一路发展构想并赋予它全新的时代内涵——以中国发展为契机，让更多国家搭上中国发展快车，实现共同发展、共同富裕。”[①]传统经典《尚书》提出了“协和万邦”，这是发展邻国外交的中国意义的来源。中华民族一直拥有“九族既睦、百姓昭明、万邦和睦”的想法[②]。中国在构建大国外交的道路上有机遇，当然也有风险和挑战。

（二）积极构建“伙伴关系”，促进合作共赢

在互联网发展的驱动下，地球已是一个地球村。国家之间联系空前紧密，没有哪个国家能够免受世界和平与发展所面临的挑战。世界潮流，浩浩荡荡，顺之者昌，逆之者亡。赢者通吃的传统观念根深蒂固，但已显然不符合当今世界的发展。现代新型国家关系要在合作共赢的基础上倡导结伴不结盟战略，积极构建包容开放的伙伴关系。习近平要求：“要在坚持不结盟原则的前提下广交朋友，形成遍布全球的伙伴关系网络。”[③]大家共同发展才是真发展，大家一起富裕才是真富裕。

---

① 习近平. 携手推进“一带一路”建设[N]. 人民日报，2017-05-15.

② 薛庆超，薛静. 习近平与中华优秀传统文化[J]. 行政管理改革，2017，（12）.

③ 习近平. 习近平谈治国理政（第二卷）[M]. 北京：外文出版社，2017.

（三）构建统筹多维战略的外交格局

国际社会的发展复杂多变，制定大国外交战略时需要充分考虑各方面因素。中华民族历来重视整体和大局观念，各类外交策略权衡利弊，才能制定出切实可行的举措。外交是内政的延伸。外交治理必须协调国内和国际两大模式，并将中国的发展与世界的发展相结合。中国逐渐加强了国力。在外交方面，它必须保持清醒，谦虚和谨慎。为了实施决策，我们必须考虑周围和全球的反应和影响，并做好相应的应急措施。“习式外交”中的“点穴式”外交访问，具有时间短、效率理想的特点。中国特色大国外交可以在近距离互动中更有效地促进世界和平、发展、合作和互利。

（四）积极参与全球治理并提出中国方案

自20世纪以来，各国之间的相互依赖程度不断提高，各种全球性问题都面临着严峻的挑战。在引领国际社会发展上，这几年我们更加积极主动地参与，最初从倡议建立金砖国家，然后是上海合作组织，近几年倡议通过“一带一路”建设，带动周边国家发展，积极建立周边国家伙伴关系，成立亚洲基础设施投资银行吸引了除亚太地区外多个欧洲大国的加入，取得了创始国成员高达57个的好成绩。在国际安全体系建设方面，中国为解决一些热点问题，积极提供中国方案，发挥大国作用，提出“新亚洲安全观”，倡导构建共同、综合、合作、可持续安全。中国正通过不懈努力展示中国进步的无限可能，还要充分利用中国大国地位，积极参与国际体系变革和全球治理，敢于在国际舞台上发声，展示大国名片，让更多的国家认同、接受中国的和平发展。

案例　“一带一路”背景下如何构建中国特色大国外交

一、案例主体

摘要： 国际经济发展不平衡、现有机制存在缺陷，我国综合实力提升，发展面临内外部困境，外交政策发生转变，“一带一路”倡议应运而生。自“一带一路”倡议提出以来，政治经济文化充满无限潜力的同时，也面临着国际地缘政治阻挠、经济风险巨大、国内发展机制不充分等问题。本案例以中国外交背景、举措、成效、风险为依托，尝试分析“一带一路”倡议的比较优势、取得成效的原因、目前的挑战和如何应对风险等问题。

关键词： 一带一路；大国外交；成效；挑战

（一）大国外交从何缘起——“一带一路”倡议提出的背景

1. 国际背景

1）世界经济发展不平衡

美国宇航局曾经把世界各国夜晚的灯光组合在一起，图片显示，北美、日本、欧洲沿海地区的灯是亮的，其他地方没有亮光。印度有 13 亿人没接上电，非洲只能为二分之一左右的人口供电。互联网的世界已经到来，可拉丁美洲与非洲之间没有一根电缆，13 个根服务器几乎被美国或是美国的盟友控制。“一带一路”将让更多的国家互联互通，建立命运共同体，把国家命运掌握在自己手里。

“一带一路”联结着各大陆、各民族，给沿线国家带来发展的机遇。世界范围内贸易的很大占比都是通过海上运输进行，因此产业链基本按沿海地区分布。哈萨克斯坦是世界上最大的内陆国家，离海洋十分远，最需要海洋运输，却遭到了俄罗斯的阻挠，便转变方向，向中国寻求合作。许多不发达国家或地区的基础设施建设不完善，如非洲的资源丰富，劳动力低廉，但却一直发展不起来。几百年前，西方殖民者并没有把这一短板补上，“一带一路”倡议下，中国帮助沿线国家修建铁路，投资、建设基础设施，不仅把资金、技术、人员带过去，还给各国家进行培训，授人以鱼且授人以渔，离开了中国，沿线国家也具有独立发展的能力。

中国建造、中国管理、中国运行、中国标准、中国模式在沿线各国试点，中国经验与世界共享，推动世界的发展。

2）现有机制的缺陷

欧盟机制的动力不足。欧盟成员国不断增加，但东西欧的经济发展差距大，落后国家的内部矛盾重重，欧盟的团结性日益下降。欧盟治理难点在于它并不是一个国家，主要经济体为了照顾其他国家，避免不了投入大、回报少的结果。当一些弱国无法从欧盟获取更多利益时，一些国家便会貌合神离，就英国脱欧而言，也是欧盟无法给英国吃下一颗定心丸。欧债危机重重，欧盟无力控制其成员国，欧洲一体化危机逐渐加深。

欧亚经济联盟的制度缺陷。俄罗斯作为欧亚经济联盟的领头羊，自身的发展受到限制，同时它在对外合作时，优先考虑自身利益，防范中谋求合作，增加了成员国之间的信任危机。乌克兰危机爆发以来俄罗斯受到了以美国为首一些国家的经济制裁，油价下跌，货币贬值。但欧盟其他成员国却不愿站在美国和欧盟等国家的对立面，成员国之间没有共同利益，把自身利益放在第一位。俄罗斯在近几年的经济危机中，不愿分享能源给盟友，而且在石油和天然气上与盟友打价格战。能源垄断问题不及时处理将会加速欧亚经济联盟的瓦解。

向来以和为贵的中国，提出“一带一路”倡议，与世界各国平等合作，共商共建共享，向世界打开合作之门，与各国分享“一带一路”建设的巨大红利，且没有机制的约束，让世界各国能在这个舞台上大放异彩，这才是顺应潮流的做法。

2. 国内背景

1）中国实力扛起中国责任

拿破仑曾说，中国是一只沉睡的雄狮。当这头睡狮醒来，世界都会为之发抖。中国曾经满目疮痍，曾饱受欺负，中国人民经历了岁月的洗礼，改革的沉沦，政治的变迁，如今的和平统一来之不易。改革开放给中国带来了莫大的机遇，中国的发展世界都有目共睹，中国这头睡狮已经醒来，但这是一只和平的、可亲的、文明的狮子。

2008 年的经济危机，世界上很多国家都受到影响，中国韬光养晦的策略，使其受到的辐射较小。在其他国家陷入经济困境时，中国的经济发展实力浮出水面。党的十八大以来，习近平主席更是将中国推向世界中心，中国经济取得了卓越的成绩。从 GDP 上看：2012~2016 年，我国 GDP 从 54 万亿元增长到 74 万亿元，2017 年达近 83 万亿元。2012~2017 年的经济增长率大致为 14%、10%、8%、

6.9%、7.4%、8%。中国经济增长率出现波动的原因是中国经济进入新常态，中国经济转为中高速发展，所以中国经济增长率即使是7%，中国的经济依然乐观。从综合国力来看。自2012年中国稳超日本成为世界第二经济大国后，中国对世界的经济贡献率不断提高，达到30%（其中，中国占1.2个百分比，美国占0.3个百分比，欧元区占0.2个百分比，日本占0.1个百分比），居世界第一位。

政治上，中国独特的政治制度造就了相对稳定的政治格局，国际上主要经济体都陷入不同程度的内政危机中。国家内政环境的稳定，使得中国在国际舞台可以游刃有余地处理与其他国家的关系，不至于陷入复杂的矛盾之中。中国稳定的社会环境，为中国的各方面发展提供了有利条件。

中国实力的壮大，使得“中国威胁论”被传得沸沸扬扬，但想要摆脱这一压力，中国便要用中国实力扛起“中国责任论”的旗帜，为全球服务，为需要的国家提供更多发展机会，就这样“一带一路”倡议的种子在压力下播种。

2）中国发展的内外部困境

中国在经济快速发展的同时，面临着来自对内对外政策的挑战。长期以来，中国经济发展依靠出口、投资拉动，大多出口到欧洲和美国，自金融危机、欧债危机以来，出口量严重下滑，经济发展结构失衡导致产能过剩的问题也亟待解决。中国迫切需要打开国外市场，寻找新的经济增长点。

我国社会主要矛盾已经转化为人民日益增长的美好生活需要和不平衡不充分的发展之间的矛盾。我国东部沿海地区依靠地理优势，获得了很大的发展，但是中西部地区地处内陆，先天优势缺乏，中西部地区的人民日子还很不好过，虽然也曾提出“西部大开发”战略，却仍然是东部带动西部，无法使西部地区成为发展的前沿，东西部地区的发展差距还比较大。“一带一路”倡议的提出，中西部地区将是最直接的受益者。中西部很多省份将由相对封闭的省份转变为“一带一路”建设的“前沿阵地”。以新疆为例，新疆将直接对接俄罗斯和中亚各国，成为领头军。

周边环境的不稳定是中国主要面临的外部困境。马六甲海峡和台湾海峡以及南海资源使得中国与东南亚国家把南海问题推到了风口浪尖。中国对海上运输的依赖性强，但东盟对南海资源分毫不让。朝鲜一再发展核武器，美韩也不断部署系统，给中国的发展和世界和平带来威胁。

3）反应式外交向积极进取转变

中华人民共和国成立初期的外交思想是“一边倒”，在冷战背景下，外交政策为“两条线”，并提出了和平共处五项原则、不结盟等战略性外交思想。这样的策略的确为我国发展赢得了良好的外部环境，但这样的策略也让中国在外交上显得有些笨拙。十八大以后，外交的指导思想变了，我们从韬光养晦变得有所作为，抑或是开拓进取。中国以前给自己的定位是地区大国，现在习近平主席提出要“构建中国特色大国外交”。

人类社会逐渐成为一个联系的整体，而“一带一路”倡议秉持着交流借鉴、合作共赢的原则，推动各国以经济合作的方式实现发展，这一过程实则就是在构建人类命运共同体。中国从被动式改革开放，到参与式融入国际体系，再到主动式引领国际发展格局，共建“一带一路”，将为中华民族的伟大复兴及构建人类命运共同体贡献更多力量。

（二）大国外交如何构建——“一带一路”倡议的实施

1. 政治沟通

我国政府非常重视“一带一路”倡议中的公共外交工作，并将政策沟通作为建构“一带一路”的重要保障。

据了解，截至2019年4月20日，我国已与126个国家和29个国际组织签署了174份合作文书。自2013年“一带一路”倡议提出以来，习近平主席作为中国最高国家领导人频频出访“一带一路”沿线国家和地区，从维护中国主权、安全和发展利益，还有实现大团结大联合的主题出发，着力传播和平合作、开放包容、互学互鉴、互利共赢的丝路精神，努力将“一带一路”建设成为和平、繁荣、开放、绿色、创新、文明之路。2013年10月，习近平主席访问印度尼西亚，提出与东盟共建21世纪海上丝绸之路的倡议。2014年7月，习近平访问巴西，与罗塞夫总统达成扩大双方贸易、投资、能源、基建等领域的共识。2014年8月，习近平主席访问蒙古期间，双方决定将两国关系提升为全面战略伙伴关系。这一系列的友好国事访问，习近平用大国领导人风范向世界展示中国外交态度。

中央领导人在国际舞台上积极推行“一带一路”建设，国家综合平台建设也在稳步推进。2013年12月，习近平主席在中央经济工作会议上提出推进“丝绸之路经济带”建设和建设“21世纪海上丝绸之路”；2014年3月，政府工作报告提出抓紧规划建设“一带一路”；2017年6月，首提“一带一路”海上合作设想。在共商、共建、共享原则指导下，中国通过自身平台建设向世界展示“一带一路”中国的战略格局和有所作为，积极培育“一带一路”重点方向的支点，努力与他国签署谅解备忘录以达成共识，全方位开创对外开放新格局。

2. 经济畅通

共建“一带一路”以“五通”为主要内容。经济领域中，将基础设施互联互通作为建设“一带一路”的优先领域，投资贸易合作作为重点内容，资金融通作为重要支撑。

按照“六廊”“六路”“多港”的格局导向，诸多基础设施项目在“一带一路”沿线国家开始落地。据了解，轨道交通、港口、管道建设是基础设施互联互通的主导领域。轨道交通领域，中老、中泰、匈塞铁路，中巴喀喇昆仑公路，雅万高铁等项目扎实推进；港口领域，哈利法港、汉班托塔港、瓜达尔港、比雷埃夫斯港等建设顺利进行；管道领域，中俄、中哈、中缅原油管道，中俄、中亚、中缅天然气管道，互联互通输电线路等相继动工。一个个支点项目和战略通道正在“一带一路”沿线国家和地区建立，“一带一路”主体框架在形成中。

投资是拉动经济增长的“三驾马车”之一，我国把投资贸易合作定位为“一带一路”建设的主要内容。一方面，国际上，自“一带一路”倡议发起，我国与“一带一路”沿线国家货物贸易总额超过6万亿美元。中白工业园、中阿（联酋）产能合作园区、中埃苏伊士经贸合作区稳步推进。另一方面，在国内，自贸区如雨后春笋般建设起来，上海、广东、天津、福建四省市齐头并进。上海深化制度创新，加快建立与国际接轨的制度体系，拓展自由贸易账户、国际贸易“单一窗口”等服务。广东制订参与建设21世纪海上丝绸之路的实施方案，推动驻境外经贸代表处布局建设，重点推进与欧美等发达国家和新兴市场国家的经贸合作。天津深度推动境外产业园区提档升级，加快实施津蒙东疆物流园项目，助力外贸转型升级。福建深化现代服务业等领域合作，加强港区、航线和联运通道建设。

和基础设施建设和投资贸易合作相配合，资金融通也在“一带一路”中着力进行。2014年7月，成立金砖国家银行，启动“金砖国家应急储备安排”1 000亿美元。同年11月，习近平在APEC峰会上宣布，中国将出资400亿美元成立丝路基金。2015年，成立亚洲基础设施投资银行。2017年7月，亚洲金融合作协会成立。同时与“一带一路”沿线国家建立双边本币互换安排，建立人民币清算安排，与国际货币基金组织联合建立了能力建设中心。

3. 文化相通

民心相通是建设“一带一路”社会根基的着力点。“一带一路”倡议提出之初，我国积极主张通过开展旅游、人才合作等文化交流活动，打造“一带一路”文明圈。

第一，注重与“一带一路”周边国家的民间交流活动。例如，中国公共外交协会积极开展以“一带一路”为背景的相关教育、医药、美食、人文等活动，多次举办大型多双边对话交流论坛来传播中华优秀传统文化；“丝绸之路万里行”

节目组全方位报道古丝绸之路国家的风土人情，通过多双边互动向观众展示沿线国家与中国的贸易往来等情况。出国旅游也是文化交流的重要渠道，“一带一路”建设以来，相关政策的出台和签证手续陆续简化，极大提高了人们的旅游热情。第二，注重与“一带一路”周边国家的学术交流活动。“一带一路”建设中，高校在人文交流中的地位愈发突出。国内大学纷纷与“一带一路”沿线国家的大学或教育机构开展合作，通过留学生互换、学术磋商、科研合作等方式为“一带一路”建设培育高技术人才。教育交流周、高等教育和职业教育交流合作项目等在如火如荼进行①。

（三）大国外交行之有效——“一带一路”倡议的成果

1. “一带一路”倡议成果的主要内容

“一带一路”倡议顺应各国合作发展的需求，为相关各国人民带来了福祉。《共建“一带一路”倡议：进展、贡献与展望》报告指出，共建“一带一路”倡议坚持共商共建共享原则，五年多来取得了明显成效，参与的国家都得到了切实好处，这些国家对我国“一带一路”倡议认同感和参与度也在不断增强。“一带一路”成效主要表现为政策沟通、设施联通、贸易畅通、资金融通、民心相通这五个方面。

政策沟通方面不断深化。共建“一带一路”倡议写进了联合国、亚太经合组织、二十国集团和其他区域组织等相关的重要文件之中。目前，中国同 150 多个国家与国际组织签署了 170 多份合作文书，如中蒙、中俄、中哈、中柬、中老、中捷、中匈、中国文莱等多双边合作规划。

设施联通方面不断加强。为建立和加强各国互联互通的伙伴关系，构建高效畅通的亚欧大市场发挥了重要作用，如瓜达尔港、汉班托塔港、比雷埃夫斯港、哈利法港等项目进展顺利。

贸易畅通方面不断提升。有 83 个国家和国际组织积极参与中国发起的《推进“一带一路”贸易畅通合作倡议》。中国与多个国家和地区鉴定了自由贸易协定。

资金融通方面不断扩大。有 27 个国家同中国一起核准《“一带一路”融资指导原则》。中国人民银行同多边开发机构进行的联合融资已超过了 100 个项目，覆盖了 70 多个国家和地区。“一带一路”财经发展研究中心与中国—国际货币基金组织联合能力建设中心挂牌成立。

---

① 陈波. 开放发展的社会主义政治经济学[M]. 上海：复旦大学出版社，2016.

民心相通方面不断促进。“丝绸之路”中国政府奖学金项目的设立，以及同24个沿线国家签署的高等教育学历学位互认协议均体现了这一点。据统计，在2016年沿线国家来华的留学生一共为20.77万人，增长近13.6%。外国设立的孔子学院为134所，孔子课堂为130家，在吉尔吉斯斯坦和泰国中数量最多。同时中国还在35个沿线国家创办了中医药海外中心。

另外，在产业合作方面，2013~2018年中国企业对沿线国家的直接投资超过了900亿美元，在沿线国家完成对外承包工程营业额将近4 000亿美元。中国还与接近40个国家签订了与产能合作相关的协议。由于贸易与产能投资合作的日益深化，我国与相关国家的货物贸易超过了5万亿美元，对外直接投资超过700亿美元。

2. “一带一路”已有成果的具体案例

1）中老铁路：带走贫困，为老挝山区带来新气息

据老挝方面介绍，在中南半岛的六个国家中，老挝是一个特殊的地方。它夹在中国、缅甸、泰国、越南和柬埔寨之间，多山无路，交通被形容为“极度不发达”。为了打破四面环山的困境，老挝政府在2015年提出，要从“陆锁国”变成“陆联国”的口号[①]。老挝语中的“陆联国”被提升为国家战略。这个术语反映了这个内陆国家对自身身份的精确认识。

中老铁路北至老挝边境，南至老挝首都万象，总长度达414千米，其中超过60%的部分为桥梁和隧道，设计时速为160千米，建设周期为5年，总投资374亿元，是第一个以中国投资建设为主，使用中国操作的海外铁路项目，直接采用了中国铁路网络在中国的技术标准和设备[②]。

重点“一带一路”项目建成后，中老边境到万象的车程将由16小时缩短为3小时。老挝工业部和交通部的报告提及，这条中老铁路将帮助老挝加快实现与中国和其他东盟国家的对外合作和互联互通战略，成为老挝吸引外国投资、现代技术和人力资源的重要战略工具。《万象时报》还认为，中老铁路建设将会是老挝经济增长重要的支柱。一位居住在万象火车站附近的杂货商对中老铁路的意义寄予了厚望。他说：“我们对这条新铁路非常满意，当它开业时，会有更多的游客前来，生意也会更好。即使政府征用了我们的土地，如果我们得到足够的补偿，我们的生活将会改变。我希望我有足够的钱坐火车去中国旅游。”琅南塔省是中老铁路上第一个从中国进入老挝的省份，当地居民丁米鹏希望当地农民的产品能够走向国际市场。她说，老挝是一个农业大国，中老铁路为当地农产品走出国门、进入国际市场提供了便利条件，这将保障农民的收入。中国水电第十五局的

---

① 张耀军. “一带一路”：人类命运共同体的重要实践路径[J]. 人民论坛，2017，（30）.

② 国家发改委政研室. “一带一路”建设五年来取得显著成效[J]. 中国设备工程，2018，（16）.

一位副局长对记者说："中老铁路（中国建设）总公司来到这里时，老挝人民非常激动，并表示欢迎。"我们期待这条铁路改善老挝的交通基础设施，促进两国人民之间的贸易和旅游。这是中老铁路给老挝人民带来的最直接的感受和期待。琅勃拉邦省居民特维尔诺拉说："铁路建设后，可以大大提高老挝国内运输，促进老挝人口流动，这将对老挝社会经济、文化、旅游、劳动力人才市场提供巨大的发展空间，进一步扩大内需和老挝经济文化的共同发展与繁荣，为当地人民带来了便利和利益。"①

2）雅万高铁项目：进一步实现"一带一路"沿线国家基础设施的互联互通

以中国的中铁三局集团有限公司主办和承建的印度尼西亚雅加达—万隆高铁项目中的瓦利尼隧道于2019年5月14日贯通，这标志着雅万高铁建设取得了阶段性的重大进展，同时也为全线加速建设巩固了基础。根据中国中铁在印度尼西亚的高铁项目总经理张伟介绍，瓦利尼是第一个隧道施工和精通隧道，全长608米，位于雅万高铁的95~96千米的高速设计线部分，进口大于21米，出口大于34米，深孔553米，单洞双线隧道，出口和瓦利尼连接到车站。参加了这一仪式的中国驻印度尼西亚大使肖千说，"成千上万的高速铁路项目是中国高铁系统及全要素，整个生产链是第一首单曲，是印尼的新时期发展战略的对接和务实合作的旗舰项目，也是极具有里程碑意义的项目，具有十分重要的意义和深远的影响"。

印度尼西亚国有企业部长里尼·苏马诺（Rini Soemarno）表示，瓦利尼隧道是雅万高铁项目的一个标志性项目，它的完工是一个里程碑。印度尼西亚将成为东南亚第一个开通高铁的国家。雅加达至印度尼西亚第三大城市万隆的铁路全长142千米，最高时速将达到350千米。旅行时间从雅加达到万隆将减少3小时40分钟，这将极大地促进人们的旅行，有效地缓解这两个城市之间的交通压力，推动沿线的商业和旅游业的发展，并促进印度尼西亚的经济和社会发展。同时，雅万高铁项目具有重要意义，充分发挥铁路的服务保证作用以促进"一带一路"的建设，深化中国铁路的合作与有关国家在东南亚地区交通基础设施的连接。

3）泰国孔子学院：十年内已形成规模发展，深度促进了中泰两国文化交流

从2006年到2016年，在10年的时间里，泰国的孔子学院从第一个孔子课堂岱密中学发展到15所孔子学院和11个孔子课堂。目前泰国孔子学院在促进中国和泰国之间的真诚合作，开展汉语教学，培训汉语教师，提供汉语教学服务社会，不断推动和促进咨询和交流活动等领域发挥着越来越重要的作用②。同

① 梁建武，司文. "一带一路"国际合作高峰论坛综述[J]. 国际研究参考，2017，（5）.

② 邱璇. 以"一带一路"促进人类命运共同体建设[J]. 人民论坛，2017，（36）.

时，泰国孔子学院因地制宜，形成了独具特色的办学模式。它们作为泰国人民学习汉语言文化、接触中国的纽带，受到了泰国政府和人民的欢迎。

说及泰国的孔子学院，朱拉隆功大学孔子学院最广为人知。不仅仅是由于朱拉隆功大学是泰国著名的高等学府，还由于朱拉隆功大学孔子学院是泰国和中国友谊的一座重要的里程碑。诗琳通公主是中国人民的老朋友，长期以来一直给予朱拉隆功大学关心和指导。有关朱拉隆功大学孔子学院最突出的特点是什么这一问题，朱拉隆功大学孔子学院中方院长韩曦清楚地回答道："走高端路线。"这确实是朱拉隆功大学孔子学院的独特优势。韩曦院长说，由于受诗琳通公主的影响，泰国宫部长大厅和办公室掀起了一股学习汉语的风潮，随之而来的是每年为他们开三个培训课程，很多人会放弃休息时间前来参加学习，大约30人的教学通常是满座的。由于陪同诗琳通公主旅行，一些工作人员不得不推迟上课，但会要求朱拉隆功大学孔子学院为他们安排额外的时间补课[①]。由此可见泰国王室对汉语的热爱和称赞发挥了良好的作用，并且深深地影响了泰国的普通民众。院长还表示："贴近群众"也是朱拉隆功大学孔子学院的重要工作的一部分。现在越来越多的中国游客到泰国旅游，学会使用汉语进行交流已成为泰国国家发展的迫切要求。有的泰国人主动联系朱拉隆功大学孔子学院，提出汉语培训的需求。为此，朱拉隆功大学孔子学院采取"教学上门服务"的方式，积极为泰国人民服务，并且取得了显著的成效。

基于我国"一带一路"倡议和中泰铁路合作的现实背景，在未来，泰国社会可能会需要大量当地人才熟悉中国铁路专业知识和沟通技巧，由此泰国教育部推出了铁路技术人员培训和储备计划。孔敬大学孔子学院根据泰国社会现实的科技需求，加快推动汉语与社会各领域的融合进程。孔敬大学孔子学院充分利用自身的优势资源，与国内的各铁路院校开展了多项合作。自2015年起，在泰国开设了一个职业学院的高铁培训课程。

孔敬大学孔子学院为学员在泰国进行高校的语言培训，学员通过培训后可以被推荐到中国铁路学院继续学习专业知识。2016年9月，高铁A班20余名学生赴武汉铁路职业学院学习。目前，孔敬大学孔子学院高铁培训班联合培训模式已初见成效，受到中泰两国教育行政部门的高度重视。

（四）大国外交负重致远——"一带一路"中国大国外交的挑战

自2013年"一带一路"倡议实施以来，中国在构建大国外交上取得了良好成绩。回望中国与其他沿线国家的政治沟通和经贸文化合作，中国正通过不懈努力

---

① 王毅. 在习近平总书记外交思想引领下胜利前进[J]. 紫光阁，2017，（6）.

展示中国进步的无限可能，维护世界和平、促进全球经济发展的中国责任正在承担，美丽中国梦正在实现。

“机遇与挑战并存”，中国在构建大国外交道路上有机遇，当然也会有风险和挑战。习近平主席就曾指出要有忧患意识，“高度重视境外风险防范，完善安全风险防范体系”①。65 个国家的 44 亿人口在“一带一路”倡议中被涉及，除了中国周边的亚洲国家，非洲、欧洲、美洲国家也参与其中。不同政治、多种文化信仰的碰撞交流，加之地区稳定的不安全因素，都会使“一带一路”的推行艰难万分。

日益加剧的中美贸易战说明了中国构建人类命运共同体中所面临的挑战。维护自身地缘政治是每个国家参与外交事务的基本考量。近年中国实力稳步提高引起了周边国家的警惕和焦虑，美国、印度、日本等对华政策显现端倪。印度方面于 2014 年提出“季风计划”，想要通过加强与东南亚的经济往来和文化互动反制“21 世纪海上丝绸之路”。另外，欲和中国争夺国际话语权，通过重点推出“印度制造”来减弱中国“一带一路”的影响力。在对华政策上，“谨慎欢迎，拒绝表态，试探底线”。美国、日本方面小心翼翼，它们认为亚洲基础设施投资银行和“一带一路”是中国控制周边国家的工具，从政治宣传和舆论导向上对中国外交施加压力，煽动沿线人民的抵触和畏惧情绪，从而阻碍“一带一路”的顺利实施。日本“丝路外交”的失败和安倍政府对华的不良态势，中日结构性矛盾的突出让中国外交崛起之路困难不断。

斯里兰卡扼守波斯湾石油输出通道和东西方海运必经之道，由于其特殊的地理位置，世界大国对它“虎视眈眈”。2017 年，中国企业在斯里兰卡投资的土地开发项目被紧急叫停，同时遭遇了印美对中国的“舆论战”。印度媒体报道称中国建设港口城项目对印度有战略威胁，美国警惕中国在斯的投资弱化其对斯的影响力。这场“舆论战”的背后，便是地缘政治带来的风险。除此之外，道德风险也可从中查其一二。项目参与合作的一方由于对方擅自更改行为和初衷而致使自身利益受到威胁的风险，类似斯单方结束“海港城”项目，中吉乌铁路项目受挫也印证了沿线国家为追求自身利益而引发的道德风险论。

资料显示，目前参与“一带一路”倡议的国家中有些并没有积极投入共建中，企图通过他建的方式来获取资源，搭上中国或其他国家的便车谋取利益，“等、靠、要”思想在逐渐蔓延。另外，2015 年英国提交申请成为亚洲基础设施投资银行创始会员国之后，欧洲国家相继申请加入，也说明有些参与国家是出于自身现实利益的考量而不是出于共建亚洲经济的目的。

经济风险也是一个不小的阻碍。“一带一路”在沿线国家建设的基础设施，投资大见效慢是其基本特点，资金缺口如何补？“一带一路”项目国家国情不

① 本报评论员. 推动共建“一带一路”走深走实造福人民[N]. 人民日报，2018-09-02.

同，建设能否实现参与国家的经济高速增长？项目烂尾如何处理？沿线国家大多是发展中国家，参与部门私企居多，参与者出资有限。中国政府如何承担“一带一路”主要投资者的责任？目前中国正处于经济转型时期，结合国际国内经济压力，中国如何处理发展任务与保护环境、经贸合作与环境壁垒、结构升级与环境规制等几大矛盾冲突？中国经济是否能为“一带一路”建设提供可持续动力？同时建设大国外交的步伐是否会阻碍中国经济结构调整？

政治、经济方面的挑战大都出于国际环境。反观国内，落实“一带一路”倡议也不太扎实。由于缺乏经验和出于自身考量，中国企业“走出去”路上常常面临“信息不对称”带来的风险；中华文明虽好友善，但不同文明的碰撞会有矛盾一面；中外文化交流中政府民间投入力度不够；国家政府在“一带一路”倡议中的制度规划不完善等均使得“一带一路”背景下中国外交大国道路任重道远……

（五）结语

在本案例中，我们通过对“一带一路”背景下中国外交工作的梳理，以中国外交举措为依据，对中国构建大国外交进行了全面呈现。尝试从中国与“一带一路”沿线国家的经贸文化合作入手，结合当前国际、国内实际和其他国家对华政策来阐述“一带一路”背景下中国大国外交构建的背景、举措、成效和风险。分析目前中国外交领域的机遇和挑战，尝试探索缓解“一带一路”潜在问题的途径，推动“一带一路”背景下中国大国外交工作更进一步。

思考题：

1. “一带一路”倡议相对于欧盟的比较优势在哪儿？
2. 基于以上案例，分析“一带一路”取得成效的原因有哪些。
3. 请结合构建大国外交的内容分析中国贯彻“一带一路”倡议的挑战。
4. 中国要如何应对“一带一路”沿线东南亚国家政党轮替存在的风险？

二、案例说明

（一）课前准备

1. 资料

将案例和分析文本——《浅析“一带一路”背景下中国特色大国外交的构

建》及相关的理论知识和可供参考的文献总结整理打印成册，人手一本。

搜集中国推行"一带一路"倡议的政策方针、习近平重要讲话和相关大事件的新闻报道、视频并做好授课用的 PPT。

2. 设备

选择多媒体教室，用于讲解案例 PPT，观看相关视频短片。

（二）适用对象

本案例主要适用于行政管理学、公共管理学、公共政策分析、政治学、当代国际政治、公共管理案例分析等课程，教学对象为公共管理类、国际关系专业本科生，同时也适用于对本案例有浓厚兴趣的从业人员。

（三）教学目标

通过资料收集，让参与学生对"一带一路"背景下中国大国外交的发展历程、具体措施以及现状有更为直观深刻的认识，深入了解中国外交的成效和阻碍。

通过案例教学，课堂讨论分析，让学生们知晓中国构建大国外交的必要性，通过广泛而集中的探讨，集思广益，让他们自行找出中国在"走出去"路上的困境，并找出相应解决方法。

通过理论讲解，增强学生们对公共外交、地缘政治等方面知识的学习，巩固其专业认知，夯实其专业基础。

（四）要点分析

1. "一带一路"倡议相对于欧盟的比较优势在哪儿?

1993 年《欧盟联盟条约》正式生效，欧盟成立，发展至今，欧盟的体制已经成熟，形成了较完整的体系。就机制建设而言，"一带一路"倡议是没有机制的机制，与中国合作的沿线国家都是独立的，没有连成体系，也没有结成同盟。但"一带一路"以互联互通及利益共享作为理念体现的更是一种无形的机制，是一种思维观念上的创新，没有机制才是最高的机制。对于欧盟而言，完备的机制意味着各种行为会受到法律的约束，会有具体的义务要去履行，以及把权力让渡给欧盟等，这都需要各个成员国在行为与思想上的高度一致。但欧盟各个成员国之间经济差距大，落后的国家间内部矛盾尖锐，同时欧盟不断吸收成员国，导致欧盟内部团结性日益下降。欧盟的治理难题主要也是在于它不是一个国家，而是国情不一，发展速度和经济状况差异大的多个国家。主要的经济体为了照顾那些落后的国家，免不了遭受投资大，回报少的命运。当弱国无法从欧盟获得更多利益时，一些国家便会貌合神离，寻求自身发展之路。成员国间的不同需求和深层矛盾对欧盟的凝聚力造成巨大影响。欧债危机下，欧盟欲控制其成员国，但还是阻止不了英国脱欧，无力应对难题，最终会导致欧洲一体化危机进程加深。新兴国家的崛起，也给欧盟带来了巨大的挑战。新兴国家的增长速度超过了发达国家的增长速度，给发达国家带来了外部环境的冲击，增加了欧盟的竞争压力。

“一带一路”向世界打开合作之门，让各国主动融入，并与各国分享“一带一路”建设的巨大红利，各国无须被动地接受法律与规则的约束，在这个大舞台它们可以大放异彩。

2. 基于以上案例，分析“一带一路”取得成效的原因有哪些?

由上述案例可以看出“一带一路”倡议实施以来为中国沿线国家带去了发展，促进了沿线国家的基础设施建设以及推动了发展中国家的经济发展和现代化建设。中老铁路的建设、雅万高铁项目的开展以及泰国孔子学院的发展从经济和文化方面表现出了“一带一路”的具体成效，而这一成效得以实现和维持的原因主要有以下三个方面。

第一，“一带一路”顺应了和平与发展的潮流。和平与发展是当今时代主题，中国始终坚持走和平发展之路。“一带一路”倡议逐步从共识变为行动，不仅成为中国实现自身更好发展的重要支撑，也为促进全球共同发展、构建人类命运共同体提供了强劲动力。和平与发展是当今时代的主题，世界格局在加快演变的历史性进程之中。“一带一路”倡议重要的成果为促进相互理解，树立建立人类命运共同体的共同目标，实现和平与发展。这一倡议有利于推进全球的和平与发展，是对现有全球治理和区域治理机制有益的补充和建设性的完善，是对维护世界和平、促进世界发展的重要贡献。

第二，“一带一路”倡议与沿线国家发展合作的现实需求相一致。“一带一路”是有利于各国共同发展和繁荣的合作倡议。“一带一路”建设的推进和落实离不开沿线各国人民的理解、认可和支持。“一带一路”倡议有利于加强战略对接，促进打造包容、均衡、普惠的区域合作架构。在政策结合、基础设施联通、贸易促进和金融合作等方面人文的交流都得到了有效推进。在“一带一路”倡议中我国与各国共同建设共同发展和共同构建人类命运共同体。

第三，中国国家实力增强，有足够的财力与资源贯彻实施这一倡议。中国的总储蓄占GDP比重达50%，外汇储备达3万亿美元，有充分的财力支持“一带一路”倡议的实施。由中国牵头的金融机构，如亚洲基础设施投资银行、金砖国家新开发银行、丝路基金和中国国家开发银行都将为“一带一路”提供资金支持。中国制造业实力不断增强，国内制造企业拓展国际市场的需求增大。所以，中国有能力、资金和劳动力确保“一带一路”取得成功。

3. 请结合构建大国外交的内容分析中国贯彻“一带一路”倡议的挑战

习近平主席提出构建中国特色大国外交的目标，“一带一路”倡议的有效实施则是最好的体现。可是，“一带一路”在全面建设和取得他国共同认可上还存在挑战。目前“一带一路”建设处于建设初期阶段，各国对“一带一路”倡议及其所带来经贸环境的稳定性还有所怀疑，对“一带一路”倡议的中国意图和战略布局还有一定误解，对“一带一路”倡议所带来的国际形势变化还有所担忧。这里主要从国内国外两个方面来分析，挑战主要有以下几个。

国内方面，“一带一路”成功的关键主要在于“互联互通”，要做到“政策沟通、设施联通、贸易畅通、资金融通、民心相通”就必须实现“各省之间”和“中央与地方”的联通，不同地区之间需要寻找自己的优势所在，相互配合，才能共同实现发展。然而，一些问题却阻碍了这一进程。首先，为维护自己的地方利益，一些地区地方保护主义色彩过于浓厚，存在不同地区抢占“一带一路”红利的现象，使得“互联互通”的效果大打折扣。另外，当前的干部绩效评价体系不合理，“一带一路”是个大工程，需要长期投资，一些项目在短时间内很难获取效果，而干部的任期是有时间限制的，一些干部会出现“肥了他人田”的担忧。其次，“一带一路”倡议规模宏大，以至于一些地区仍然处于“观望”阶段。所以，“一带一路”在国内实施面临的最大挑战就是“互联互通”的落实。

国外方面，与国内的挑战相比，“一带一路”面临的挑战更加艰巨。

第一，部分国家政局动荡，政党更替频繁以至于政府对社会的控制能力较弱，而且“一带一路”是“高层政治”之间的合作，看重的是与政府间的合作，选举政治本身存在很大的不确定性，政府的权力交替，存在中止“一带一路”项目的风险。

第二，有些国家对“一带一路”倡议趋于过度政治化解读，将“一带一路”视为中国政府进行的政治渗透，甚至一些国家的参选政党为取得选举胜利而炒作“一带一路”话题。这些国家认为，“一带一路”不可能是纯粹的经济建设项目，而是中国政府在对其进行政治渗透的措施。如德国《法兰克福汇报》有报道指出，“一带一路”的举措不仅仅是混凝土和沥青，更是中国将中国符号全球化的愿景，中国政府在“一带一路”倡议所经过主要国家的经济和政治渗透远远超出单纯的基础设施建设。已有分析发现，已经有一些国家的在野党在政治动员中将“一带一路”作为话题热点加以炒作，马来西亚主流媒体在报道中曾多次援引执政党发言，反对在野党将“一带一路”议题政治化。

第三，在“一带一路”倡议下，一些国家认为贸易环境的公平性与透明性存在不确定性，担心加入“一带一路”会侵害本国中小企业的利益。印度尼西亚《雅加达环球报》引用路透社报道认为，“一带一路”倡议将主要有利于中国公司而不是外国公司。

4. 中国要如何应对“一带一路”沿线东南亚国家政党轮替存在的风险？

东南亚是“一带一路”倡议实施的重心所在，东南亚国家对中国提出的“一带一路”倡议反应最为热烈[①]。目前，中国与多个东南亚国家完成了战略对接，在政策沟通、设施联通、贸易畅通、资金融通和民心相通等方面取得了显著效果，未来中国与东南亚国家的合作将更加全面与深入[②]。但与此同时，“一带一路”也是充满挑战的荆棘之路，正如习近平在“一带一路”国际合作高峰论坛讲话中所指出的，“古丝绸之路沿线地区曾经是‘流淌着牛奶与蜂蜜的地方’，如今很多地方却成了冲突动荡和危机挑战的代名词”[③]。中国在东南亚面临着一系列的政治经济与社会风险。其中由于非常规的政党轮替引发的政治风险尤为严重。东南亚地区共有11个国家，共有8个国家建立了竞争性政党制度。在这种体制中，政党轮替在民意反馈、杜绝腐败、增加竞争力等方面起着重要作用，常规的政党轮替有利于民主政治的有效运行，而非常规的政党恶斗往往预示着政党衰败。政党轮替后，新的执政党又会颁布不同的政策方针，从而影响国家各个领域的发展，这无疑增加了政治上的不确定性，由此，便可能产生相应的政党轮替风险。

面对这样的风险，中国又该如何应对呢？

第一，要拓展双多边合作，不断加深与东南亚国家的“政策沟通、设施联通、贸易畅通、资金融通、民心相通”，让它们深度融入“一带一路”中，使“一带一路”能帮助其稳定，不受到执政党更替的冲击。同时，加强双边合作，

---

① 李琮主. 世界经济学大辞典[M]. 北京：经济科学出版社，2000.

② 弓联兵，王晓青. “一带一路”沿线东南亚国家的政党轮替风险及中国应对[J]. 当代世界与社会主义，2018，（5）.

③ 王贵国. 国际投资法学[M]. 北京：北京大学出版社，2001.

拓展沟通、磋商的渠道，推动双边关系深入发展，推动签署合作备忘录或合作规划。中泰铁路项目曾因为政党更迭多次被搁置，但在中泰高层的政治互动沟通下最终顺利开建，可见良好的双边关系是降低政党轮替风险及其他政治风险的根本途径。

第二，要利用政党外交的作用。在产生冲突时，通过政党外交进行对话交流，化解政治矛盾、减少分歧。另外，还可以借助政党外交的影响力推动国家间经济关系的发展与合作，通过政党渠道探讨新的经贸合作途径。

（五）课堂安排

本案例计划安排课堂时间为 100 分钟。建议课程安排及教学活动顺序如下。

1. 课前计划

提出启发思考题，请学员在课前完成阅读和初步思考，并要求通过公开途径收集本案例涉及的信息以利于课堂讨论。

2. 课中计划

1）案例回顾

教师运用课件等形式对案例进行简要梳理介绍，学生对课下收集的关于案例的相关资料进行分享并提出自我见解和问题，教师根据学生的疑问引出小组讨论内容。

2）分阶段小组讨论

（1）教师在多媒体课件上展示问题，分为两大阶段，如下：

主题一（第 1 题"'一带一路'倡议相对于欧盟的比较优势在哪儿"与第 2 题"基于以上案例，分析'一带一路'取得成效的原因有哪些"）为第一阶段；

主题二（第 3 题"请结合构建大国外交的内容分析中国贯彻'一带一路'倡议的挑战"与第 4 题"中国要如何应对'一带一路'沿线东南亚国家政党轮替存在的风险"）为第二阶段。

（2）讨论要求：小组讨论，即各个小组对主题进行充分的讨论，鼓励每一位同学都要参与到讨论中来表达自己的观点，教师巡回督导并了解一些小组的大致观点。对于讨论地点，原则上每个小组都应该有自己的独立讨论室。

3）分阶段大班讨论

第一阶段：针对主题一，每个小组代表陈述观点，并进行观点总结。其他成员可以补充。

第二阶段：针对主题二，每个小组代表陈述观点，并进行观点总结。其他成员可以补充。

讨论要求：在大课堂交流中，每个小组推荐一名代表，交流各小组的观点，各小组同时有一名同学将本小组的主要观点写在黑板上；教师应该根据学生的主要观点，帮助学生进行理论提升。

4）教师梳理、总结、提升知识点

教师对整个课堂的知识点进行梳理、总结、提升。

案例回顾	教师运用课件、视频资料等对“一带一路”进行简要梳理介绍	10 分钟
	学生对课下收集的相关资料进行分享	10 分钟
	教师根据学生的疑问引出小组讨论的四大内容	5 分钟
第一阶段问题讨论	小组就“一带一路”倡议相对于欧盟的比较优势和倡议取得成效的原因进行讨论	10 分钟
	每个小组代表陈述观点，并进行观点总结。其他成员可以补充	15 分钟
	教师小总结，并引出下一阶段讨论	5 分钟
第二阶段问题讨论	小组就中国贯彻“一带一路”倡议的挑战与中国要如何应对“一带一路”沿线东南亚国家政党轮替存在的风险问题讨论	10 分钟
第二阶段问题讨论	每个小组代表陈述观点，并进行观点总结。其他成员可以补充	15 分钟
教师大总结	教师对整个课堂的知识点进行梳理、总结、提升	20 分钟

3. 课后计划

学员根据课前阅读、课堂讨论、指导教师的引导和归纳总结，撰写完整的案例研究报告。

（六）其他教学支持

（1）具备虚拟现实教学条件的多媒体教室或普通多媒体教室。
（2）两个小黑板。
（3）案例讨论室若干（视课堂小组数量而定）。

后　　记

本书获湘潭大学精品教材立项出版资助，也是国家社会科学基金一般项目（项目编号：15BZZ053，19BZZ084）的阶段性研究成果。

该成果有幸付梓，我们要衷心感谢湘潭大学和广西师范大学的大力支持！衷心感谢课题组成员的不懈努力与精诚合作！感谢课题研究中所有辛勤付出和无私奉献的人，尤其是我们指导的博士生、硕士生给予的大力帮助，以及在案例调查中遇见的每一位朋友对我们的理解、帮助和支持！

饮水思源知厚重，投桃报李感恩情。在长期以来的教学、科研工作中，我们得到了更多领导、师长、同事和朋友们的悉心指导、帮助、关心与支持，在此深表谢意！在本书的写作中，吸取和借鉴了国内外众多专家、学者的相关研究成果，谨向这些专家、学者致以衷心的感谢！

由于学识水平有限，实践经验不足，书中可能存在疏漏之处，敬请专家同仁们批评指正。